日本百貨店業発展史
——会社史で見るデパート経営

[著] 末田智樹

ゆまに書房

目　次

まえがき

　江戸期から続く呉服店経営に携わっていた創業経営者が、明治期以降に企業の組織や流通の革新を図るために欧米百貨店のスタイルを受容した結果、呉服店から百貨店への業態転換に成功した。創業経営者自らが先頭に立ち百貨店内の経営組織と部門別管理制度を確立させて、呉服系百貨店は大正中期までに東京・大阪・名古屋等の大都市において成立した。これらの百貨店は、大都市における従来の商業地域のなかに近代的大型店舗として立地し、その一店舗内でのワンストップショッピングを図るために接客販売を目的として登場した。

　昭和初期には、東京・大阪にターミナルデパートや地方都市にも百貨店が数多く出現した。そのため、呉服系・電鉄系・地方百貨店は各都市の商業地域に形成されつつあった商店街との対立を引き起こし、全国で反百貨店運動が生じた。これを受けて第1次百貨店法が1937年（昭和12）10月に施行され、そのうえ戦時中と重なって業態として発展をみせていた百貨店経営は大きく後退した。

　第2次百貨店法が百貨店業の事業活動を調整するために1956年（昭和31）6月に施行されたが、高度成長期に入って大都市を中核に展開する6つの大手百貨店が、地方百貨店を巻き込んで百貨店の提携・グループ化や共同仕入機構を設立しながら、商品・販売・サービスや経営組織を強化して成長を遂げた。この背景には、スーパーマーケットが登場したのち急速に台頭したことがあった。大都市・地方都市の大手百貨店は、前述の強化策とあわせて店舗の大型化や多店舗化・多角化といった大規模化政策にも打って出て、百貨店業の発展を促進させた。

　しかしながら、1970年代のオイルショックと1974年（昭和49）3月施行の大店法が相まって、百貨店業全体の構造的な諸問題が顕在化した。業態自体

の危機が初めて認識されたものの、百貨店業は昭和後期から平成初期にかけたバブル景気によって売上高を最高額に伸ばした。そののち1991年（平成3）からのバブル崩壊後に売上高の減少が始まり、2000年代に入っては大都市の大手百貨店同士の経営統合が進んだ。しかも、2008年（平成20）のリーマン・ショックの影響を受けて百貨店業は一層厳しい状況を迎えた。

　大都市や地方都市には、大正中期までに百貨店への転換を果たして創業100年を超える老舗百貨店が存続する。現在、それら老舗百貨店を筆頭に全国の百貨店が生き残りをかけて、新たな店舗構造の改革と新組織・新規事業による市場創造に取り組んでいる[1]。

　以上のような百貨店の歴史と現状を受けて、1990年（平成2）以降、戦前における百貨店史研究が盛んになってきた。それも文化史や経営史の歴史学分野のみならず、現代の商業論的な視点からも進められている。ところが百貨店業界の現状に目を向けてみると、いわゆる"閉店ラッシュ"が止まらなく、ついに百貨店ゼロ県も現れてきた。とくに2020年（令和2）以降は百貨店の閉店が目立っているが、この相次ぐ閉店の背景には2020年に入ってCOVID-19の感染が全国に拡大した影響による業績悪化もあった。

　このような状況下であるからこそ、むしろ百貨店史研究に関して一層進められなければならない。それは閉店による各百貨店の存在自体のみならず、歴史学的観点でみても長年にわたって所蔵されてきた貴重な一次資料が次々に消失していくからである。したがって少しでも百貨店史研究を促進するために、本書は経営史的視点からの百貨店史研究の重要性とその方法について示し、後進の研究者に役に立つものになればと考え、まとめたものである。

　その方法とは、まず百貨店の会社史を使用することである。このため、序章において百貨店関連の会社史について整理した。さらに、1990年代から盛んになった百貨店史に関する既往の研究について文化史・経営史・商業論関係を網羅したものが存在しないため、戦前を中心に百貨店史研究を概観し、それら既存の研究を精査したうえで課題を見いだす点を強調した。

　序章と終章を除いた本書の主要部分は、全8章から構成されている[2]。これらは著者が、ゆまに書房から復刻されてきた『社史で見る日本経済史』シリーズのなかで、百貨店の会社史に関して18編ほど解説したものからチョイスしたものである。これらの解説において百貨店の会社史を使用して分析を開始することは、百貨店史研究の初歩的な方法として大切である点を論じてきた。しかも、それらの会社史から読み取った特色を述べることで、戦前における日本百貨店業の成立状況のみならず発展度合いも明らかにしてきた。

　本書では18編のうち第1部の三越に関する4編、第2部は各会社史の刊行順で構成しているが、呉服系百貨店として認識されてきた松屋・大丸・髙島屋・十合に関する4編を取り上げた[3]。

　本書第1部では、明治中後期に日本で初めて百貨店としてスタートを切った三越が、昭和初期までの日本百貨店業の成立・発展過程において果たした創始的な役割を、前著『日本百貨店業成立史』に引き続き「人と組織」の観点から改めて力説している。三越は、本書第2部の呉服系百貨店や名古屋市に拠点を置く松坂屋の「人と組織」に好影響を及ぼし、これらの呉服系百貨店はそれぞれに特色を生み出しながら百貨店化を進めていった。本書で解き明かした三越による先導的な役割が、今後の三越や呉服系百貨店の研究にわずかでも貢献できれば幸甚である。

　なお、本来は各百貨店の会社史の解説文として執筆したものであり、各章に該当する先行研究のレビューの代わりとして序章がその役目を担っている。また、各章の註記も最低限にとどめた。

註
1）末田智樹（2020）「百貨店（第6章、pp.67-89）」松井温文編著『現代商業経営
　　序説』五絃舎。
2）序章と終章は、末田智樹（2021）「戦前日本の百貨店業史研究の整理と課題―
　　1990年代〜2010年代を中心に―」『中部大学人文学部研究論集』第46号、同
　　（2022）「日本百貨店業における会社史資料の整理と今後の研究課題」『同大学同

学部研究論集』第47号を再構成し加筆修正したものである。

3）第1部の三越と第2部の松屋・大丸・髙島屋・十合の初出一覧については序章の
　　註（1）を参照。その各稿をもとにして加筆修正したものである。

序章　先行文献の整理
―百貨店業の会社史資料と戦前・戦後の百貨店業史研究―

1．日本における百貨店業の会社史資料の整理

　本書の研究内容の前提として、序章ではまず日本の百貨店業史研究（以下、百貨店史研究）で活用されてきた各百貨店の社史・社史類などの会社史資料（以下、会社史）について整理・概観しておきたい。

　著者は、ゆまに書房から復刻された『社史で見る日本経済史』シリーズのなかで、戦前に刊行された百貨店に関する解説を2009年（平成21）より担当し、その後まで合わせて18編を綴ってきた。[1]この背景には、拙著（2010）『日本百貨店業成立史』巻末の参考文献において、各百貨店の2000年代までに刊行された会社史を整理してまとめたことがあった。[2]その際に、全国の百貨店には戦前から積み重ねられた数多くの会社史の存在と、それらが1990年（平成2）以降、今日までの百貨店史研究において活用されてきたことを確認した。

　各百貨店が所蔵する一次資料から質的・量的アプローチで検証することが、今後も百貨店史研究にとって必要な研究方法である。しかしながら、無論そのベースとして各会社史の内容を把握しておかなければ、各百貨店の資料調査がスムーズに進まないことも間違いない。この観点から述べると、本書において百貨店の会社史を取り上げる意義があろう。また、これまで戦前百貨店の会社史について十分検討がなされてこなかった経緯も着目する動機の1つである。

　以下、具体的には第1に戦前から2000年代までの百貨店の会社史を整理して、その特色をまとめる。第2には、会社史を活用した戦後以降の重要な百貨店史研究を紹介する。[3]

1－1．百貨店の会社史に関する既往研究

　近年では、阿部武司・橘川武郎編（2018）『社史から学ぶ経営の課題解決』が過去30年余り会社史の刊行に力を注いできた「出版文化社」から発行された。この書では、会社史の執筆を経験してきた経営史学の7名の一流研究者が、会社史の記述から日本企業が経営課題解決に取り組んできた実態を把握し、そこから教訓を導くことに関して初めて論じている。とくに今回は、主要な課題として「創業（起業）、中小企業、技術開発、グローバル化、脱成熟、合併・買収、危機突破、組織改革、企業の社会的責任」に視点を当てて、それらに該当する会社史に記された具体例を使用して見事に読み解いている。また、会社史が経済史・産業技術史・経営史などの研究分野、および学生の研究レポート・卒業論文や就職活動に役立つといった活用法も述べられている。なおかつ本文献の読み方でもあるが、今後、会社史の評価基準として、各会社史が真実に基づき使用しやすい形態であるとともにストーリー性が盛り込まれていることが不可欠であることも強調されている。[4]

　この会社史研究にとって必携本が刊行された背景の1つには、経営史学会創立30周年記念として刊行された経営史学会編（1996）『日本会社史研究総覧』（以下、『会社史』）の存在がある。本文献は、日本の会社史を総観する大事業として広汎な産業分野を30項目に分類し、第1次・第2次・第3次産業の順に各産業の会社史の全般的な紹介と、その産業にとって肝要な観点を論じている。すなわち、当時の経営史学会に所属する多士済々な研究者が、この先も日本経営史研究にとって必読となる研究便覧を作り出していた。したがって、百貨店の会社史を活用した研究を試みる際には、『会社史』からの確認が必要である。[5]

　『会社史』において百貨店については、田付茉莉子が分析した「百貨店・スーパーの会社史」がある。[6] 上述の『社史から学ぶ経営の課題解決』には百貨店関係が含まれていないことからも、『会社史』で「百貨店・スーパーの会社史」が列せられたことは貴重である。

　田付は、まず小売業の会社史が百貨店・スーパーに自動車メーカーの系列販売店、各種専門店、商店街、ショッピングセンター、協同組合などを含めて約480点にのぼると、大規模小売店に絞る前段階を丁寧に掲げる。そのうち110点ほどが百貨店・スーパー・コンビニなどで、百貨店関係では戦前にそれなりの会社史を刊行したのは大丸と髙島屋、東横百貨店のみで、ほとんどの百貨店が1960年代以降に刊行していたと指摘する。1990年代に入れば伝統的な百貨店が100年史を出版する場合と、百貨店を含むセゾンのような新しい企業が編纂する場合に二極化していることも明らかにしている。そのうえで、百貨店の会社史をスーパー・コンビニのそれと合わせて58点を一覧表にして位置づけしたことは、この分野の研究者にとって頗る参考になる[7]。

　田付は、百貨店業界が江戸期の呉服店をルーツとすることから開始し、代表的な都心型の呉服系百貨店として三越や髙島屋の歴史について各会社史を使用して紹介する。続いて第一次世界大戦後には地方都市へ波及し、岡山市の天満屋や福井市のだるま屋が成立した過程を説明する。さらに、高度成長期以降にターミナル型百貨店の成長を述べつつ、西武百貨店が急速に一流デパートに追随したという電鉄系百貨店の新たな側面を強調する。同時期には、都心型の百貨店やターミナルデパートが地方都市へ進出し、多店舗化や地方百貨店の系列化による百貨店業界の再編成を指摘する[8]。

　そして、百貨店が最も変貌したのは1965年（昭和40）以降の第2次高度成長期であり、それは百貨店が大型化・高級化したことであったと論じる。なかでも、伊勢丹と髙島屋が各特色を生かしながら積極的に店舗革新に取り組み、かつ先端的な労働環境を作り上げた百貨店であったことを各会社史から読み解く。そのうえで伊勢丹も含め、髙島屋とセゾングループの会社史が店舗・売場の変化・販売・広告制作および経営戦略、仕入れ政策、労働条件、業績など、企業としての百貨店の全活動を網羅した経営史的視点からの記述がみられる優れた会社史であると高く評価している。他方では、百貨店の老

舗で最大手の三越や当時、多店舗化のスピードで他を圧していたそごうに優れた会社史が存在していないことを残念とする[9]。

　田付が百貨店の業界史のような刊行本を除いて、各百貨店が自社の経営の歴史について責任を持って出版したものを限定して紹介し、かつ百貨店のみならずスーパーを含めて大規模小売店として分類した点は、経営史のみならず商業史・流通史にとっても決して見逃せない百貨店の会社史に関する先駆的な研究として高く評価しなければならない。さて、この田付を受けて、次に百貨店の会社史に絞って著者なりに整理しつつ分析を試みたい。

1 － 2 ．百貨店の会社史の特色と重要性

　表１には、戦前において発行された会社史を整理した。発行時期については1932年（昭和７）以降であったことがわかる。この背景には、昭和初期の恐慌後である同じ時期がいわゆる景気回復期に入っていたことがあり、その後1942年（昭和17）頃までのアジアへの海外進出も含めた百貨店業の展開が戦前において全盛期を迎えていたことがあった。田付は戦前の会社史については、自らが作成した表一覧では『髙島屋100年史』『大丸20年史』『東横百貨店』が確認できるのみで、詳細な分析を行っていない。この点は残念だが、おそらく理由の１つと想定できることが、表１の発行所から各百貨店が発行した会社史以外の会社史が多くみられることが考えられる。すなわち当時、百貨店の事業内容を専門とする関連の新聞社が存在し、それらが刊行した会社史が多数を占めていた点が、この時期における最大の特色であろう。

　それらの会社史の各巻頭言から、各百貨店より提供された社内資料をもとに制作されたことが判明する。各百貨店が新聞社との宣伝政策・効果を兼ねて、新聞社に依頼・委託の形態を取っていた。当時、会社史制作が各百貨店の社内機能では遂行できなくアウトソーシングが流行したことが考えられる。各会社史の内容からも、百貨店業の隆盛により呉服系百貨店を中心に会社史の存在価値が高まっていたことが読み取れる。田付も、戦前では福井県の地

表1　戦前の百貨店の会社史資料一覧

社　名	書　名	発行所	発刊年
白木屋	経営5年	株式会社白木屋	1932
三越	日本百貨店総覧　第1巻　三越	百貨店商報社	1933
三越	大阪三越30年史　全	昭和織物新聞社	1933
松坂屋	日本百貨店総覧　第2巻　松坂屋300年史	百貨店商報社	1935
松屋	松屋発展史	デパスト社	1935
三中井	鮮満と三中井	株式会社三中井	1935
伊勢丹	増築完成記念　大伊勢丹	百貨店新聞社	1936
阪急百貨店	大阪急	百貨店新聞社	1936
三越	開設30周年記念　輝く大阪三越	日本百貨店通信社	1937
松坂屋	大松坂屋の全貌　上巻　松坂屋名古屋店	百貨店日日新聞社	1937
松坂屋	店史概要	株式会社松坂屋本社	1937
髙島屋	大阪髙島屋40年史	大阪髙島屋本部	1937
京浜デパート	京浜デパート大観　開店満5周年記念	百貨店日日新聞社	1938
だるま屋	だるま屋百貨店主　坪川信一の偉業	丁酉社	1938
三越	増築記念　躍進神戸三越	日本百貨店通信社	1939
東横百貨店	東横百貨店　開店満5周年記念出版	百貨店日日新聞社	1939
大丸	大丸20年史	日本百貨店通信社	1940
丸井今井	今井　沿革と事業の全貌	日刊土木建築資料新聞社	1940
三越	大三越の歴史	日本百貨店調査所	1941
髙島屋	髙島屋100年史	株式会社髙島屋本店	1941
髙島屋	髙島屋発展史	百貨店日日新聞社	1942
そごう	百貨店叢書　第1巻　そごう	百貨店新聞社出版部	1942
大鉄百貨店	大鉄百貨店史	大鉄百貨店	1944

備考）三越、松坂屋、髙島屋の順とした。また、漢数字の部分を算用数字にした。また、白木屋
　　　には『経営5年』のほかに、著者が確認した限りでは山田忍三編（1933）『昭和7年の経営』、
　　　同編（1934）『昭和8年の経営』、同編（1935）『昭和9年の経営』、同編（1938）『昭和12年
　　　の経営』、同編（1939）『昭和13年の経営』、同編（1940）『昭和14年の経営』、同編（1941）
　　　『昭和15年の経営』などがある。
出所）末田智樹（2010）『日本百貨店業成立史』ミネルヴァ書房、356〜380頁より作成。

方百貨店であった「だるま屋」を紹介していたが、呉服系百貨店の三越と松坂屋、髙島屋のほかに、丸井今井や阪急百貨店、大鉄百貨店のように地方百貨店や電鉄百貨店もみられることも特色の1つとなろう。百貨店とその専門の新聞社による会社史制作が盛んであった点は、戦前において百貨店業が発展期を迎えていたことを示す新たな指標となる。

　表2には戦後以降であるが、まず東京・大阪・名古屋に本店を置く都市百貨店について2010年代までを作成した。表1と比較して外部委託の会社史が少なくなり、各百貨店内部から発行されていたことがわかる。刊行時期は1950年代からみられ、田付が指摘したように高度成長期の百貨店の発展期から1990年（平成2）以前までに数多く発行されている。

　ところで、表2をみてすぐに気づくと思うが、外部のサンケイ新聞社から刊行された三越の『三越300年の経営戦略』と『元禄小袖からミニ・スカートまで』の2点については、村橋勝子（2002）『社史の研究』において会社史として位置づけられている[10]。村橋は、一般的な「社史」とは趣がかなり異なるが、当時の三越において「創業300年の記念事業の一環として編纂した社史」と認識されていた『三越300年の経営戦略』を取り上げて、「単なる三越略史にとどまらず、百貨店や小売業におけるマーケティングのケース・ブックとして役立ち得るものを意図して」いた会社史と評価している。本稿でも村橋の重要な指摘と見解に沿いたい。2000年代に入って三越・松坂屋・大丸が発行したことは、老舗の呉服系百貨店の会社史として重要な位置づけになり、今後、戦前のみならず戦後以降の呉服系百貨店の研究にとって重要な文献であることは強調しておきたい。松坂屋・三越の『100年』史と大丸の『300年史』の3書は、百貨店史研究の必読文献としてぜひとも参考にしてもらいたい。

　表3には、戦後以降の電鉄系百貨店について作成した。これらの会社史のほとんどが、1970年代以降1990年代までに刊行されている。表2と併せて、戦前の発展期に対する戦後以降の百貨店業の、いわば第2次発展期が会社史

表2　戦後の都市呉服系百貨店の会社史資料一覧

社　名	書　名	発行所	発刊年
大丸	創業234年　株式会社大丸設立30周年記念	デパート通信社	1951
三越	三越のあゆみ　株式会社三越創立50周年記念	株式会社三越	1954
三越	大阪三越開設50周年記念	大阪三越宣伝部	1957
白木屋	白木屋300年史	株式会社白木屋	1957
松坂屋	松坂屋50年史	株式会社松坂屋	1960
白木屋	白木屋300年の歴史	白木屋	1961
伊勢丹	伊勢丹75年のあゆみ	株式会社伊勢丹	1961
松坂屋	新版　店史概要　松坂屋	株式会社松坂屋	1964
大丸	大丸250年史	株式会社大丸	1967
松坂屋	上野松坂屋200年の歩み	株式会社松坂屋上野店	1968
髙島屋	髙島屋135年史	株式会社髙島屋	1968
松屋	松屋100年史	株式会社松屋	1969
そごう	株式会社そごう社史	株式会社そごう	1969
松坂屋	松坂屋60年史	株式会社松坂屋	1971
三越	三越300年の経営戦略　その時経営者は何を決断したのか	サンケイ新聞社	1972
三越	元禄小袖からミニ・スカートまで　日本のファッション・300年絵巻	サンケイ新聞社	1972
大丸	大丸神戸店の50年　その表情	株式会社大丸神戸店	1976
そごう	創業150年　株式会社そごう小史	株式会社そごう	1979
松坂屋	松坂屋70年史	株式会社松坂屋	1981
髙島屋	髙島屋150年史	株式会社髙島屋	1982
髙島屋	ザ・ショッピングセンター　玉川髙島屋SCの20年	東洋経済新報社	1984
伊勢丹	新世紀への翔き　伊勢丹100年のあゆみ	株式会社伊勢丹	1986
三越	株式会社三越85年の記録	株式会社三越	1990
伊勢丹	伊勢丹100年史　3代小菅丹治の足跡をたどって	株式会社伊勢丹	1990
松坂屋	松坂屋・銀座とともに80年	株式会社松坂屋	2004
三越	株式会社三越100年の記録	株式会社三越	2005
松坂屋	松坂屋100年史	株式会社松坂屋	2010
大丸	大丸300年史	株式会社大丸松坂屋百貨店	2018

備考）漢数字の部分を算用数字にした。大丸300年史の発行所はJ.フロントリテイリング株式会社。
出所）表1の文献をもとに再調査したものを加え作成。

表3　戦後の電鉄系百貨店の会社史資料一覧

社　名	本社地	書　名	発行所	発行年
京王百貨店	東京都	京王百貨店10年史	株式会社京王百貨店	1974
阪急百貨店	大阪府	株式会社阪急百貨店25年史	株式会社阪急百貨店	1976
近鉄百貨店	大阪府	40年のあゆみ	株式会社近鉄百貨店	1977
京王百貨店	東京都	京王百貨店20年史	株式会社京王百貨店	1984
山陽百貨店	兵庫県	山陽百貨店30年史	株式会社山陽百貨店	1984
名鉄百貨店	愛知県	30年史　名鉄百貨店開店30周年記念社史	株式会社名鉄百貨店	1985
近鉄百貨店	三重県	創業25周年記念社史	株式会社四日市近鉄百貨店	1985
三交百貨店	三重県	20年の歩み	株式会社三交百貨店	1985
阪神百貨店	大阪府	再成長へ向けて　阪神百貨店30年のあゆみ	株式会社阪神百貨店	1988
小田急百貨店	東京都	小田急百貨店25年のあゆみ	株式会社小田急百貨店	1988
東武百貨店	栃木県	東武宇都宮百貨店30年の記録	株式会社東武宇都宮百貨店	1991
東武百貨店	東京都	グッドデパートメント　東武百貨店30年の歩み	株式会社東武百貨店	1993
京阪百貨店	大阪府	京阪百貨店10年史	株式会社京阪百貨店	1996
阪急百貨店	大阪府	株式会社阪急百貨店50年史	株式会社阪急百貨店	1998
名鉄百貨店	愛知県	名鉄百貨店物語　感動と喜び　ちょっといい百貨店、めいてつ	株式会社名鉄百貨店	2000
伊予鉄百貨店	愛媛県	伊予鉄百貨店30年史　30年の歩み　草創と発展の記録	株式会社伊予鉄百貨店	2002
一畑百貨店	島根県	一畑百貨店創業50周年記念誌	株式会社一畑百貨店	2008
小田急百貨店	東京都	小田急百貨店50年史	株式会社小田急百貨店	2013

備考）漢数字の部分を算用数字にした。
出所）表2と同じ。

の発行時期からも特定できる。各電鉄系百貨店が自ら発行に携わっており、外部委託はみられないことも特色である。地方都市には電鉄系百貨店の経営展開がみられ、百貨店業において戦後以降、電鉄系百貨店の存在感が急速に高まっていったことが読み取れる。

　表4には、戦後以降の地方百貨店について作成した。表2・3と同様に、地方百貨店においても1950年代以降1990年代までが主たる発行時期であった。表4からは、表1の戦前にもみられた北海道の丸井今井から鹿児島市の山形屋に至るまで、全国的に百貨店業が拡大していたことが浮き彫りになる。また、同一の百貨店が10年ごとに刊行したケースも知れる。大丸やそごうなど都市百貨店の支店においても発行されていたことが特色の1つにあげられる。

　以上、前節の田付を受けて整理し特色を押さえてきたが、第1に戦前においても百貨店の会社史が多く刊行されていた。第2には戦後においても都市部の呉服系百貨店以外に電鉄系百貨店と地方百貨店の会社史も数多く発行され、第3には戦前を中心に外部委託もみられたことが判明した。外部委託については田付や村橋も会社史として評価しており、今後は百貨店と外部委託

表4　戦後の地方百貨店の会社史資料一覧

社　名	県　名	書　　名	発行所	発行年
奈良屋	千葉県	奈良屋200年	株式会社奈良屋	1952
丸栄	愛知県	全館完成記念出版　伸びゆく丸栄のあゆみ	株式会社丸栄	1956
松菱	静岡県	創業20周年記念　松菱20年史	株式会社松菱	1957
浜屋百貨店	長崎県	濱屋百貨店20年史	株式会社浜屋百貨店	1960
岩田屋	福岡県	株式会社岩田屋20年史	株式会社岩田屋	1961
丸井今井	北海道	丸井今井90年史	株式会社丸井今井	1962
奈良屋	千葉県	奈良屋220年	株式会社奈良屋	1962
さいか屋	神奈川県	株式会社横須賀さいか屋社史	株式会社横須賀さいか屋	1964
井筒屋	福岡県	井筒屋30年史	株式会社井筒屋	1965
やまとやしき	兵庫県	やまとやしき開店20周年記念誌	株式会社やまとやしき	1965

岩田屋	福岡県	岩田屋経営史	株式会社岩田屋	1967
佐世保玉屋	長崎県	佐世保玉屋50年のあゆみ	株式会社佐世保玉屋	1967
佐世保玉屋	長崎県	佐世保玉屋50年小史	株式会社佐世保玉屋	1967
松菱	静岡県	松菱30年史	株式会社松菱	1967
山形屋	鹿児島県	山形屋217年　会社設立50周年記念	株式会社山形屋	1968
福屋	広島県	福屋40年のあゆみ	株式会社福屋	1969
藤井大丸	京都府	花の百年　藤井大丸100年	株式会社藤井大丸	1970
藤丸	北海道	藤丸70年のあゆみ	株式会社藤丸	1971
大和	石川県	大和50年のあゆみ	株式会社大和	1972
丸井今井	北海道	丸井今井100年のあゆみ	株式会社丸井今井	1973
丸栄	愛知県	丸栄30年史	株式会社丸栄	1974
丸広	埼玉県	まるひろのあゆみ　株式会社丸広百貨店創業25年史	株式会社丸広百貨店	1974
伊勢甚百貨店	茨城県	伊勢甚創業250周年記念出版　水戸の風俗と伊勢甚の歴史	伊勢甚百貨店	1974
横浜松坂屋	神奈川県	野澤屋から横浜松坂屋へのあゆみ	株式会社ノザワ松坂屋	1977
天満屋	岡山県	天満屋150年史	株式会社天満屋	1979
福屋	広島県	福屋50年史	株式会社福屋	1980
沖縄山形屋	沖縄県	株式会社沖縄山形屋設立30周年記念誌　創業58年	株式会社沖縄山形屋	1980
高知大丸	高知県	高知大丸30年史	株式会社高知大丸	1980
鶴屋百貨店	熊本県	鶴屋30年のあゆみ	株式会社鶴屋百貨店	1982
広島そごう	広島県	感謝のこころを輝くあしたへ　広島そごう開店10周年記念誌	株式会社広島そごう	1984
丸広百貨店	埼玉県	丸広の歩み　創業35周年記念誌	株式会社丸広百貨店	1985
岩田屋	福岡県	岩田屋経営50年史	株式会社岩田屋	1986
松菱	静岡県	浜松と松菱の50年　松菱50年史	株式会社松菱	1987
八木橋	埼玉県	標　株式会社八木橋90年史	株式会社八木橋	1987
浜屋百貨店	長崎県	浜屋50年のあゆみ	株式会社浜屋百貨店	1987
横浜岡田屋	神奈川県	岡田屋創業者と100年の歩み	株式会社横浜岡田屋	1990

藤崎	宮城県	藤崎170年のあゆみ	株式会社藤崎	1990
丸井今井	北海道	株式会社丸井今井創業120年史　1 世紀と20歳のあゆみ	株式会社丸井今井	1992
さいか屋	神奈川県	さいか屋創業120年誌　株式会社さいか屋小史	雑賀屋不動産株式会社	1992
岡島	山梨県	岡島150年の歩み	株式会社岡島	1994
丸栄	愛知県	丸栄50年史	株式会社丸栄	1994
広島そごう	広島県	20周年の感謝をこめて、心新たに限りなき未来へ　広島そごう開店20周年記念誌	株式会社広島そごう	1995
横浜そごう	神奈川県	感謝して10年新たなる大海への出発　横浜そごう開店10周年記念誌	株式会社横浜そごう	1995
さいか屋	神奈川県	さいか屋創業125年誌　株式会社さいか屋小史	雑賀屋不動産株式会社	1997
徳島そごう	徳島県	かずかずの出会いに感謝をこめて　徳島そごう15年のあゆみ	株式会社徳島そごう	1998
山形屋	鹿児島県	山形屋247年　株式会社設立80周年記念	株式会社山形屋	1998
高知大丸	高知県	高知大丸50年史	株式会社高知大丸	1999
鳥取大丸	鳥取県	鳥取大丸50年史	株式会社鳥取大丸	1999
丸広百貨店	埼玉県	株式会社丸広百貨店創立50周年記念誌	株式会社丸広百貨店	1999
藤丸	北海道	藤丸創業100年史	株式会社藤丸	2000
下関大丸	山口県	下関大丸50年史	株式会社下関大丸	2001
トキハ	大分県	ふるさと大分とともに　トキハ65年の歩み	株式会社トキハ	2001
鶴屋	熊本県	鶴屋50年史	株式会社鶴屋百貨店	2002
博多大丸	福岡県	博多大丸・半世紀の歩み	株式会社博多大丸	2005
井筒屋	福岡県	井筒屋創業70周年記念文庫　井筒屋物語	株式会社井筒屋	2005
川徳	岩手県	株式会社川徳　創業140年記念誌　奉仕こそわがつとめ	株式会社川徳	2007
丸広	埼玉県	丸広百貨店創立60周年記念誌	株式会社丸広百貨店	2009

備考）漢数字の部分を算用数字にした。横浜松坂屋とそごうグループ各店は本表に入れた。
出所）表2と同じ。

による発行経緯や百貨店内部で作成された会社史の目次・内容との相違等の
詳細な検討が課題となろう。[11]

1－3．戦後以降の百貨店史研究に関する若干の整理

　戦後以降の百貨店史研究では、これまで会社史が使用されることが多かっ
た。著者による百貨店の資料調査に鑑みても、現状、とくに高度成長期以降
の百貨店史研究においては、各百貨店の社内資料を部分的であったとしても
使用して進めることが難しい側面がある。そこで今回は、戦後以降高度成長
期頃までの百貨店史研究において会社史を活用した論考に限定して整理し、
今後の研究の方向性を探っておきたい。

　まず多田應幹（2002、2003）は、前者では戦後混乱期（占領期）における百
貨店史研究として、当時の百貨店経営の実態とGHQ将兵・軍属および外国
人商社マンに対する営業内容について明らかにしている。後者では、百貨店
における取引慣行の形成メカニズムの分析として「派遣店員制」が、殊に高
度成長期以降の百貨店経営の苦境を救う仕組みになり、かつ「隠れた資源」
であったと評価したうえで、その導入・拡大・役割・機能等を解明している。

　次に高岡美佳（1997，2011）は、前者では戦後復興期における百貨店の事
業展開の実態を的確に把握したうえで、委託仕入れへの転換過程を明らかに
している。後者では、第2次世界大戦前後の日本における衣料品消費の変化
と戦後復興期の百貨店の事業展開に焦点を当て、当時の百貨店に大きな成長
機会が生じ、それに適応した行動や経営資源の不足を補う補完方法を解明し
ている。著者は、この高岡の2編が現在、戦後復興期における百貨店の経営
史研究において最高水準の先行研究と評価しておきたい。こののち高岡の研
究に続くことが、戦後以降の百貨店経営史研究の大きな突破口となるものと
考えている。

　高度成長期では、佐々木保幸（2002）が同期における委託仕入れ方式の導
入を捉えたうえで髙島屋と伊勢丹をおもな事例として、本部集中仕入れ制度

の整備や共同仕入れ機構の構築、海外ブランドの提携による独自商品の開発
など自主マーチャンダイジングの展開と、それに関わる組織変革を解き明か
している。江尻弘（2003）は日本の百貨店における返品制という取引慣行に
着目した。江尻は、それの戦前における起源から戦後以降の成立状況や1990
年代当時までの変遷状況および現状を分析し、百貨店固有の諸問題を解明し
た大著を完成させている。

　これらを受けて多田（2011, 2012）は、前者では百貨店と納入業者の間で
返品を循環化し両者にメリットが生まれる構図によって成立・発展した返品
制のメカニズム、後者では1960・70年代を中心とした百貨店のマーチャンダ
イジングの取り組みについて明らかにしている。藤岡里圭（2009, 2013）は、
前者において戦前に顧客の大衆化に伴う大規模小売業として成立した百貨店
が、高価格商品を扱う店舗に変化した高度成長期を対象に精察し、スーパー
が新たな業態として成長する過程で高級化路線に舵取りしていったことを解
明している。後者では、高度成長期における百貨店の発展過程について衣料
品部門に着目し、百貨店の高級化と特選ブランドの役割を見事に解き明かし
ている。藤岡の両研究には重要な指摘が多くみられ、引き続き検討が必要な
課題も示した優れた研究テーマでもある。

　以上のように百貨店の会社史が、とくに戦後以降高度成長期の時期におい
て百貨店経営にみられた特徴的な返品制や派遣社員に深く関係する取引慣行
の問題、および百貨店の経営・売場戦略などの研究で活用され着実に進んで
いると言えよう。

　百貨店の会社史が主として使用されていないが、上述以外には百貨店勤務
経験者である北島啓嗣（2009）や坪井晋也（2009）、新井田剛（2010）による
現代を中軸とした百貨店研究の大きな成果が残されている。近年では、戦前
から現代に繋がる百貨店の接客法に着目した末田（2019）、一次資料を活用
して後進を導く創造的な研究として谷内正往（2020）や満薗勇（2020）、会社
史以外の活用ではあるが、既述の高度成長期の研究を踏まえたうえで同時期

の百貨店成長の特質を解明した宮崎卓朗（2021）、そして佐野嘉秀（2021）のような日本の百貨店の雇用システムをイギリスと比較した国際的な研究もみられる。

　したがって今後も会社史を活用しつつ、一次資料の使用に到達した戦後期以降高度成長期までの百貨店史研究が登場することを大いに期待したい。[12]

【文　献】

江尻弘（2003）『百貨店返品制の研究』中央経済社。

北島啓嗣（2009）『オープン・インテグラルアーキテクチャ—百貨店・ショッピングセンターの企業戦略—』白桃書房。

佐々木保幸（2002）「高度経済成長期におけるわが国百貨店の自主マーチャンダイジングの展開—髙島屋と伊勢丹を中心に—」『大阪商業大学論集　社会科学篇』第125号。

佐野嘉秀（2021）『英国の人事管理・日本の人事管理—日英百貨店の仕事と雇用システム—』東京大学出版会。

末田智樹（2019）『老舗百貨店の接客法—松坂屋の史料が語る店員の"心得"—』風媒社。

多田應幹（2002）「占領期における百貨店の研究—GHQ将兵・軍属及び外国人商社マンに対する営業を中心として—」千葉商科大学『CUC policy studies review』1。

多田應幹（2003）「百貨店の取引慣行の形成メカニズムの研究—隠れた資源としての『派遣店員制』—」千葉商科大学『CUC policy studies review』3。

多田應幹（2011）「百貨店の『返品制』とそのメカニズム」『桜美林論考．ビジネスマネジメントレビュー』2巻。

多田應幹（2012）「百貨店のマーチャンダイジングの変遷」『桜美林論考．ビジネスマネジメントレビュー』3巻。

藤岡里圭（2009）「百貨店の革新性とその変容」石井淳蔵編著『小売業の業態革新』中央経済社。

藤岡里圭（2013）「高度成長期における百貨店の高級化と特選ブランドの役割」京都大学経済学会『経済論叢』第187巻第3号。

高岡美佳（1997）「戦後復興期の日本の百貨店と委託仕入」『経営史学』第32巻第1号。

高岡美佳（2011）「衣料品消費の変化と百貨店の興隆」柴孝夫・岡崎哲二編著『制度転換期の企業と市場』ミネルヴァ書房。

谷内正往（2020）『戦後大阪の鉄道とターミナル小売事業』五絃舎。

坪井晋也（2009）『百貨店の経営に関する研究』学文社。

新井田剛（2010）『百貨店のビジネスシステム変革』中央経済社。

満薗勇（2020）「大型店の立地とまちづくりの模索—福山そごうを中心に—」張楓『備後福山の社会経済史—地域がつくる産業・産業がつくる地域—』日本経済評論社。

宮崎卓朗（2021）「高度成長期の百貨店成長の特質について」『佐賀大学経済論集』第53巻第4号。

２．戦前日本の百貨店業史研究の整理と課題

　本書内容の前提として次に、明治中後期から昭和戦前期を中心（以下、戦前と表現）とした百貨店史研究について整理し、そこから考えられる今後の百貨店史研究の課題を提示することを目的とする。今回整理する百貨店史研究の対象時期は1960年代から2010年代とし、このなかでもとくに1990年（平成2）以降を中軸とする。対象の先行研究は、「百貨店」「デパート」という表現や個別の百貨店名が論題に掲げられているケーススタディを主とする。[13]

　百貨店史研究が1990年代以降積極的に進められ益々蓄積されていることもあり、[14] 整理方法として、まず「2—1」では①1990年代から2010年代にかけた百貨店史研究を概観する。次に本論として、「2—2」は②経営史・商業論等の概説書にみえる百貨店史研究、「2—3」は③三越・松坂屋・髙島屋等の呉服系百貨店、「2—4」は④西武百貨店・阪急百貨店・東横百貨店等の電鉄系百貨店（ターミナルデパート）、「2—5」は⑤地方百貨店および地方都市で展開された反百貨店運動、「2—6」は⑥既述以外の百貨店史研究とする。以上のように、①から⑥までを整理しつつ研究の特色や傾向について触れ、最後に著者が読み取った今後の課題を「2—7」の小結で述べることとする。

　なお、各項に関係する研究文献（以下、文献）はかなりの数にのぼるため巻末ではなく、その都度確認しやすいように、前述の戦後以降の百貨店史研究と同様に各項の最後に文献欄を設けることにした。各項において文献が重複する場合は最初に掲げた項の文献欄に掲載し、2度目の項では掲載しないものとした。本文中では同姓が存在する場合は氏名も表示し、3名以上の共著の場合は上から2名（〜他）の著者の苗字のみを表示した。都道府県名と

県庁所在地名が一致する場合は、後者のみを記載するようにした。本文中では「編」「編著」「編集」「監修」等は省略し、文献欄においては「編」「編著」「編集」等を「編」に統一した。論文がそののち単著へ所収されたものについては混乱を避けるために必要な場合のみ記載し、また②の概説書の説明では書名を記した。

　以下、本文では整理しやすくするために、研究分野を文化史、経営史、商業論の３つに大別した。なお、文化史については文化史のほか、社会史、文学史、美術史、建築史、地理学など、経営史については経営史のほか、経済史、商業史、流通史、産業史、地域史など、商業論については商業論のほか、流通論、マーケティング論などを範疇としている。とくに区別しない限りは、それぞれ文化史のほか「文化史研究、文化史的視点」、経営史のほか「経営史研究、経営史的視点」、商業論のほか「商業論研究、商業論的視点」等とおもに表現し、既述のような範疇の分野を記した部分もある。

２－１．1990年代から2010年代にかけた百貨店史研究の概観

　①の百貨店史研究の大枠を整理していく。戦前に関する百貨店史研究の出発点としては経営史研究があげられる。まず土屋（1966，1969，1972）が、東京新宿を本店する株式会社伊勢丹の創業者である初代・２代小菅丹治の両生涯と２代小菅丹治夫人（とき）に関して、土屋自らが、とき夫人を始めとした同家関係者に回顧談の聞き取りを行いながら、一次資料を重ねて分析し執筆した伝記的研究がみられる。次いで前田（1970，1971）が、東京日本橋を本店とする三越を中心に白木屋・大丸・松坂屋・髙島屋の呉服系百貨店について、江戸期の呉服商からの百貨店への転換過程や、その経営規模の拡大に応じて会社制度を導入し経営を変革していった点を初めて指摘した。[15]

　文化史的な視点からは1990年代に入って、山口昌男（1991・1995a・b）は商業空間のなかのモダニズムの観点から三越の成立過程を説き起こして、百貨店を新しい文化メッセージの発信装置として位置づけした。吉見（1992a〜

d，1993a〜d，1994a・b，1995a〜e，1996a 〜 d，1997）は、百貨店の成立・発展を様々な「博覧会」や音楽、ポスター文化など広告環境としてのデパート、あるいはデパートにおける女性店員を事例としたジェンダー問題等、数年間にわたって分析を深めた。このほかには、都市文化の近代化を示す１つとして勧工場から百貨店への変化に焦点を置いた初田（1993，1999）、明治後期の「趣味」＝都市文化が誕生した経緯について三越の流行戦略に注目して明らかにした神野（1994）、日本におけるショーウインドーの成立史のなかに百貨店の成立過程とショーウインドーの導入を位置づけた高柳（1994）などが現れ、百貨店史研究が進み始めた。

　共同研究としては、山本武利・西沢（1999）が見事にまとめた。1990年代から一次資料を使用して三越を中心とした呉服系百貨店の歴史学研究が登場してきたが、[16]この山本・西沢（1999）のなかには、文化史と経営史の両視点から一次資料を基に分析した先述の神野や後述の大岡、平野を含むいくつもの優れた研究が組み込まれ、総合的な研究として位置づけできる。本研究には、各百貨店の会社史等の単行本や百貨店研究・百貨店問題の関係書、呉服系百貨店発行の逐次刊行物、江戸期から戦前までの主要な呉服系百貨店と阪急百貨店の開業・活動に関する年表などが巻末に掲載されるなど、その時期までの百貨店史研究の全体像や多面的な視点を押さえるためには、必ず確認しなければならない金字塔的な研究と言っても過言ではない[17]。ほかに武居（1999）は、商業論研究の小売業態問題の視点から百貨店と他の小売業態との違いを、百貨店の誕生＝高級なライフスタイルを提示する都市生活空間の誕生に求めた。

　2000年代に入り、文化史研究では白木屋を対象とした近藤（2004，2005）、髙島屋の美術部門を対象とした廣田孝（2004a，2006a）、百貨店の催事に焦点を当てた加藤諭（2007，2019a）、百貨店の通信販売に焦点を当てた満薗（2008，2009）、新聞記事における百貨店の広告に焦点を当てた宮島（2009）、百貨店店舗の高層化による大衆化に焦点を当てた平田（2002）が現れた。地理学の

視点からでは岩間（2004）、岡田直（2009）の立地から捉えた都市百貨店の展開に関する研究がみられた。

　以上の文化史的視点の研究に対し、とりわけ三越以外の松坂屋、髙島屋や大丸を対象とし、各呉服系百貨店の社内資料を使用した商業論・経営史の両研究が従来にもまして進んだ。三越も含み、髙島屋・大丸を事例とした代表的な研究としては次の通りである。商業論の視角を基軸として、髙島屋をケースに部門別管理制度の導入および発展過程を解明した藤岡（2000, 2006a）、前述の呉服系百貨店に白木屋を加えて、明治中期から昭和初期の欧米視察をケースに百貨店業態の構築や普及プロセスを明らかにした鳥羽達郎（2002, 2004）、明治・大正期の髙島屋の仕入面に着目し全国的な呉服類の産地の製品調査に関する貴重な史料を紹介した武居（2005c）が現れた。経営史からは、三越・髙島屋・大丸の営業報告書を使用して明治期から戦前までの経営動向を明らかにした末田（2003, 2004a）、大正期から昭和初期における銘仙の市場拡大を背景に集散地問屋が、百貨店と伊勢崎の機業家を巻き込んで流行を形成する仕組みを構築した実態を突き止め、従来の百貨店史研究に新しい視点と調査先を吹き込んだ山内（2009）がある。

　藤岡（2006a）のあと、2010年代に入り、百貨店史研究として末田（2010）、谷内（2014a）、加藤諭（2019a）が一書にまとめて出版した。とくに、谷内・加藤（2018a）は女子店員の諸問題に着目しており、これは今日にかけた百貨店（史）研究の継続課題であることは間違いない[18]。

　並松（2011）は、明治・大正期の髙島屋と三越の成立・展開過程を事例に経営・地域性と文化戦略の関係性を考察し、現在の百貨店の存立要因を導き出している。しかも先行研究が丁寧に押さえられており、学術論文としても模範となる。今後、百貨店史研究を志すものは必ず熟読する必要があると考えられる。

　共同研究としては、大正期の三越を中心とした呉服系百貨店による流行の創出や流行の受容について、地方資産家の消費構造を検討した国立歴史民俗

博物館・岩淵令治（2012, 2014, 2016）、髙島屋が殊に「美術」と「暮らし」に向けた提案を目指した存在であったことを紹介した図録であり、優れた論文集にもなっている橋本・村上（2013）がある。これらを含め2010年代において戦前の百貨店史研究が躍進したと言える。[19]

　なお、日本百貨店協会創立50周年記念誌編纂委員会（1998）『百貨店のあゆみ』および同70周年同（2018）『百貨店の過去・現在・未来【本編】【対談編】【データ編】』が刊行され、著者としては百貨店史研究の基本書（日本百貨店史の通史的役割）として位置づけておきたい。

　以上において、百貨店史研究の研究史と課題が整理されている代表的な文献としては、山本武利・西沢（1999）を筆頭に武居（1999）、藤岡（2006a）、末田（2005a, 2010）、谷内（2014a, 2018a）、加藤諭（2018a, 2019a）があげられる。これらの文献も踏まえ、2010年代に入って三越、髙島屋、松坂屋などの呉服系百貨店、阪急百貨店を中心とした電鉄系百貨店の個別研究が一段と盛んになってきた。とくに「2-3」「2-4」では、それらの諸研究について整理を試みる。そして、百貨店史研究においてどのような領域に関心が持たれ蓄積がみられるのか、また各領域における各種文献を整理したうえで浮かび上がる諸課題と今後の可能性について示したい。

　これまで著者は、末田（2010）を刊行して以来、本章で紹介する拙稿において限定した範囲ではあるが、何度も先行研究を整理してきた。なぜならば、先行研究の成果を客観的に踏まえて自説を論じることが学術的研究の基本だと考えられるからである。自戒の念を込めて、今回も可能な限り整理する。なお、以下の文献では横書きに合わせて原則、算用数字としている。[20]

【文　献】

岩淵令治編（2016）『国立歴史民俗博物館研究報告 第197集 共同研究 歴史表象の形成と消費文化』国立歴史民俗博物館。

岩間信之（2004）「大都市圏における百貨店の特性と商圏構造」荒井良雄・箸本健二編『日本の流通と都市空間』古今書院。

岡田直（2009）「百貨店の立地パターンにみる都市構造の変容」『横浜都市発展記念館

紀要』第5号。

鹿島茂（1991）『デパートを発明した夫婦』講談社。

加藤諭（2007）「昭和初期東北地方における百貨店の催物—三越仙台支店、藤崎を事例に—」『東北文化研究室紀要』第48集。

加藤諭（2019a）『戦前期日本における百貨店』清文堂出版。

国立歴史民俗博物館編（2012）『歴博—特集 共同研究 歴史表象の形成と消費文化—』第173号。

国立歴史民俗博物館・岩淵令治編（2014）『「江戸」の発見と商品化—大正期における三越の流行創出と消費発見—』岩田書院。

近藤智子（2004）「百貨店における『のれん』と革新—戦前期の白木屋を中心に—」『國學院大學大學院紀要—文学研究科—』第35輯。

近藤智子（2005）「『デパートガール』の登場—震災後東京の百貨店を中心に—」『経営史学』第40巻第3号。

神野由紀（1994）『趣味の誕生—百貨店がつくったテイスト—』勁草書房。

末田智樹（2003）「日本における百貨店の成立過程—三越と髙島屋の経営動向を通じて—」『岡山大学大学院文化科学研究科紀要』第16号。

末田智樹（2004a）「大正・昭和期における伝統呉服商の百貨店化—大丸の経営動向と企業家活動に着目して—」『岡山大学大学院文化科学研究科紀要』第18号。

末田智樹（2005a）「日本における百貨店生成史研究序説」『中部大学人文学部研究論集』第13号。

末田智樹（2010）『日本百貨店業成立史—企業家の革新と経営組織の確立—』ミネルヴァ書房。

高柳美香（1994）『ショーウインドー物語』勁草書房。

武居奈緒子（1999）「百貨店の誕生とデパートメントストア宣言」奈良産業大学『産業と経済』第14巻第1号。

武居奈緒子（2005c）「明治・大正期の髙島屋呉服店」奈良産業大学『産業と経済』第20巻第3号。

谷内正往（2014a）『戦前大阪の鉄道とデパート—都市交通による沿線培養の研究—』東方出版。

谷内正往・加藤諭（2018a）『日本の百貨店史—地方、女子店員、高齢化—』日本経済評論社。

土屋喬雄（1966）『創業者 小菅丹治』株式会社伊勢丹。

土屋喬雄（1969）『2代 小菅丹治 上』株式会社伊勢丹。

土屋喬雄（1972）『2代 小菅丹治 下』株式会社伊勢丹。

鳥羽達郎（2002）「業態構築プロセスにおける伝播の役割—わが国への百貨店の到来

を通じて―」神戸商科大学大学院『星陵台論集』第35巻第3号。

鳥羽達郎（2004）「百貨店の普及プロセス」白石善章・田中道雄編『現代日本の流通と社会』ミネルヴァ書房。

並松信久（2011）「明治・大正期における百貨店の形成―髙島屋と三越の展開を中心に―」『京都産業大学日本文化研究所紀要』第16号。

橋本善八・村上由美編（2013）『「暮らしと美術と髙島屋」展 図録』世田谷美術館。

初田亨（1993）『百貨店の誕生』三省堂。

初田亨（1999）『百貨店の誕生―都市文化の近代―』筑摩書房。

平田桂一（2002）「百貨店の社会史」『松山大学論集』第13巻第6号。

日本百貨店協会創立50周年記念誌編纂委員会編（1998）『百貨店のあゆみ―日本百貨店協会創立50年記念誌―』日本百貨店協会。

日本百貨店協会創立70周年記念誌編纂委員会編（2018）『百貨店の過去・現在・未来【本編】【対談編】【データ編】―日本百貨店協会・創立70周年記念誌―』日本百貨店協会。

廣田孝（2004a）「明治後半期、たかしまや飯田呉服店の活動」『服飾美学』第39号。

廣田孝（2006a）「明治期の百貨店主催の美術展覧会について―三越と髙島屋を比較して―」『デザイン理論』第48号。

藤岡里圭（2000）「髙島屋における百貨店化の過程」大阪市立大学『経営研究』第51巻第1号。

藤岡里圭（2006a）『百貨店の生成過程』有斐閣。

前田和利（1970）「わが国百貨店の勃興と確立―経営の成立と大規模化をめぐって―」大東文化大学『経済論集』第12号。

前田和利（1971）「日本における百貨店の一系譜―近世呉服商とその転化をめぐって―」『駒大経営研究』第2巻第3・4号。

前田和利（1999）「日本における百貨店の革新性と適応性―生成・成長・成熟・危機の過程―」『駒大経営研究』第30巻第3・4号。

満薗勇・加藤諭（2008）「百貨店による消費文化の地方波及―通信販売から百貨店の成立へ―」『歴史と地理』第612号。

満薗勇（2009）「戦前期日本における大都市呉服系百貨店の通信販売」『経営史学』第44巻第1号。

宮島久雄（2009）『関西モダンデザイン史―百貨店新聞広告を中心に―』中央公論美術出版。

山内雄気（2009）「1920年代の銘仙市場の拡大と流行伝達の仕組み」『経営史学』第44巻第1号。

山口昌男（1995a）「明治モダニズム―文化装置としての百貨店の発生1―」同『「敗

者」の精神史』岩波書店。

山口昌男（1995b）「近代におけるカルチャー・センターの祖型―文化装置としての百貨店の発生２―」同『「敗者」の精神史』岩波書店。なお、山口（1995a・b）は初出が『へるめす』第33・34号（1991年 a・b）である。

山本武利・西沢保編（1999）『百貨店の文化史―日本の消費革命―』世界思想社。

吉見俊哉（1992a）「デパートという文化 万国博覧会とデパートの誕生」『RIRI 流通産業』第24巻第8号。

吉見俊哉（1992b）『博覧会の政治学―まなざしの近代―』中央公論新社。

吉見俊哉（1992c）「デパートという文化（２）博覧会、勧工場そして百貨店」『RIRI 流通産業』第24巻第10号。

吉見俊哉（1992d）「デパートという文化（３）児童博覧会とデパート文化」『RIRI 流通産業』第24巻第12号。

吉見俊哉（1993a）「デパートという文化（４）大正文化としてのデパート」『RIRI 流通産業』第25巻第2号

吉見俊哉（1993b）「デパートという文化（５）市中音楽隊からデパート音楽隊へ」『RIRI 流通産業』第25巻第4号。

吉見俊哉（1993c）「デパートという文化（６）デパートが演出するポスター文化」『RIRI 流通産業』第25巻第6号。

吉見俊哉（1993d）「デパートという文化（７）デパートを遊歩する人びと」『RIRI 流通産業』第25巻第8号。

吉見俊哉（1994a）「デパートという文化（８）デパート文化研究の現在（上)」『RIRI 流通産業』第26巻第6号。

吉見俊哉（1994b）「デパートという文化（９）デパート文化研究の現在（中)」『RIRI 流通産業』第26巻第9号。

吉見俊哉（1995a）「デパートという文化（10）デパート文化研究の現在（下)」『RIRI 流通産業』第27巻第1号。

吉見俊哉（1995b）「デパートという文化（11）デパートガールたちの世界（上)」『RIRI 流通産業』第27巻第4号。

吉見俊哉（1995c）「デパートという文化（12）デパートガールたちの世界（下)」『RIRI 流通産業』第27巻第8号。

吉見俊哉（1995d）「デパートという文化（13）消費社会論とデパート文化（上)」『RIRI 流通産業』第27巻第10号。

吉見俊哉（1995e）「デパートという文化（14）消費社会論とデパート文化（中)」『RIRI 流通産業』第27巻第12号。

吉見俊哉（1996a）「デパートという文化（15）消費社会論とデパート文化（下)」

『RIRI 流通産業』第28巻第 4 号。

吉見俊哉（1996b）「近代空間としての百貨店」同編『都市の空間 都市の身体（21世紀の都市社会学第 4 巻）』勁草書房。

吉見俊哉（1996c）「デパートという文化（16）デパート、映画館、群衆」『RIRI 流通産業』第28巻第 8 号。

吉見俊哉（1996d）「デパートという文化（17）アメリカナイゼーションとモダン日本」『RIRI 流通産業』第28巻第10号。

吉見俊哉（1997）「デパートという文化（18）デパートという文化」『RIRI 流通産業』第29巻第 2 号。

2 − 2．経営史・商業論等の概説書にみえる百貨店史研究

　1990年（平成 2 ）以降、論考・共著本・単行本による百貨店史研究が増加したが、一方で概説書や事典類のなかにも百貨店史が取り上げられるようになってきた。[21]とりわけ、②経営史・商業論等の概説書における百貨店史の記述が目立つようになってきた。そこで本章では、この点に着目してみたい。

　経営史・商業史的視点からは、藤田・宮本他（1978）が『日本商業史』のなかで、「百貨店の登場」として初めて呉服系百貨店と電鉄系百貨店（ターミナルデパート）を紹介し、当時の中小商業問題との関係にも言及した。次いで鳥羽欽一郎（1979）は『日本の流通革新』において、明治期から1970年（昭和45）代までの小売業100年の歴史のなかで呉服系百貨店と電鉄系百貨店を代表的な事例として、とくに高度成長期に台頭してくるスーパーとの関係を論じている。経営史研究の概説書では、ターミナルデパートの生みの親である小林一三が電鉄の関係で論じられることが多く、例えば概説書でも宮本・阿部他（1995）で紹介されている。[22]呉服系百貨店と電鉄系百貨店については、このように紹介されるものの、鳥羽欽一郎（1979）以外に高度成長期までにおいて体系的に位置づけて評価されることは知り得る限りなかった。

　しかしながら、経営史系の研究者が百貨店史研究に蓋をしていたわけでなく、前田（1979a〜c）が『近代日本経営史の基礎知識』のなかで三越、松坂屋、伊勢丹の成立・発展について紹介した。さらに、経営史学会編の『日本

経営史の基礎知識』（2004）や『経営史学の50年』（2015）では、前者の小原博が「百貨店の成立」「百貨店の成長」において百貨店の成立・発展の状況に関する概要をまとめ、後者の佐々木聡が「小売業経営史の研究」のなかで「百貨店史」として、それまでの先行研究を整理する形で大きく紹介している[23]。

　近年では、日本の商業史研究の概説書として廣田誠・山田他（2017）『日本商業史』において、廣田・藤岡らが戦前・戦後の百貨店の動向を中心に分析し、かつ近世から現代にかけた商業史のなかで位置づけしている[24]。また、廣田誠（2013）『日本の流通・サービス産業』は経営史・産業史の視点から戦前より戦後までの呉服系・電鉄系百貨店の発展過程を概説し、殊に電鉄系百貨店に力点を置いたもので、学術研究者としては初めての試みで高く評価できる。粕谷（2019）は『コア・テキスト 経営史』の「サービス業」の「小売」のなかで、「デパートの発生」「デパートの普及と百貨店法」として取り上げている。粕谷は、総合スーパー・食品スーパー・コンビニ・専門店あるいは現代のインターネットの普及にともなう E コマースにまで触れ、経営史の概説書のなかで小売業態の変容過程について概説したものとしては管見の限り初めてであろう。

　商業論の視点からでは、西武百貨店や西友ストアーの取締役を歴任していた佐藤が『流通産業革命』（1971）と『日本の流通機構』（1974）において、小売業全体のなかで百貨店の成立と展開を位置づけた先駆的研究がある。その後は、宇野・鳥羽欽一郎（1979）『日本の大規模小売業』や鈴木（1980）『昭和初期の小売商問題』のような優れた研究がみられた。とくに後者は、「百貨店の系譜」「第一次大戦期の百貨店」「不況期の百貨店」「準戦時体制期の百貨店」などの項目で、時系列的に戦前の百貨店の成立・発展状況について呉服系百貨店の会社史を主に使用して掘り下げており、百貨店史研究を進めるうえでは確認しておかなければならない必携本である[25]。

　1990年代には、岡田千尋・岩永他（1995）が『現代日本の商業構造』のな

かで最初の小売業態として百貨店を紹介している。殊に興味深いのは「わが
国百貨店の創業系統」の項目において、百貨店の創業系統を3つに分類し説
明していることである。第1に「江戸時代から呉服商を営業していたいわゆ
る呉服店系」、第2に「呉服店として地域に創業してきた商人が地方の中小
都市の近代化に対応して百貨店として経営形態を改組した系統」、第3に
「私鉄経営を基盤として兼営ないし傍系企業として創業した百貨店」の3系
統である。順序は異なるが、本稿でも「呉服系百貨店」「電鉄系百貨店」「地
方百貨店」と分けて整理しているように、商業論の研究者からも提示されて
いる。この分類方法に関しては、経営史系の研究者からも地方百貨店を中軸
に一次資料を用いて実証的な再検討が必要であろう。

　さらに、2000年代以降になって概説書のなかで大きく評価するようになっ
たが、商業論からはマーケティング史研究会（2001）『日本流通産業史』の
なかで、神保がマーケティング論の視点から百貨店の日本的特徴における歴
史的展開を論じている。木綿・三村（2003）は『日本的流通の再生』の視点
から百貨店の現状と課題のなかで百貨店の生成を確認し、そののち総合スー
パーと食品スーパーの現状と課題の展開につなげるなど、商業論においても
百貨店史の重要性が確認できる。

　石原・矢作『日本の流通100年』において藤岡（2004）が、百貨店を副題
で「大規模小売商の成立と展開」と位置づけし、「草創期の百貨店」「第一次
百貨店法時代の百貨店」「第二次百貨店法時代の百貨店」「大店法時代以降の
百貨店」の大項目に分けて、三越の誕生から戦前・戦後期を経て2002年（平
成14）までのおよそ100年の通史を見事に整理している。学術研究としては、
現在唯一の百貨店の通史として高く評価できる。また、藤岡（2009a）は石井
淳蔵・向山『小売業の業態革新』のなかで主題を「百貨店の革新性とその変
容」とし、戦前の百貨店の成立状況を説明したのち高度成長期の百貨店の成
長過程につなげて論じるなど、商業論からの重要な示唆が多い。以上からみ
ても、百貨店史研究の方向性を全体的に示した藤岡の貢献度は高いと言えよ

う。

　坂田（2003）は小売業態のなかで100年の歴史を有する百貨店を位置づけるために、百貨店の定義と業態の変容について考察しており、非常に興味深く十分評価できる。坂田は、石原・竹村他（2008，2018）『1からの流通論』や崔・岸本（2018）『1からの流通システム』のなかでも、商業・流通・小売業において百貨店を位置づけており、学生にとっては非常に理解しやすいものとなっている。とりわけ後者は、呉服系百貨店のなかでは三越、電鉄系百貨店のなかでは阪急百貨店を取り上げて戦前の小売業態の成立過程を紹介している。[26]

　一方、全体的には経済史的視点と括ってもよいかと考えられるが、石井寛治（2003）『日本流通史』が本格的な流通史に関する通史のなかで百貨店を正確に押さえている。また、石井寛治（2005）『近代日本流通史』のなかでも百貨店が指摘されている。[27]平野隆（2005）は百貨店からはじまる日本の近代的小売業態の変遷を日本の消費社会の変容と関連付けて丁寧に論じている。満薗（2015）『商店街はいま必要なのか』および同（2021）『日本流通史』は戦前から現代の小売業態の変遷まで引き付けて百貨店を位置づけしており、現在の商業史・流通史研究の到達点を示す最高峰として、本研究を志す研究者にとって基本書になることは疑いようもない。

　最後に事典類では、まず加藤義忠・日本流通学会（2006）『現代流通事典』のなかで「百貨店」「百貨店法」の項目における説明がみられる。次に山口由等（2020a・b）が阿部・落合他『郷土史大系』において、「小売業と百貨店の出現」「デパート・スーパー・コンビニ」として小売業のなかで百貨店を社会経済史的に紹介している。また加藤諭（2021）は、社会経済史学会編『社会経済史学事典』の「百貨店」において、わずか2頁であるものの、「百貨店の全国展開」「第2次百貨店法・大店法時代」「消費の多様化と業界再編」「今後の展望」の小項目を立てて戦前から現在までを的確に説明している。

　以上のように、概説書のなかで百貨店史を取り上げることが増大しており、

いずれも百貨店史研究を前進させようとする関連した諸分野からの積極的な研究である。近年、教育の質向上やキャリア教育の重要性が提唱されるようになった大学教育のなかで、百貨店の歴史や現状を広く知らしめる教材として高く評価できるものばかりである。

【文　　献】

石井寛治（2003）『日本流通史』有斐閣。

石井寛治編（2005）『近代日本流通史』東京堂出版。

石原武政・竹村正明編（2008）『１からの流通論』碩学舎・中央経済社。

石原武政・竹村正明・細井謙一編（2018）『１からの流通論（第２版）』碩学舎・中央経済グループパブリッシング。

宇野正雄・鳥羽欽一郎監修（1979）『日本の大規模小売業―その実態と戦略―』早稲田大学出版部。

岡田千尋・岩永忠康・尾碕眞編（1995）『現代日本の商業構造』ナカニシヤ出版。

粕谷誠（2019）『コア・テキスト 経営史』新世社。

加藤諭（2021）「百貨店」社会経済史学会編『社会経済史学事典―社会経済史学会 創立90周年記念―』丸善出版。

河田賢一（2006）「百貨店法」加藤義忠・日本流通学会『現代流通事典』白桃書房。

木綿良行・三村優美子編（2003）『日本的流通の再生』中央経済社。

経営史学会編（2004）『日本経営史の基礎知識』有斐閣。

経営史学会編（2015）『経営史学の50年』日本経済評論社。

坂田隆文（2003）「小売業態の相対性に関する歴史分析―わが国における百貨店の100年の歴史を通して―」『中京商学論叢』第50巻第１・２合併号。

佐藤肇（1971）『流通産業革命―近代商業100年に学ぶ―』有斐閣。

佐藤肇（1974）『日本の流通機構―流通問題分析の基礎―』有斐閣。

鈴木安昭（1980）『昭和初期の小売商問題―百貨店と中小商店の角逐―』日本経済新聞社。

崔相鐵・岸本徹也編（2018）『１からの流通システム』碩学舎・中央経済グループパブリッシング。

鳥羽欽一郎（1979）『日本の流通革新―小売業100年の歴史と企業者活動―』日本経済新聞社。

平野隆（2005）「日本における小売業態の変遷と消費社会の変容」『三田商学研究』第48巻第５号。

廣田誠（2013）『日本の流通・サービス産業―歴史と現状―』大阪大学出版会。

廣田誠・山田雄久・木山実・長廣利崇・藤岡里圭（2017）『日本商業史―商業・流通の発展プロセスをとらえる―』有斐閣。

藤岡里圭（2004）「百貨店―大規模小売商の成立と展開―」石原武政・矢作敏行編『日本の流通100年』有斐閣。

藤岡里圭（2009a）「百貨店の革新性とその変容―高級化の進行と効率の追求―」石井淳蔵・向山雅夫編『小売業の業態革新（シリーズ流通体系１）』中央経済社。

藤田貞一郎・宮本又郎・長谷川彰（1978）『日本商業史』有斐閣。

藤田貞一郎（2003）『近代日本経済史研究の新視角―国益思想・市場・同業組合・ロビンソン漂流記―』清文堂出版。

藤田貞一郎（2005）「近代日本百貨店史研究の分析視角」安岡重明編『近代日本の企業者と経営組織』同文舘出版。

前田和利（1979a）「日比翁助と三越―百貨店業―」中川敬一郎・森川英正・由井常彦編『近代日本経営史の基礎知識―明治維新期から現代まで―増補版』有斐閣。

前田和利（1979b）「商家の伝統的経営―呉服店の別家・丁稚制度―」中川敬一郎・森川英正・由井常彦編『近代日本経営史の基礎知識―明治維新期から現代まで―増補版』有斐閣。

前田和利（1979c）「百貨店とスーパーチェーン―伊勢丹、ダイエー、三越―」中川敬一郎・森川英正・由井常彦編『近代日本経営史の基礎知識―明治維新期から現代まで―増補版』有斐閣。

マーケティング史研究会編（2001）『日本流通産業史―日本的マーケティングの展開―』同文舘出版。

三浦一郎（2006）「百貨店」加藤義忠・日本流通学会『現代流通事典』白桃書房。

満薗勇（2015）『商店街はいま必要なのか―「日本型流通」の近現代史―』講談社。

満薗勇（2021）『日本流通史―小売業の近現代―』有斐閣。

宮本又郎・阿部武司・宇田川勝・沢井実・橘川武郎（1995）『日本経営史―日本型企業経営の発展・江戸から平成へ―』有斐閣。

山口由等（2020a）「小売業と百貨店の出現」阿部猛・落合功・谷本雅之・浅井良夫編『郷土史大系 生産・流通（下）―鉱山業・製造業・商業・金融―』朝倉書店。

山口由等（2020b）「デパート・スーパー・コンビニ」阿部猛・落合功・谷本雅之・浅井良夫編『郷土史大系 生産・流通（下）―鉱山業・製造業・商業・金融―』朝倉書店。

２－３．三越・松坂屋・髙島屋等の呉服系百貨店

　ここでは、③として明治後期から大正中期にかけて東京・大阪・京都・名

古屋で開業した代表的な呉服系百貨店について整理していく。対象の呉服系百貨店は三越、松坂屋、髙島屋と、その他として白木屋、大丸、松屋、十合、伊勢丹、丸物などを一括りとした。既述の呉服系百貨店において2つを同時に研究対象としている場合は、先に論じている呉服系百貨店のなかで紹介する。

2-3-1.　三越

　経営史的視点からでは、安岡（1985）が戦前三越の京都支店について聞き取り調査したものが最も古く、今日では貴重な資料でもある。その後は神野（1994，2011，2015）、是澤（1995，1997，2008）、中村喜代子（1997）、大島（2002）による児童博覧会などの子供に焦点を当てた文化史研究が続く。

　さらに牧田（1995）の住宅建築部、玉川（1997，2007）や三枝（2004）の音楽、三越のPR誌から「郷土玩具」の基本的性格を明らかにした小川（1997）、原田（1998，1999，2001）の服飾、三越による（尾形）光琳模様の案出とそのPR活動を論じた玉蟲（2004）、向後（2006，2017）の意匠係・図案、瀬崎（2000，2008）の文学に着目した芸術的分野を大いに含む文化史研究が現れた。これらのなかでも、瀬崎は消費文化を映した日本近代文学の側面を明らかにして一書にまとめており、すこぶる高く評価できる。

　加えて文化史研究としては、美術部・デザイン関係に着目した畑（2002）、廣田孝（2006a，2011a）、山本真紗子（2011）や、PR誌・ポスターに注目した木田（2005）、生田（2013）、小林（2015）、田島（2015）の研究が登場した。三越の創業期から現代までを検討しながら東京のファッション・ビジネスのダイナミズムを論じた富澤（2007）や、同じく同期間の東京日本橋における消費空間の生成と変容を考察した楠田（2012）の研究がみられる。

　一方、武居（1999，2014，2015）による江戸期からの転換に焦点を当てた研究、山口昌男（2004）、平野隆（2005，2020）、末田（2006a，2011a，2014a，2018a・b）、西村（2008）、田中裕二（2011，2012，2016，2019，2021a・b）、生島

（2012）、坪井（2015）らによる、三越の創業者である専務取締役日比翁助や、他の百貨店企業家・経営者に焦点を当てた文化史的視点を含む経営史研究が多く発表されている。[28] 以上のなかで、近年精力的に研究を進めている田中の研究は、これまでの三越の草創期や専務取締役日比翁助の経済活動に新しい視点を差し込ませ、今後も創業前後の三越研究や戦前戦後における百貨店の美術系催事史研究のさらなる展開が期待できるものである。

　これらのほかに、江口（2013）や飯塚（2017）の女性店員に焦点を当てた研究[29]、吉川（2008）のチェーン店に注目した研究がある。なかでも、まず江口は三越において採用された女子店員の社会的位置づけについて明らかにし、その女子店員の職域が拡大する過程を取り上げて、女子店員の技能に対する評価について分析を加えた。しかも江口は、三越が大衆化を進めていくなかで、女子店員の訓練は販売技能の標準化を目的としていったことを鋭く指摘しており、百貨店の女子店員に関する研究としても先駆的な試みである。

　次の飯塚は近年の百貨店史研究のなかでは先行研究を見事に押さえ、それとの関連で研究を深化させている模範的な文献として高く評価できる。飯塚は、江戸期に呉服商であった三越の百貨店化過程において「金銭登録機（キャッシュレジスター）」が導入される過程を紹介し、経営機構・会計制度の整備に取り組むことが三越の百貨店化、すなわち百貨店経営を安定させた点やその経営上の意義を解明した。また、他の百貨店へ金銭登録機が普及する状況と、それが百貨店において経験年数の少ない女子に代表される店員が現金出納業務を担うことを可能とし、百貨店を「女性の職場」として確立する売場の重要な構成要素になったことを明らかにしている。

　そのうえ近年では、地方資産家と三越の通信販売の関係を初めて詳細に解明した満薗（2016）、本支店の役割や催事に着目した加藤諭（2019a）、着物の流行や婚礼衣装に着目した藤岡（2016）、藤岡・二宮（2020）、加茂（2021）、三越のオルガンを通じた音楽活動に着目した内田（2016）、文化催事を取り上げた種井（2016）、児童博覧会に着目したベレジコワ（2017）、中元に着目

した島永（2006，2018，2021）を得た。このほか、三越の PR 誌の図案分析を
通して明治末期の着物図案における近代的要素を明らかにした樋口（2017，
2019）や、アール・ヌーヴォーの芸術運動を着物に応用した三越の百貨店プ
ロセスを明らかにしたトゥーレン（2018，2020）、俳句に詠まれた三越を取り
扱った玉城（2020）、三越が PR 誌において営業戦略に利用した文学作品を
検討した関口（2020）の研究が現れた。

　このなかで島永のマーケティング論からの研究は重要かつ模範的研究で、
今後も本視点からの研究が望まれる。島永は、明治後期から大正期にかけて
三越の PR 誌が中元市場の形成に大きく寄与し、また中元贈答に適した商品
を提案しつつ、価格帯ごとに商品をラインナップすることによって、消費者
は価格帯を判断基準として贈答品を選択することが可能になったと指摘する。
和田（2020）の『三越の誕生』では三越が成立した意義・インパクトを論じ
ており、これは三越研究に関する文化史的視点からの到達点の１つであろう。

　三越については従来文化史研究が多いイメージがあったが、既述のように
経営史的視点からの研究も目立ってきた。この意味では、三越の創業期・成
立期については文化史・経営史研究の領域において、その果たした役割が明
らかになってきた。しかしながら、明治・大正期までの社会史や美術史、文
学史を中心に文化史研究の領域で、その研究テーマの強調のみに終始した研
究も見受けられる。今後は、呉服系百貨店との百貨店間の競争が激化してい
く昭和初期までの百貨店業の発展期における三越の経営組織のなかで、文化
事業の変化を捉えていく必要があると考えられる。

【文　　献】

飯塚陽介（2017）「両大戦間期における百貨店への金銭登録機の導入─各売場別出納
　　制の導入と女性店員の進出─」『帝京経済学研究』第51巻第１号。
生田ゆき（2013）「ポスターと百貨店─三越とポスターの黎明─」『美術フォーラム
　　21』第27号。
内田順子（2016）「日本橋三越本店におけるパイプオルガン導入について」岩淵令治
　　編『国立歴史民俗博物館研究報告 第197集〔共同研究〕歴史表象の形成と消費文

化』歴史民俗博物館振興会。

江口潔（2013）「戦前期の百貨店における技能観の変容過程―三越における女子販売員の対人技能に着目して―」『教育社会学研究』第92集。

大島十二愛（2002）「メディアとしての博覧会―みつこしタイムスにみる『文化の展示場』三越児童博覧会―」同志社大学大学院新聞学研究会『新聞学―文化とコミュニケーション―』第18号。

小川都（1997）「『郷土玩具』の基本的性格―百貨店三越を通して―」『京都民俗』第15号。

加茂瑞穂（2021）「友禅協会『伊達模様』の募集とその周辺―明治後期・京都における流行創出との関わり―」『デザイン理論』第77号。

木田拓也（2005）「杉浦非水と三越―東京国立近代美術館所蔵の三越 PR 誌の表紙―」『東京国立近代美術館研究紀要』第10号。

吉川容（2008）「三越の大衆化―倉知誠夫時代の連鎖店展開戦略―」『三井文庫論叢』第42号。

楠田恵美（2012）「東京日本橋における消費空間の生成と変容―三越呉服店から日本橋三越まで―」『年報社会学論集』第25号。

向後恵里子（2006）「三井呉服店における高橋義雄と意匠係」『早稲田大学大学院文学研究科紀要』第51輯第 3 分冊。

向後恵里子（2017）「蛾の図像から蝶の図案へ―和田英作の三井呉服店絵葉書からみる明治時代後期百貨店の広告イメージ―」『明星大学研究紀要【人文学部・日本文化学科】』第25号。

小林すみ江（2014）「三越の広報誌に見る大正時代の人形・玩具」『人形玩具研究―かたち・あそび―日本人形玩具学会誌』Vol.25。

是澤優子（1995）「明治期における児童博覧会について（1）」『東京家政大学研究紀要 1 人文社会科学』第35集。

是澤優子（1997）「明治期における児童博覧会について（2）」『東京家政大学研究紀要 1 人文社会科学』第37集。

是澤優子（2008）「大正期における三越児童博覧会の展開」『東京家政大学博物館紀要』第13集。

三枝まり（2004）「日本の交響楽運動の黎明期―三越少年音楽隊を中心として―」『音楽学』第50巻第 1 号。

島永嵩子（2006）「文化的"イメージ・ゲートキーパー"としての百貨店―明治・大正期における中元ギフトの歴史的考察を通じて―」『神戸学院大学経営学論集』第 3 巻第 1 号。

島永嵩子（2018）「百貨店の中元贈答に関する広告戦略―三越を対象とした新聞広告

の内容分析─」『神戸学院大学経営学論集』第14巻第2号。

島永嵩子（2021）『「お中元」の文化とマーケティング─百貨店と消費文化の関係性─』同文舘出版。

生島淳（2012）「百貨店創成期の改革者─日比翁助と2代小菅丹治─」法政大学イノベーション・マネジメント研究センター『Working paper series, No.134（日本の企業家活動シリーズ No.56）』。

神野由紀（2011）『子どもをめぐるデザインと近代─拡大する商品世界─』世界思想社。

神野由紀（2015）『百貨店で〈趣味〉を買う─大衆消費文化の近代─』吉川弘文館。

末田智樹（2006a）「明治後期における百貨店創業期の営業展開─三越の日比翁助の経営活動をめぐって─」『市場史研究』第26号。

末田智樹（2011a）「日本の先駆的百貨店『三越』の成立から昭和戦前期までの発展要因」『社史で見る日本経済史 第54巻 三越 解説』ゆまに書房。

末田智樹（2014a）「三越大阪支店の再興に集結した優秀な人材と営業方針」『社史で見る日本経済史 第74巻 輝く大阪三越 開設30周年記念 解説』ゆまに書房。

末田智樹（2018a）「『花ごろも』とマーケティング的経営組織の改革─高橋義雄と日比翁助と藤村喜七からみえる三井呉服店案内の裏面─」『社史で見る日本経済史 第95巻 花ごろも（三井呉服店編輯・刊1899年）解説』ゆまに書房。

末田智樹（2018b）「『春模様』と三井呉服店の経営方針─営業部長日比翁助の模索─」『社史で見る日本経済史 第96巻 春模様（三井呉服店編輯・刊1900年）解説』ゆまに書房。

関口弘樹（2020）「三越 PR 誌の文学─鏡花の描く『虚栄』を中心に─」『明治大学日本文学』第46号。

瀬崎圭二（2000）「三井呉服店 PR 誌『花ごろも』の刊行─中山白峰・尾崎紅葉『むさう裏』をめぐって─」『日本文学』第49巻第6号。

瀬崎圭二（2008）『流行と虚栄の生成─消費文化を映す日本近代文学─』世界思想社。

武居奈緒子（2014）『大規模呉服商の流通革新と進化─三井越後屋における商品仕入体制の変遷─』千倉書房。

武居奈緒子（2015）『三井越後屋のビジネス・モデル─日本的取引慣行の競争力─』幻冬舎。

田島奈都子（2015）「近代日本ポスター史における橋口五葉の《此美人》という存在─三越呉服店による第1回広告画図案懸賞募集の実施とその影響─」『明星大学研究紀要【デザイン学部・デザイン学科】』第23号。

田中裕二（2011a）「明治後期の三越呉服店における日比翁助の企業経営と藝術支援─百貨店経営理念の形成と美術的展覧会の理想─」『東京都江戸東京博物館紀要』第1号。

田中裕二（2011b）「三井呉服店における高橋義雄（箒庵）の美術館構想と美術鑑賞教育―欧米留学と日本美術の発見―」三田芸術学会『芸術学』第15号。

田中裕二（2016）「三井（三越）呉服店と美術―高橋義雄と日比翁助の百貨店美術館構想―」矢内賢二編『明治、このフシギな時代』新典社。

田中裕二（2019）「米国百貨店ワナメーカーのアート・ギャラリー開設と三井呉服店」『アートマネジメント研究』第20号。

田中裕二（2021a）「江戸の名所三井越後屋から東京の名所三越呉服店への転換」『静岡文化芸術大学研究紀要』第21巻。

田中裕二（2021b）『企業と美術―近代日本の美術振興と芸術支援―』法政大学出版局。

玉川裕子（1997）「三越百貨店と音楽―音楽と商業は手に手をとって―」『桐朋学園大学研究紀要』第23集。

玉川裕子（2006）「西洋・日本・アジア―三越百貨店の音楽活動にみる音楽文化の西洋化と国民意識の形成―」『ドイツ文学』第132巻。

玉城涼（2020）「俳句に詠まれた百貨店『三越』」『俳壇』第37巻第13号。

玉蟲敏子（2004）『生きつづける光琳―イメージと言説をはこぶ《乗り物》とその軌跡―』吉川弘文館。

種井丈（2016）「明治・大正期における三越の文化催事をめぐって」國學院大學『博物館學紀要』第40輯。

坪井晋也（2015）「百貨店の経営理念―歴史的視点から―」『倉敷市立短期大学研究紀要』第59号。

トゥーレン・サスキア（2018）「三越の言説による着物の『同時代化』とアール・ヌーヴォーの影響―和洋折衷のファッション・アイテムへ―」『服飾美学』第64号。

トゥーレン・サスキア（2020）『アール・ヌーヴォー期におけるグローバル化とアート戦略―着物を通して見る三越の百貨店化プロセス―』博士（被服環境学）論文、文化学園大学。

富澤修身（2007）「三越120年と東京のファッション・ビジネス」大阪市立大学『経営研究』第58巻第3号。

中村喜代子（1997）「近代日本における〈こども〉イメージとこども博覧会―三越におけるこども博覧会の濫觴―」『美術教育学』第18巻。

西村栄治（2008）「正札販売の成立―三越呉服店の百貨店化過程を中心として―」『大阪学院大学 流通・経営学論集』第34巻第2号。

畑智子（2002）「大阪の百貨店について―三越、髙島屋を中心に―」『大阪における近代商業デザインの調査研究2000年度サントリー文化財団助成研究報告書』。

原田純子（1998）「近代日本の和服模様にみる西洋趣味」神戸文化短期大学『研究紀要』第22号。

原田純子（1999）「近代日本の和服模様―西洋のオリエンタルブームの一端―」神戸
　文化短期大学『研究紀要』第23号。

原田純子（2001）「和服模様にみるデザインの近代化について」『日本服飾学会誌』第
　20号。

樋口温子（2017）「明治時代の和服模様にみるアール・ヌーヴォーの影響―『ヌーボー
　式』の流行から『元禄模様』『光琳模様』の再生まで―」『国際服飾学会誌』No.52。

樋口温子（2019）「明治末期における着物図案の近代性―『元禄模様』を中心に―」
　『美術史』第186冊。

平野隆（2005）「高橋義雄・日比翁助―日本最初のデパートの創始者―」『三田評論』
　第1085号。

平野隆（2020）「創成期百貨店の慶應義塾出身経営者たち」『経営史学』第54巻第4号。

廣田孝（2011a）「百貨店の美術展覧会―英国の催事スタイル導入の可能性を探る―」
　『デザイン理論』第56号。

藤岡里圭（2016）「大正期の婚礼需要と百貨店の発展」岩淵令治編『国立歴史民俗博
　物館研究報告 第197集［共同研究］歴史表象の形成と消費文化』歴史民俗博物館振
　興会。

藤岡里圭・二宮麻里（2020）「着物の流行と百貨店の役割」島田昌和編『きものとデ
　ザイン―つくり手・売り手の150年―』ミネルヴァ書房。

ベレジコワ・タチアナ（2017）「明治後期における国民形成としての玩具戦略―三越
　第1回児童博覧会を通して―」大阪大学大学院言語文化研究科『日本語・日本文化
　研究』第27号。

牧田知子（1995）「近代住空間の形成―大阪・三越住宅建築部と岡田孝男の活動―」
　『日本建築学会計画系論文集』第471号。

満薗勇（2016）「大正期における地方資産家の消費生活と通信販売―信州須坂・田中
　本家と三越との関係を中心に―」岩淵令治編『国立歴史民俗博物館研究報告 第197
　集〔共同研究〕歴史表象の形成と消費文化』歴史民俗博物館振興会。

安岡重明（1985）「大正中期の三越京都支店―上野直蔵先生との対談―」同志社大学
　人文科学研究所『社会科学』No.35。

山口昌男（2004）「商行為を変え百貨店文化をつくった男―日比翁助―」同『経営者
　の精神史―近代日本を築いた破天荒な実業家たち―』ダイヤモンド社。

山本真紗子（2011）「北村鈴菜と三越百貨店大阪支店美術部の初期の活動」『Core
　Ethics』Vol.7。

和田博文（2020）『三越 誕生！―帝国のデパートと近代化の夢―』筑摩書房。

2-3-2. 松坂屋

　江戸期の呉服店の歴史から辿れば、松坂屋は日本の呉服系百貨店のなかで
一番長い歴史を有する老舗百貨店と言える。

　1910年（明治43）3月1日に営業を開始した松坂屋は、1922年（大正11）ま
でに名古屋本店と上野支店の2店舗体制を確立した。2店舗を拠点として百
貨店化した松坂屋は、1923年（大正12）3月に大阪支店、1924年（大正13）12
月に銀座支店を開店した。これにより松坂屋は、大正後期までに三越に先行
して東京・大阪・名古屋において近代的大型店舗による本支店4店舗体制を
敷くことに成功した。松坂屋は、三大都市に大規模小売店舗を構えた日本で
唯一の呉服系百貨店となった。そのうえ松坂屋が、1932年（昭和7）11月の
静岡支店の開店によって、本支店7店舗体制による大衆化戦略を柱とした経
営展開を戦前まで推し進め、売上総利益と売場総面積が三越に次ぐ位置にま
で経営発展をみせたことは、現下において知る者は意外に少ない。

　この松坂屋については一次資料からの検討ではないものの、まず伊藤次郎
左衞門に着目した上田（1995）と高木（2004）があげられる。その後、一次
資料を使用した重親（2003）や青木美保子（2006）、末田（2006b, 2011b～e,
2014b・c, 2015, 2016a・b, 2017a・b, 2018c, 2019a, 2020a）による精力的な研
究がある。

　とくに末田は、百貨店創業者の伊藤祐民（15代伊藤次郎左衞門）および専務
取締役の鬼頭幸七の経営者活動や、催事と経営動向の関係性、接客法につい
て内部資料を用いて明らかにしている。さらに、百貨店誕生の代名詞とされ
る三越との違いを示し、明治・大正期の2大百貨店として三越と松坂屋を位
置づけした。接客法については、戦前までの呉服系百貨店における基本的な
営業方法である接客販売＝接客法の確立過程を明らかにするために、老舗の
呉服系百貨店に位置づけできる松坂屋の接客法に関する社内文書を翻刻して
考察を加えている。そして戦前において松坂屋が、名古屋市において近代的
大規模小売業として成立し経営発展をみせた根拠を明確に示すことができた

と言える。

　そのほかに、一次資料を使用して戦間期の松坂屋の経営に鋭く切り込んだ中西（2012）や関東大震災時の松坂屋の諸活動に関する一次資料を発見し分析した木村（2014）がある。中西の研究は経済史・経営史研究としては内容・手法ともに卓抜しており、今後松坂屋の研究のみならず、すべての百貨店史研究を志す研究者が必ず模範としなければならない一級文献である。店員教育について明らかにした江口（2015）や加藤諭（2019a）などは一次資料を使用した優れた研究と評価でき、両者の研究もぜひとも参考にしてほしい。

　松坂屋の研究では、経営史的視点からの研究が多い点に特徴があることがわかる。今後は、三越や後述の髙島屋と比較して非常に少ない美術史や建築史・文学史などの芸術的分野を含む文化史的視点から進めることが重要となろう。[30)]

【文　　献】

青木美保子（2006）「大正・昭和初期の着物図案―松坂屋の標準図案をめぐって―」『風俗史学』34号。

上田實（1995）「江戸期・明治期における伊藤次郎左衛門家の企業者活動」『名古屋文理短期大学紀要』第20号。

江口潔（2015）「百貨店化にともなう職業的リテラシーの変容―両大戦間期における松坂屋の店員教育改革―」『教育学研究』第82巻第1号。

重親知左子（2003）「松坂屋回教圏展覧会の周辺」『大阪大学言語文化学』Vol.12。

木村慎平（2014）「関東大震災と松坂屋いとう呉服店（1）」『名古屋市博物館研究紀要』第37巻。

末田智樹（2006b）「明治後期・大正期における松坂屋の成立過程―名古屋本店と東京上野店の2店舗体制の確立における企業家の役割―」『中部大学人文学部研究論集』第16号。

末田智樹（2011b）「株式会社いとう呉服店の創立背景―呉服商から百貨店業への転換過程―」『愛知県史研究』第15号。

末田智樹（2011c）「松坂屋創業家の伊藤次郎左衛門家400年の永続意義―明治後期伊藤三綿合資会社の設立による経営組織の近代化と地方財閥化―」中部大学総合学術研究院『アリーナ』第11号。

末田智樹（2011d）「株式会社いとう呉服店の催事展開からみえる百貨店の営業動向―

大正中期における百貨店化過程の先駆的一齣―」『中部大学人文学部研究論集』第26号。

末田智樹（2011e）「伊藤次郎左衞門家創業『松坂屋』の躍進による日本百貨店業の興隆」『社史で見る日本経済史 第55巻 松坂屋300年史 解説』ゆまに書房。

末田智樹（2014b）「大正後期株式会社いとう呉服店の経営拡大と催事展開―大阪店再開と銀座店開設と松坂屋誕生―」『中部大学人文学部研究論集』第31号。

末田智樹（2014c）「1910年代初頭株式会社いとう呉服店の催事にみる営業展開」『中部大学人文学部研究論集』第32号。

末田智樹（2015）「昭和恐慌前後における松坂屋の経営安定化策と催事展開」『中部大学人文学部研究論集』第34号。

末田智樹（2016a）「松坂屋の生活と文化を結ぶ催事の成立―良品廉価を礎とした店員の活動―」『市場史研究』第35号。

末田智樹（2016b）「大正期いとう呉服店（松坂屋）の接客法に関する史料紹介」『中部大学人文学部研究論集』第36号。

末田智樹（2017a）「松坂屋店員の実務教育資料『簡単な売場接客景』の紹介と若干の考察」『中部大学人文学部研究論集』第37号。

末田智樹（2017b）「松坂屋『店員の心得』（史料紹介）にみる職務の発展と百貨店化」『中部大学人文学部研究論集』第38号。

末田智樹（2018c）「松坂屋350年史―伊藤次郎左衞門家が示した伝統と革新と人の継承―」『社史で見る日本経済史 第97巻 新版 店史概要 松坂屋（竹中治助編、松坂屋刊1964年）解説』ゆまに書房。

末田智樹（2019a）『老舗百貨店の接客法―松坂屋の史料が語る店員の"心得"―』風媒社。

末田智樹（2020a）「名古屋いとう呉服店の舎宅制度と初代専務鬼頭幸七―大正2年の『舎訓綱領』と接客法―」『中部大学人文学部研究論集』第43号。

高木備太郎（2004）「伊藤次郎左衞門祐民の社会活動と大都市名古屋づくり」東邦学園大学地域ビジネス研究所編『近代産業勃興期の中部経済』唯学書房。

中西聡（2012）「両大戦間期日本における百貨店の経営展開―いとう呉服店（松坂屋）の『百貨店』化と大衆化―」『経営史学』第47巻第3号。

2-3-3. 髙島屋

　髙島屋については藤本（1993）が文化史的に、藤岡（1999, 2000, 2001, 2003, 2006a・b）が経営史的に分析した先駆的研究と、廣田孝（2002, 2004b, 2005, 2006b〜d, 2009, 2010, 2011b, 2013a・b, 2014, 2015, 2016, 2018a・b）の

美術史的な一連の研究が群を抜いている。

　とくに廣田は、髙島屋史料館において2008年（平成20）から2012年（平成24）にかけて明治期の染織作品下絵など膨大な未整理分の重要な資料の整理を行っている。その成果として、彼は京都女子大学から刊行した『髙島屋「貿易部」美術染織作品の記録写真集（京都女子大学研究叢刊47）』『明治年間刺繍参考画集—髙島屋史料館所蔵—（同大学研究叢刊53）』『明治大正期の染織資料の研究—髙島屋史料館所蔵：源泉・下絵・作品写真の比較・考察—（同大学研究叢刊55）』の３つにまとめている。これら写真集・画集・資料とそれにともなう研究書は、明治・大正期における髙島屋の活動内容や海外の万国博覧会に出品した輸出染織作品の実態、呉服系百貨店としての成立基盤、髙島屋史料館が所蔵する諸資料の重要性を高めたものである。そして、イギリスに現存する染織作品や諸資料との詳細な比較研究を行うなど、他の呉服系百貨店の芸術的分野に関する諸研究の追随を許さないと言っても過言ではない研究成果物である。

　このほかには西沢（山本武利・西沢，1999）、白石・鳥羽（2003）、武居（2005a〜c）、末田（2007，2008a・b，2009）の文化史・商業論・経営史研究や、山本真紗子（2012，2013，2014a・b）の美術史研究、亀野（2016）の洋風家具の販売商品、周防（2018）の輸出用の室内着についての研究が現れた。とりわけ白石・鳥羽による商業論からの研究は、髙島屋が百貨店成立期において果たした役割を論じた秀作である。さらに、馬場（2003，2017，2020）や青木美保子（2004）、表田（2014）、大久保（2018）の髙島屋による百選会および松村（2005）、吉中（2010）の美術史研究がみられた。

　十銭チェーンストアの研究としては須藤（1973）、武居（2010）、南方（2015，2016）、加藤諭（2019a）がある。秋谷（2011，2012a・b，2013，2014，2015）や木山（2017）のように対象が百貨店業ではないが、戦前における髙島屋の経営発展に貢献した貿易業に関して膨大な一次資料を見事に活用して詳細に浮き彫りにした研究が登場した。

　このように高島屋の研究については経営史研究があるものの、高島屋研究の集大成と言える橋本・村上（2013）の「暮らしと美術と高島屋」のタイトルや上述の廣田孝の秀でた諸研究にみられるように、とくに豊富な美術史研究の存在に特色がある。また、百貨店業以外の研究も進められ、三越や松坂屋と違った百貨店成立史が浮かび上がっているのも興味深い。今後は、現在の事業展開力の背景を探るためにも経営史的視点からの研究の充実が望まれる。[31]

【文　　献】

青木美保子（2004）「大正・昭和初期の服飾における流行の創出―高島屋百選会を中心に―」『デザイン理論』第44号。

秋谷紀男（2011）「1930年代における高島屋飯田株式会社の経営と日豪貿易」金子光男編『ウエスタン・インパクト』東京堂出版。

秋谷紀男（2012a）「高島屋飯田株式会社の豪州羊毛買付―1920年代から1930年代に至る豪州羊毛市場の競売室席順の考察を中心に―」明治大学政治経済研究所『政経論叢』第80巻第1・2号。

秋谷紀男（2012b）「戦前期日豪羊毛貿易における諸問題―高島屋飯田株式会社の書簡類の分析を中心に―」明治大学政治経済研究所『政経論叢』第81巻第1・2号。

秋谷紀男（2013）『戦前期日豪通商問題と日豪貿易―1930年代の日豪羊毛貿易を中心に―』日本経済評論社。

秋谷紀男（2014）「史料からみた日豪羊毛貿易と日本商社（1）―高島屋飯田株式会社メルボルン出張所書簡―」明治大学政治経済研究所『政経論叢』第82巻第3・4号。

秋谷紀男（2015）「史料からみた日豪羊毛貿易と日本商社（2）―高島屋飯田株式会社の南阿羊毛買付を中心に―」明治大学政治経済研究所『政経論叢』第83巻第5・6号。

大久保春乃（2018）「與謝野晶子と高島屋百選会」『目白大学短期大学部研究紀要』第54号。

亀野晶子（2016）「高島屋百貨店における洋風家具―新聞や販売促進物にみるイメージ―」『大正イマジュリィ』No.11。

木山実（2017）「高島屋の貿易業参入過程における人材形成―貿易商社"高島屋飯田"創設前史―」関西学院大学『商学論究』第64巻第3号。

白石善章・鳥羽達郎（2003）「業態の伝播と土着化のメカニズム―高島屋のケースを通じて―」『流通科学大学論集 流通・経営編』第15巻第3号。

末田智樹（2007）「明治・大正・昭和初期における百貨店の成立過程と企業家活動─高島屋の経営発展と飯田家同族会の役割─（1）」『中部大学人文学部研究論集』第18号。

末田智樹（2008a）「明治・大正・昭和初期における百貨店の成立過程と企業家活動─高島屋の経営発展と飯田家同族会の役割─（2）」『中部大学人文学部研究論集』第19号。

末田智樹（2008b）「明治・大正・昭和初期における百貨店の成立過程と企業家活動─高島屋の経営発展と飯田家同族会の役割─（3）」『中部大学人文学部研究論集』第20号。

末田智樹（2009）「『髙島屋100年史』に隠された髙島屋経営発展の基盤」『社史で見る日本経済史 第41巻 高島屋100年史 解説』ゆまに書房。

周防珠実（2018）「講演 明治期の輸出室内着─椎野正兵衛商店と飯田髙島屋の室内着を中心として─」『服飾美学』第64号。

須藤一（1973）「髙島屋均一店チェーンについて─わが国最初の本格的チェーンストアー」『RIRI 流通産業』第5巻第2号。

武居奈緒子（2005a）「髙島屋飯田貿易店沿革」奈良産業大学『産業と経済』第20巻第1号。

武居奈緒子（2005b）「貿易商社の発生史的研究─明治・大正期の髙島屋飯田を中心として─」奈良産業大学『産業と経済』第20巻第2号。

武居奈緒子（2010）「大規模小売商による新業態開発の歴史的展開─高島屋10銭ストアの革新性─」高嶋克義・西村順二編『小売業革新』千倉書房。

馬場まみ（2003）「近代京都における染織産業と髙島屋百選会」『生活文化史』第43号。

馬場まみ（2017）「近代京都におけるゑびす講売出しの変容と小売業の発展」『京都華頂大学現代家政学研究：研究報告』第6号。

馬場まみ（2020）「近代における着物のファッション化と流行模様─京都ゑびす講売出しからみる─」『日本衣服学会誌』第64巻第1号。

廣田孝（2002）「明治期京都の染織と日本画─髙島屋資料を中心にして─」『デザイン理論』第41号。

廣田孝（2004b）「明治期後半から大正初期の高島屋における竹内栖鳳の立場」『デザイン理論』第44号。

廣田孝（2005）「竹内栖鳳と髙島屋と因幡薬師」『風俗史学』第31号。

廣田孝（2006b）「『外人向着物図案』（髙島屋史料館所蔵）について その1」京都女子大学『生活造形』Vol.51。

廣田孝（2006c）「明治末大正初期の輸出用キモノに関する一考察─髙島屋史料を中心に─」『服飾美学』第42号。

廣田孝（2008）「『外人向着物図案』（髙島屋史料館所蔵）について その２」京都女子大学『生活造形』Vol.53。

廣田孝（2009）『髙島屋「貿易部」美術染織作品の記録写真集（京都女子大学研究叢刊47）』京都女子大学。

廣田孝（2010a）「髙島屋の万国博覧会出品作品」『髙島屋百華展―近代美術の歩みとともに―』朝日新聞社。

廣田孝（2010b）「明治後半期、海外万国博覧会出品作品の制作過程と意義―髙島屋の染織出品作品を考察する―」『CROSS SECTIONS 京都国立近代美術館研究論集』Vol.3。

廣田孝（2013a）「芸術（日本画）と工芸（染織）の融合―明治期の京都―」山野英嗣編『東西文化の磁場―日本近代の建築・デザイン・工芸における境界的作用史の研究―』国書刊行会。

廣田孝（2013b）「竹内栖鳳の髙島屋での活動―海外万国博覧会への染織作品に注目して―」『現代の眼』第601号。

廣田孝（2013c）「竹内栖鳳が描いた西洋風景画―絵画と文学―」『CROSS SECTIONS 京都国立近代美術館研究論集』Vol.6。

廣田孝（2016a）『明治年間刺繍参考画集―髙島屋史料館所蔵―（京都女子大学研究叢刊53）』京都女子大学。

廣田孝（2016b）「『明治年間刺繍参考画集』の考察―髙島屋の輸出向け染織品の制作について―」『服飾美学』第62号。

廣田孝（2018a）『明治大正期の染織資料の研究―髙島屋史料館所蔵：源泉・下絵・作品写真の比較・考察―（京都女子大学研究叢刊55）』京都女子大学。

廣田孝（2018b）「明治期京都・髙島屋における染織作品下絵の制作過程の研究」京都女子大学『研究紀要（宗教・文化研究所）』第31号。

表田治郎（2014）「きもの讃歌―与謝野晶子と百選会―」『民族藝術』第30号。

藤岡里圭（1999）「髙島屋草創期における博覧会の役割―呉服店の近代化をめざして―」大阪市立大学『経営研究』第50巻第1・2号。

藤岡里圭（2001）「髙島屋装飾部と部門別管理の導入」『長崎県立大学論集』第35巻第3号。

藤岡里圭（2003）「部門別管理の発展過程」加藤司編『流通理論の透視力』千倉書房。

藤岡里圭（2006b）「百貨店による顧客の開拓と流行の創造」大阪市立大学『経営研究』第56巻第4号。

藤本恵子（1993）「近代染色図案の一考察―髙島屋史料館所蔵友禅裂地から―」『京都文化博物館研究紀要 朱雀』第6集。

松村茂樹（2005）「呉昌碩と髙島屋」『中国近現代文化研究』第8号。

南方建明（2015）「髙島屋均一価格店―チェーンストアへの歩み―」『消費経済研究』第4号。

南方建明（2016）「髙島屋均一価格店―戦後、なぜ均一価格業態は継承されなかったのか―」『消費経済研究』第5号。

山本真紗子（2012）「百貨店の着物図案創出における日本美術研究成果の影響―中井宗太郎と髙島屋百選会の事例から―」『Core Ethics』Vol. 8。

山本真紗子（2013）「戦前期の髙島屋百選会の活動―百選会の成立とその顧問の役割―」『Core Ethics』Vol. 9。

山本真紗子（2014a）「百貨店の着物図案と日本美術史研究―髙島屋百選会趣意書にみる本阿弥光悦論―」『美術フォーラム21』第29号。

山本真紗子（2014b）「明治期髙島屋貿易店の活動にみる百貨店としてのイメージ戦略の萌芽」『Core Ethics』Vol.10。

吉中充代（2010）「近代日本の百貨店と美術―髙島屋史料館コレクションをみる―」『髙島屋百華展―近代美術の歩みとともに―』朝日新聞社。

2-3-4.　白木屋、大丸、松屋、十合、伊勢丹、丸物

　江戸期には呉服商の三越と並ぶ豪商として知られ、三越と同じく明治後期に百貨店化に成功した白木屋については資料面の問題もあるものの、石井みどり（2001）や江口（2011）、坪井（2013a）、また営業報告書を使用して分析した末田（2010）の研究を得ている。

　戦前の大丸については三越・松坂屋・髙島屋と比べて残念ながら研究が非常に少なく、一次資料や会社史を使用して論じたのは末田（2004a，2013a，2018d）が代表的で、ほかに新聞資料を使用した宮島（2004）の研究がみられるのみである。

　松屋についても同様で近藤（2006）や末田（2013b）、あるいは松屋を文学的に取り上げた興味深い中村（1989）や、松屋の機関雑誌の意義を見事に突き止めた瀬崎（2016）の研究がみられる程度である。十合については末田（2014d）だけで、本格的な研究は管見の限り見いだせなかった。

　伊勢丹については、既述の創業者・2代小菅丹治について土屋の研究のほかに、末田（2004b，2013c）や前田（2008）が現れた。近年は学術書ではない

が、伊勢丹に勤務し、間近で3代小菅丹治と関わりを持った飛田（2016）はとても参考になる。

　現在は百貨店の名称が消失してしまったが、京都市に本店を置いて高度成長期の関西から関東にかけて、浜松市の松菱と名古屋市の丸栄とともに一大グループを築いた丸物については、末田（2019b）の研究を得た。

　既述の呉服系百貨店については、三越、松坂屋、髙島屋と比較しても全く研究が進んでいない状況である。今後は、殊に大丸や松屋、伊勢丹の一次資料や新聞資料を活用した研究が俟たれる[32]。

　以上、呉服系百貨店を整理してきたが、1990年（平成2）以降とくに三越と髙島屋に多くの研究者が着目し、その大半が美術史や文化史的な視点から描き出された研究であった。松坂屋も末田や中西、加藤諭を中心に研究がみられるが、今後は三越・髙島屋と比較可能な文化史的視点からの労作が出現することが望まれる[33]。

【文　献】

石井みどり（2001）「明治から大正時代にかけての白木屋百貨店について―白木屋経営組織の問題点―」『日本消費経済学会年報』第23集。

江口潔（2011）「百貨店における教育―店員訓練の近代化とその影響―」『日本の教育史学 教育史学会紀要』第54集。

近藤智子（2006）「百貨店をめぐる流行とメディア―昭和戦前期の松屋呉服店を中心に―」『風俗史学』第32号。

末田智樹（2004b）「大正・昭和初期における新興百貨店の生成―伊勢丹と小菅丹治―」『市場史研究』第24号。

末田智樹（2013a）「『大丸20年史』にみる呉服系百貨店の経営精神と経営法」『社史で見る日本経済史 第60巻 大丸20年史 解説』ゆまに書房。

末田智樹（2013b）「知られざる老舗百貨店銀座松屋の成立発展とその礎石を解き明かす」『社史で見る日本経済史 第64巻 松屋発展史 解説』ゆまに書房。

末田智樹（2013c）「新興伊勢丹の登場と揺るぎなき新宿拠点の歴史的背景を読み解く」『社史で見る日本経済史 第65巻 大伊勢丹 増築完成記念 解説』ゆまに書房。

末田智樹（2014d）「十合（そごう）の百貨店経営への転換と関西拠点の形成」『社史で見る日本経済史 第75巻 そごう 解説』ゆまに書房。

末田智樹（2018d）「専務里見純吉によるサービス技術の向上と経営の近代化―昭和初期『大丸店員読本』の紹介をかねて―」『中部大学人文学部研究論集』第39号。

末田智樹（2019b）「昭和初期京都丸物の経営組織と販売術」『中部大学人文学部研究論集』第42号。

瀬崎圭二（2016）「流行（モード）の発信と〈文学〉―松屋呉服店刊『今様』の文芸欄―」岩淵令治編『国立歴史民俗博物館研究報告　第197集〔共同研究〕歴史表象の形成と消費文化』歴史民俗博物館振興会。

坪井晋也（2013a）「委託仕入に関する一考察（2）―山田忍三について―」『倉敷市立短期大学研究紀要』第57号。

中村三春（1989）「《百貨店小説》モダニティ―伊藤整「Ｍ百貨店」論―」『山形大学紀要（人文科学）』第11巻第4号。

飛田健彦（2016）『帯の伊勢丹　模様の伊勢丹―ファッションの伊勢丹創業者・初代小菅丹治―』国書刊行会。

前田和利（2008）「創業者からの継承とビジネスの進化―伊勢丹と2代小菅丹治―」橘川武郎・島田昌和編『進化の経営史―人と組織のフレキシビリティー―』有斐閣。

宮島久雄（2004）「在阪百貨店新聞広告の近代化―大阪朝日新聞に見る大丸・髙島屋の宣伝競争―」『デザイン理論』第44号。

2－4．西武百貨店・阪急百貨店・東横百貨店等の電鉄系百貨店 （ターミナルデパート）

　④電鉄系百貨店（ターミナルデパート）に関する研究のスタート地点としては、西武百貨店をセゾングループのなかで取り上げた由井（1991）があげられる。

　本研究は、創業者の堤康次郎が西武百貨店の前身である武蔵野デパートを開業してから50周年を迎えた1990年（平成2）に日本経営史研究所がまとめたもので、会社史に該当するものと判断できる。その『セゾンの歴史』では、セゾングループを「巨大でかつ非常にユニークな企業グループ」として、1990年春当時までの「西武百貨店（百貨店業界売上高1位）と西友（スーパー業界同3位）」の2社によって「小売流通業界で全国1、2を争う地位にある」と位置づけている。戦前では「堤康次郎と武蔵野デパート」「ターミナルデパート『西武百貨店』へ」などの項目を立てて、ほかの電鉄系百貨店では達

成できていない非常に貴重な総合的研究と表現できよう。[34)]

　次いで、木村（1996）の阪急百貨店があげられ、その後谷内（1994，2002）、松田（2004）、末田（2005b）、山本真紗子（2010）、薄井（2010）が続き、阪急百貨店をターミナルデパートの嚆矢と位置づけた。今後も阪急百貨店の研究は重要であることは間違いないが、社内資料を使用して、上記の西武百貨店のように複数の経営史系の研究者によって、阪急百貨店の現在までを視野に入れた阪急グループの総合的研究を行い、阪急百貨店を位置づけることが大きな鍵となろう。

　従来、電鉄系百貨店は電鉄事業の兼業として考えられ、百貨店単独として捉える研究が鉄道史・鉄道地理学的な研究者からは進まなかった。その意味では兼業の視点とその重要性を保ちつつ、百貨店経営の実態に切り込んだ谷内（2003，2009，2012a〜f，2013a〜g，2014a〜e，2017a，2020a）の一連の研究は、阪急百貨店のみならず阪神や近鉄（大鉄・大軌）などの近接する百貨店にまで分析範囲を広げ、戦後以降や呉服系百貨店との比較も意識して研究を積極的に進め、多くの秀作を生み出しており非常に高く評価できる。

　谷内は、阪急百貨店については、殊に阪急電鉄の兼業としての小売業への参入の起点を宝塚新温泉での経営、すなわち宝塚新温泉で少女歌劇石鹸の販売を開始したことにマーケット経営の源流があったと強く訴える。さらに、阪急の小林一三が梅田ターミナルを百貨店だけで完結させるのではなく、阪急百貨店の開業後の大規模化にともなって生じた複数の問題への対処を含めて、新たな収益事業（通信販売、卸売業、大衆薬の製造）へ進出し経営多角化を目指した。そして、小林は映画、劇場、大食堂へと集客施設を拡大し、しかも地下街の開発も手掛けてアミューズメントセンター化を図った都市における商業施設の空間作りを順序良く導き出している。このなかで、阪急百貨店の経営方針が大規模化にともなう諸問題の解決策として編み出された実情に目を転じ、アミューズメントセンター化は昭和初期に阪急が生み出した経営モデルであったと明確にした点には説得力がある。それに、このモデルが

呉服系百貨店にはみられなかったために、その後の百貨店経営の新たな方向性を拡大した阪急による兼業＝小売事業の革新性と提起した眼力も非常に鋭い。阪急および阪急百貨店の歴史的役割を既往の研究以上に引き出していると十分考えられる。[35]また松本（2004）は、その小林の経営手法をまねた五島慶太の東横電鉄が、渋谷駅周辺の開発において東横百貨店を設立したことに言及している。

　一方、末田（2011f, 2013d, 2014e・f, 2019c・d）の研究は、従来の電鉄による兼業の視点ではなく百貨店経営の視点から進め、一次資料を基に呉服系百貨店との関係性や現在の百貨店業態の原型の起源として、電鉄系百貨店の成立・発展過程を大阪の視点から論じた研究である。[36]そして、東京の東横百貨店、名古屋市の名鉄百貨店、岡山市の天満屋、福岡市の岩田屋は、当時小林が率いた阪急百貨店の影響を強く受けた東西の百貨店であったことを明らかにしている。また、末田が提言した呉服系百貨店と電鉄系百貨店の融合的発展の論点を明確にした研究として、新井田（崔・岸本, 2018）があげられる。今後は電鉄系百貨店の意義を探るためにも、高度成長期以降現在までを視野に入れて考察していく必要がある。

　呉服系百貨店である高島屋のターミナルデパート化についての研究は末田（2007, 2008a・b, 2009）が切り拓いて、近年では谷内（2018b）と加藤諭（2021）が一層深めている。高島屋が昭和初期から今日まで発展を遂げた理由には戦前からのターミナルデパート化があげられ、呉服系百貨店と電鉄系百貨店の融合の論点からも高島屋の研究が間違いなく鍵を握る。今後は、高島屋の多くの店舗や多角化に着目し、戦後以降現代にかけて益々研究を充実させる必要があろう。[37]なお、戦後以降は地方電鉄による百貨店化についても非常に興味深く、その意味では地方都市における電鉄会社と百貨店の関係性を探る研究も急がれる。[38]

52

【文　　献】

薄井和弘（2010）「小林一三の百貨店経営と大衆」『札幌学院大学経営論集』第 2 号。

加藤諭（2021）「戦前期高島屋における南海鉄道・阪神電気鉄道との協業とターミナル・デパート経営構想」廣田誠・山田雄久・加藤諭・嶋理人・谷内正往『近鉄・南海の経営史研究―兼業をめぐって―』五絃舎。

木村吾郎（1996）「小林一三の事業―阪急百貨店の創業を中心として―」『大阪商業大学商業史研究紀要』第 4 号。

末田智樹（2005b）「立地展開の分析からみた創設期阪急百貨店の経営―昭和戦前期における百貨店業態の新展開―」『中部大学人文学部研究論集』第14号。

末田智樹（2011f）「昭和初期から戦前期にかけての百貨店による新たな市場開拓と大衆化―大阪におけるターミナルデパートの成立を中心に―」廣田誠編『近代日本の交通と流通・市場（市場と流通の社会史 3）』清文堂出版。

末田智樹（2013d）「『大阪急』にみた電鉄会社によるターミナルデパート経営の誕生と真髄」『社史で見る日本経済史 第59巻 大阪急 解説』ゆまに書房。

末田智樹（2014e）「戦前期の社史が語る素人経営による新境地を開いた東横百貨店」『社史で見る日本経済史 第69巻 東横百貨店 解説』ゆまに書房。

末田智樹（2014f）「京浜デパートが戦前期の品川駅に立地して飛躍した秘密」『社史で見る日本経済史 第70巻 京浜デパート大観 解説』ゆまに書房。

末田智樹（2019c）「ターミナルデパートの素人経営を編み出した阪急百貨店」井田泰人編『鉄道と商業』晃洋書房。

末田智樹（2019d）「阪急百貨店の経営戦略を受け継いだ東西の百貨店―東横百貨店、岩田屋、天満屋、名鉄百貨店―」井田泰人編『鉄道と商業』晃洋書房。

谷内正往（1994）「私鉄とターミナル・デパート（百貨店）」『交通史研究』第32号。

谷内正往（2002）「昭和初期・阪急百貨店と小売商」近畿大学通信教育部『梅信』第466号。

谷内正往（2003）「戦前大阪・百貨店の小売イメージ」近畿大学通信教育部『梅信』第475号。

谷内正往（2009）「戦前のターミナルデパート―大鉄百貨店（現、近鉄百貨店阿倍野橋本店）の創立―」近畿大学『生駒経済論集』第 7 巻第 1 号。

谷内正往（2012a）「戦前、阪神の百貨店構想―大阪駅前の土地争いを中心として―」近畿大学通信教育部『梅信』第568号。

谷内正往（2012b）「戦前のターミナルデパート―大軌百貨店（現、近鉄百貨店上本町店）の開業―」近畿大学通信教育部『梅信』第569号。

谷内正往（2012c）「昭和初期の大阪、百貨店の女子店員募集・養成について」近畿大学通信教育部『梅信』第571号。

谷内正往（2012d）「戦前京阪デパートの創立」近畿大学通信教育部『梅信』第573号。

谷内正往（2012e）「電鉄百貨店の女子商業学校―昭和初期の大阪を中心として―」『大阪の歴史』第78号。

谷内正往（2012f）「（資料紹介）戦前阪急百貨店の開業時」近畿大学通信教育部『梅信』第578号。

谷内正往（2013a）「戦前のマーケット（上）―三越、阪急を中心として―」近畿大学通信教育部『梅信』第580号。

谷内正往（2013b）「戦前のマーケット（下）―三越、阪急を中心として―」近畿大学通信教育部『梅信』第583号。

谷内正往（2013c）「戦前三越の下足問題」近畿大学通信教育部『梅信』第584号。

谷内正往（2013d）「（資料紹介）戦前の店員養成法―髙島屋のトーキー教育と店歌体操―」近畿大学通信教育部『梅信』第585号。

谷内正往（2013e）「戦前大阪の地下鉄と百貨店（上）」近畿大学通信教育部『梅信』第587号。

谷内正往（2013f）「京浜デパートの創立―戦前の川崎分店襲撃事件と地元小売商―」近畿大学通信教育部『梅信』第588号。

谷内正往（2013g）「戦前電鉄系百貨店の広告―阪急の広告家屋（アド・ビル）を中心として―」近畿大学通信教育部『梅信』第589号。

谷内正往（2014b）「戦前大阪の百貨店商品券」近畿大学通信教育部『梅信』第590号。

谷内正往（2014c）「東京地下鉄道と百貨店」近畿大学通信教育部『梅信』第592号。

谷内正往（2014d）「戦前大阪の地下鉄と百貨店（下）」近畿大学通信教育部『梅信』第594号。

谷内正往（2014e）「戦前阪急百貨店の大規模化―通信販売、卸売、大衆薬の自家製造・販売を中心として―」近畿大学通信教育部『梅信』第595号。

谷内正往（2017a）『戦前大阪の鉄道駅小売事業』五絃舎。

谷内正往（2018b）「大阪になぜ『南海百貨店』がないのか」『大阪商業大学商業史博物館紀要』第19号。

谷内正往（2020a）『戦後大阪の鉄道とターミナル小売事業』五絃舎。

新井田剛（2018）「電鉄系百貨店―日本初となるターミナル型百貨店を誕生させた阪急百貨店―」崔相鐵・岸本徹也編『1からの流通システム』碩学舎・中央経済グループパブリッシング。

松田敦志（2004）「ターミナルデパートによる『郊外』化の推進―戦前期における阪急の事例を中心に―」『兵庫地理』第49号。

松本和明（2004）「娯楽・百貨店事業と渋谷の開発―目蒲電鉄・東横電鉄と五島慶太―」奥須磨子・羽田博昭編『都市と娯楽―開港期～1930年代―』日本経済評論社。

54

山本真紗子（2010）「阪急百貨店美術部と新たな美術愛好者層の開拓」『Core Ethics』
　　Vol. 6 。
由井常彦（1991）「武蔵野デパートから西武百貨店へ」同編『セゾンの歴史 上巻』リ
　　ブロポート。

2－5．地方百貨店および地方都市で展開された反百貨店運動
2-5-1．地方百貨店の成立過程とその特色を中心とした研究
　　ここでは、⑤地方百貨店史研究の出発点として反百貨店運動の内容を含む
ことになるが、まず平野隆（1999）をあげておきたい。
　　そこでは、「1．百貨店の地方進出：百貨店の出張販売、百貨店の支店設置、
地方百貨店の勃興」「2．百貨店対抗運動の勃興：地方百貨店の反対運動、
百貨店協会の自制協定」「3．百貨店および一般小売商の商法と消費者：消
費者の百貨店観」「4．商法改善運動の波及：一般小売商の革新、商工会議
所の経営指導、百貨店式商法の全国化」といった多岐にわたった項目を設定
している。平野は、1920・30年代に百貨店が中央の大都市から地方都市に進
出・拡張した過程と各地方の小売業・小売店経営との関係性について検討し、
百貨店の地方への進出が同時に各地方の小売業にイノベーションを起こさせ、
消費者の買い物行動を変化させた点を明らかにしており、様々な分野から興
味を抱かれる重要な成果である。今後は、平野が提示した着眼点および浮き
彫りにした実態について各地方でのさらなる具体的な掘り起こしが必要とな
ろう。
　　さて、地方百貨店の経営史研究としては、福岡市の岩田屋をケースとした
井上（1968）が最も古い実証的かつ企業家史研究としての方向性を示した貴
重な論考である。三宅（1978）は、九州地方の1917年（大正6）から1965年
（昭和40）までに設立された百貨店の一覧を作成して、それらの百貨店の特色
を「①古いのれんを誇る呉服店から発展したものが多いこと、②催し物など
を通じ地方文化への貢献をしている、③三越を初め中央の先進百貨店から人
材を仰いだこと」の3点に整理した。とくに2・3点目が興味深く、今後こ

の三宅の指摘を引き継いだ一層の分析が期待される。

　金城（1978）は、沖縄県において戦前から1970年代までの百貨店を中心と
した大規模小売商業の成立・展開過程を詳細に分析した。そのほかに地方百
貨店の経営史研究としては、北海道札幌市の五番舘や丸井今井のヤング（原
田訳）（1998）を得ている。廣田誠（2000）は、大阪市と東京市の百貨店営業
の特質の違いを明らかにしたうえで、兵庫県神戸・山口県下関・長崎県佐世
保・福岡県八幡・熊本市において、都市の特性に対応した個性的な営業方針
を有する地方百貨店が存在したことを初めて指摘した。岡山市の天満屋の成
立前史を解明した武居（2000）、長崎・福岡・佐賀県にまたがる百貨店網を
築いた玉屋の成立前史を明らかにした合力（2001, 2007）、福岡市の老舗呉服
店であった岩田屋が阪急百貨店の影響を受けてターミナルデパート化した過
程を論じた末田（2005c）が続く。

　他方、野中（2005, 2007a・b）は建築史的視点から鹿児島市の山形屋、岡
山市の天満屋、福井市のだるま屋における開業時の実態と特性について店舗
立地と景観から検討した力作で、文化史・経営史・商業論の視点以外からも
非常に興味深く見落とせない研究である。

　2010年代に入ってからは、創業・百貨店化過程を焦点としたもので、神奈
川県横浜市の野澤屋の平野正裕（2012）、三重県津市の大門百貨店と兵庫県
神戸市の元町デパートの谷内（2015, 2016）、長崎市の浜屋百貨店や札幌市の
丸井今井、岩田屋、神奈川県横須賀市のさいか屋などの末田（2017c・d,
2018e, 2020b・c）が現れた。[39]既述の百貨店化過程の検討や経営史系の視点に
対し大岡（2012）は、1930年代地方都市におけるモダニズムの展開の検討事
例として福井市のだるま屋を取り上げた。

　以上のなかでも、谷内の２つの論文は非常に興味深く、将来に向けて地方
百貨店史の研究を促進させるために、以下にその視点や手法を整理しておく。

　谷内の前者は、三重県津市の大門百貨店を取り上げ、その創立事情を詳し
く探っている。ここでは、1936年（昭和11）５月１日に開業した大門百貨店

56

を、従来の呉服系百貨店や電鉄系百貨店、小売店から百貨店化した百貨店以外に、百貨店の将来性を着目した人物が創業した百貨店として位置づけている。大門百貨店を創業した森田庄三郎は現在も続く「おぼろタオル」の考案者であり、1918年（大正7）8月に株式会社朧浴巾（おぼろタオル）商会を設立した人物であった。彼が百貨店を創業できた理由としては、そのおぼろタオルで成功し、経営が最高潮に達した時期であった点を指摘する。

　森田は、百貨店創立の前段階として地域経済振興のために商店経営の指導者を招き、市内ウインドー競技会の開催や、タオルを納品する関係から髙島屋の出張販売を誘致するなど推し進めた。同百貨店は行政の後押しも受けて設立されたが、実は森田が百貨店事業の採算をある程度、度外視していたという興味深い事実を説く。大門百貨店の創立過程では、森田を筆頭に幹部社員による取引先の選考、宣伝の方法、店員の採用と訓練、それら店員の地縁血縁からの「芋づる式販売」、売場配置、開業後半月までの1日平均売上高を明らかにしている。大門百貨店に引き抜いた髙島屋の営業部次長であった辰巳市蔵の経歴、さらに彼が大門百貨店に移ってからの経営方針のみならず、開店時の従業員と仕入先の問題等の解決状況、詳細な営業成績を説得的に示す。加えて、地元経済の振興のために、大門百貨店による近隣都市への出張販売や豊橋市への支店設置の展開に言及している。地元の経済振興に貢献する地方百貨店として継続するために、戦後に大門百貨店が浜松市を本店とする松菱に移行した後日談を含め、現在までの同百貨店の状況にまで触れている。

　谷内の後者は、神戸市は地方都市ではないものの、実は大阪に近接して相対的に人口が少なく、ある面では東京・大阪市の大都市の範疇では括れないことに着目し、戦前の神戸市における百貨店の成立・展開状況を探求している。とくに、勧工場の延長で経営に失敗した元町デパートが三越に救済され、三越神戸店として再生した過程を把握する。その際に、まず神戸市の百貨店の源流を探ることで元町デパートの位置づけを行っている。そのうえで、当

時神戸市の新しい都心部の商業地に変容しつつあった元町の性格と、大正期から昭和初期にかけた商店街の動向にも十分目配りしながら、元町デパートの設立背景を突き止めている。続いて、創業者井上弥太郎による創立趣意を紐解き、元町デパートの創立状況を明らかにしている。彼のなかで、神戸港を貿易港と意識して市民が望んでいるデパートを実現したいという意志が漲り、井上と彼の同族が出資し、テナント（賃貸）方式とした大型デパートを計画したと説明する。元町デパートの建築・立地状況と営業方針を示したあと、店舗内の売場配置からは多種多様な商品が陳列され、展覧会や廉売の催し物を展開し、非常に良いスタートを切っていたと解釈する。

　ところが、元町デパートは1925年（大正14）10月17日の開店から半年後に破綻してしまうが、その要因を経営上に問題があったとして鋭く論究している。資料からは、品揃えの悪さや店員の知識の少なさ、連携・統一感が取れておらず、かつ客層の絞り込みの甘さと設備自体の不備等による店舗内の配置問題を探り当てている。殊に、第1には呉服類の品揃えの問題、第2には大型店舗の建設費が嵩んだためにテナント料が高くなってしまった点、第3には客層の絞り込みができていなかった営業上のミステイク、第4には元町商店街など周辺の中小小売店との競争に負けた敗因を指摘する。さらには、元町デパートの店舗が三越に引き継がれる経緯を『営業報告書』も使用して詳らかにし、創業者井上とその同族の意図等にもアプローチする。最後に、元町から三宮に商業の中心地がシフトしていた点に触れ、当時の三越神戸店の経営展開の将来性に言及して締め括っている。今後は、このような谷内の秀逸の研究に続くことを期待する。

　これらの研究以外では、とりわけ加藤論（2006, 2009, 2010, 2014, 2016a, 2019b）の一連の研究が代表的で、東北地方における地方百貨店成立史に関する研究を継続して進めている。加藤は、宮城県仙台市の地元百貨店である藤崎と三越仙台支店の2つの催事展開を中心とした関係性について、地方新聞など諸資料を駆使して緻密に分析を行っている。さらに、彼は宮城県のみ

ならず岩手・山形・福島県の百貨店の展開過程を把握しながら、積極的に昭和初期東北地方の百貨店勃興の解明を試みている。ここには、従前見受けられなかった地方百貨店に関する一連の研究蓄積および新たな研究手法がみられる。また彼の研究は、これまで西日本重視の地方百貨店史研究に対して全く注目を浴びなかった東北地方に主眼を置いた研究であるために、戦前の都市呉服系百貨店の成立・展開を踏まえた地方百貨店成立史を知るうえで重要な実証的研究と高く評価できる。今後の地方百貨店史研究の方向性としては、加藤のような都市百貨店と地方百貨店を比較しつつ、地方都市の実情を背景に地方百貨店の成立・変容過程を解明していくことが肝要である。[40]

【文　　献】

井上忠勝（1968）「わが国における百貨店企業の成立と模写的企業者」神戸大学『経済経営研究年報』第18号Ⅱ。

大岡聡（2012）「1930年代の地方都市百貨店とモダニズム―福井市・だるま屋を事例に―」田崎宣義編『近代日本の都市と農村―激動の1910−50年代―』青弓社。

加藤諭（2006）「昭和初期東北地方における百貨店の催物―三越仙台支店、藤崎を事例に―」『東北文化研究室紀要』第48集。

加藤諭（2009）「戦前期における百貨店の催物―三越支店網を通じて―」東北大学文学会『文化』第73巻第1・2号。

加藤諭（2010）「戦前期における地方都市百貨店とその影響」東北史学会『歴史』第114号。

加藤諭（2014）「戦前期東北における百貨店の展開過程―岩手・宮城・山形・福島を中心に―」平川新・千葉正樹編『講座 東北の歴史 第2巻 都市と村』清文堂出版。

加藤諭（2016a）「戦前東北の百貨店業形成―藤崎を事例に―」荒武賢一朗編『東北からみえる近世・近現代―さまざまな視点から豊かな歴史像へ―』岩田書院。

加藤諭（2019b）「戦前期盛岡における百貨店の展開と旅関連催事―ジャパン・ツーリスト・ビューローと呉服系百貨店―」井田泰人編『鉄道と商業』晃洋書房。

金城宏（1978）「沖縄における大規模小売商業の史的展開」沖縄国際大学『商経論集』第7巻第1号。

合力理可夫（2001）「地方百貨店成立前史―（株）玉屋を例として―」『第一経大論集』第31巻第2号。

合力理可夫（2007）「田中丸家の企業者活動」迎由理男・永江眞夫編『近代福岡博多

の企業者活動』九州大学出版会。

末田智樹（2005c）「昭和初期における百貨店業の形成と立地展開―福岡市の岩田屋の
　　ターミナルデパート化に関する考察を中心に―」『地域地理研究』第10巻。

末田智樹（2017c）「戦前戦後、長崎市地元実業家による濱屋百貨店の創業と復興への
　　挑戦」『社史で見る日本経済史 第90巻 濱屋百貨店20年史 解説』ゆまに書房。

末田智樹（2017d）「丸井今井による札幌市発展への貢献と北海道主要都市における本
　　支店網の形成」『社史で見る日本経済史 第91巻 今井 沿革と事業の全貌（現：札幌
　　丸井三越）解説』ゆまに書房。

末田智樹（2018e）「昭和7年豊橋市における地元百貨店の成立経緯と営業展開」『日
　　本商業施設学会第17回研究発表論集』。

末田智樹（2020b）「戦前戦後における福岡岩田屋の経営組織と販売網の確立」『社史
　　で見る日本経済史　第100・101巻 株式会社岩田屋20年史 解説』ゆまに書房。

末田智樹（2020c）「戦前横須賀さいか屋の店員制度と戦後神奈川県内の営業圏の拡大」
　　『社史で見る日本経済史 第102巻 株式会社横須賀さいか屋社史 解説』ゆまに書房。

武居奈緒子（2000）「天満屋誕生期の成長戦略と歴史的・地理的背景」奈良産業大学
　　『産業と経済』第15巻第3号。

谷内正往（2015）「戦前、三重県津市大門百貨店の創立」『大阪商業大学商業史博物館
　　紀要』第16号。

谷内正往（2016）「戦前神戸の百貨店―元町デパートを中心として―」『大阪商業大学
　　商業史博物館紀要』第17号。

野中勝利（2005）「地方都市における開業時の百貨店の立地と景観―鹿児島・山形屋、
　　岡山・天満屋そして福井・だるま屋―」筑波大学芸術学系『芸術研究報』26。

野中勝利（2007a）「鹿児島・山形屋の開業時の立地と景観―地方都市における近代百
　　貨店に関する研究―」『日本建築学会計画系論文集』第611号。

野中勝利（2007b）「岡山・天満屋と福井・だるま屋の開業時の立地と景観―地方都市
　　における近代百貨店に関する研究 その2―」『日本建築学会計画系論文集』第619号。

平野隆（1999）「百貨店の地方進出と中小商店」山本武利・西沢保編『百貨店の文化
　　史―日本の消費革命―』世界思想社。

平野正裕（2012）「野澤屋呉服店とその百貨店化過程」『横浜開港資料館紀要』第30号。

廣田誠（2000）「昭和戦前期のわが国における百貨店営業の地域的特質」『市場史研究』
　　第20号。

三宅良隆（1978）「『隠語』にみる百貨店の伝統」『第一経大論集』第8巻第2号。

ルイーズ・ヤング著・原田希訳（1998）「戦間期日本における新中間層と消費文化、
　　そして百貨店」『札幌の歴史』第35号。

2-5-2. 反百貨店運動を中心とした地方百貨店の研究

　戦前日本の都市商業問題では、この時期に発展を示す百貨店と中小小売商との対立関係、いわゆる反百貨店運動が指摘されてきた。その意味では、反百貨店運動の研究は戦前に多くみられたが、ここでは1960年代以降とするため、まず山本景英（1980a・b）の研究をあげておきたい。次に具体的なケーススタディでは、1920年代からの東京実業組合連合会を中心する反百貨店運動を対象として、それらの団体が推進する運動の発生から消滅までの過程を段階的に実証した幸野（1978, 1979）や、銀座に本店を置いた松屋が1931年（昭和6）に浅草に進出したために展開された反百貨店運動の経緯を描き出した鍋田（1980）の労作がある。

　商業論の視点からでは、戦前の百貨店法の成立を軸に展開している白髭（1971）、武嶋（1979, 1980）、杉岡（1989）、加藤義忠（1989, 1996）、岡田千尋（1992）、東（1993）等の興味深い研究がみられた。さらに、2000年代に入っても百貨店法の成立過程を論じた出島（2002）や、戦前の百貨店の大規模化と中小小売商問題から戦後の流通近代化と中小小売商の組織化政策までを考察した藤岡（2007）などの鋭い研究が現れた。

　近年では、小売営業形態の生起と発展に関する仮説を再検討するための事例として、大正中期の百貨店の大衆化から昭和初期の百貨店の社会化問題までを取り上げた青木均（2013）、昭和初期の経済状況下において呉服系百貨店が激烈な廉売戦を繰り広げていたという経営環境を指摘した坪井（2013b）、戦前の百貨店と中小小売商問題を経済史の視点から実証的に明らかにした木村（2014）などの力作がある。そのほか、商業論の研究者と位置づけて異論はないと考えられるが、石原（2016a・b, 2019a～c）は昭和初期の百貨店商品券や同業組合との抗争、中小小売商との諸問題、百貨店法の成立過程を主に実証的に深め再評価した。石原の秀作が示す通り、今後も商業・流通論から大いに進めなければならない研究領域であろう。[41]

　大都市・地方都市に関する有益な実証的研究としては、山下（1993）が

1932年（昭和7）神戸市三宮への十合百貨店の進出と反百貨店運動、膳亀（1994）が札幌市の百貨店と中小小売商問題を考察している。

　2000年代に入って充実した実証的研究が登場した。とくに遠城（2003）の研究では、1935年（昭和10）8月から10ヶ月余に及んだ小倉市で生じた「白崎百貨店問題」において、小倉市自体が九州の地元大手百貨店を誘致し、商工会議所および呉服商を中心とする地元小売商と対立した点を正確かつ細かく描き出した。すなわち、地方都市の勃興による都市間競争と重なりあった県・市当局の後押しが、地方百貨店の乱立に連なっていたことを示唆した。遠城の研究は、1937年（昭和12）にかけて全国のなかでも最も地方百貨店の勃興がみられた福岡県において、反対運動を引き起こした要因が多様化していたことを指摘したすこぶる優れた論考である。

　関口寛（2005）は1930年（昭和5）からの徳島市への大手百貨店の進出とその対抗運動や、地元消費者の反応、商工会議所による地元小売商への経営指導、それによる小売商の経営革新の実態について新聞資料を使用して仔細に論じている。

　2010年代に入っては、末田（2016c・d，2018f，2019e）が遠城と関口の研究を受けて、静岡・浜松・豊橋市の松坂屋や丸物・松菱の進出による反百貨店運動の経緯と実態について新聞資料を中心に明らかにしている。末田のような経済史・経営史的視点からも反百貨店運動の研究が重要であり、百貨店所蔵の一次資料ではないが、今後は新聞資料を分析した研究の進展が求められている。百貨店と中小小売商、そして都市との関係を浮き彫りにすることが、同時に地方都市の実態を解き明かすことにつながると考えられる。[42]

　なお、上記の研究テーマにおいて基本的資料・文献として使用されており、今後も日本小売業経営史編集委員会（1967）、公開経営指導協会（1979，1981，1983）を、まずは分析して進める必要があろう。

【文　　献】

青木均（2013）「昭和初期における百貨店の変容」愛知学院大学『商学研究』第54巻第1号。

東徹（1993）「日本における大規模小売店舗規制の源流—昭和初期における百貨店と中小小売商の対立と百貨店法の成立—」『北見大学論集』第29号。

石原武政（2016a）「戦前の商品券問題—百貨店の商品券と商店街の共通商品券（上）—」『流通情報』No.520。

石原武政（2016b）「戦前の商品券問題—百貨店の商品券と商店街の共通商品券（下）—」『流通情報』No.521。

石原武政（2019a）「戦前の百貨店問題と百貨店法（上）」『流通情報』No.538。

石原武政（2019b）「戦前の百貨店問題と百貨店法（下）」『流通情報』No.539。

石原武政（2019c）「同業組合と百貨店の抗争」大阪市立大学『経営研究』第70巻第2号。

岡田千尋（1992）「昭和初期の小売商業と第1次百貨店法」岡田千尋・岩永忠康・尾碕眞・上田弘・藤澤史郎『現代商業の構造と政策』ナカニシヤ出版。

加藤義忠（1989）「第1次百貨店法の成立経緯とその特質」関西大学『商学論集』第34巻第3号。

加藤義忠（1996）「第1次百貨店法の成立」加藤義忠・佐々木保幸・真部和義『小売商業政策の展開［改訂版］』同文舘出版。

木村晴壽（2014）「昭和戦前期の百貨店問題と中小小売商」『松本大学研究紀要』第12号。

公開経営指導協会編（1979）『日本小売業運動史 戦時編』公開経営指導協会。

公開経営指導協会編（1981）『日本小売業運動史 戦後編』公開経営指導協会。

公開経営指導協会編（1983）『日本小売業運動史 戦前編』公開経営指導協会。

幸野保典（1978）「小売商人層の反独占運動（1）—東京実業組合連合会・市下同業組合と反百貨店運動—」駒沢大学大学院『経済学研究』第7号。

幸野保典（1979）「小売商人層の反独占運動（2）—東京実業組合連合会・市下同業組合と反百貨店運動—」駒沢大学大学院『経済学研究』第9号。

白髭武（1971）「百貨店問題の系譜」『帝京経済学研究』第4・5巻合併号。

末田智樹（2016c）「昭和初頭静岡市への松坂屋支店誘致と反百貨店運動」『中部大学人文学部研究論集』第35号。

末田智樹（2016d）「昭和11年浜松市の松菱開設反対運動とその背景」『中部大学人文学部研究論集』第36号。

末田智樹（2018f）「昭和初期豊橋市の百貨店出張販売対抗策と中心商店街の成立—地方都市における近代的商業地域の形成—」『中部大学人文学部研究論集』第40号。

末田智樹（2019e）「昭和7年豊橋市への京都丸物の進出と反対運動」『中部大学人文学部研究論集』第41号。

杉岡碩夫（1989）「戦間期の商業＝百貨店問題」『経済評論』第38巻第11号。

関口寛（2005）「昭和初期・徳島における百貨店問題と小売イノベーション」『四国大学経営情報研究所年報』第11号。

膳亀奈美枝（1994）「大正・昭和戦前期の札幌における百貨店の展開―百貨店問題と商店街、中小小売商の窮迫を中心に―」『札幌の歴史』第27号。

遠城明雄（2003）「1930年代の都市中小小売商―福岡県の場合―」九州大学『史淵』第140輯。

武嶋一雄（1979）「わが国の百貨店の発達と第1次百貨店法（上)」『名城商学』第29巻第2号。

武嶋一雄（1980）「わが国の百貨店の発達と第1次百貨店法（下)」『名城商学』第29巻第3号。

坪井晋也（2013b）「委託仕入に関する一考察（1）―百貨店の経営環境について―」『倉敷市立短期大学研究紀要』第57号。

出島甫信（2002）「百貨店法（旧）の成立過程と社会背景」『流通』No.15。

鍋田英一（1980）「浅草における反百貨店運動の展開」駒沢大学『史学論集』第10号。

日本小売業経営史編集委員会編（1967）『日本小売業経営史』公開経営指導協会。

藤岡里圭（2007）「小売業の大規模化と中小小売商の近代化政策」大阪経済大学『中小企業季報』第141号。

山下直登（1993）「昭和恐慌と都市小ブルジョワジー―神戸市における反百貨店運動の展開を中心に―」戦後日本経済研究会編『大恐慌と戦間期経済』文眞堂。

山本景英（1980a）「昭和初期における中小小売商の窮迫と反百貨店運動（上)」『国学院経済学』第28巻第1号。

山本景英（1980b）「昭和初期における中小小売商の窮迫と反百貨店運動（下)」『国学院経済学』第28巻第2号。

2－6．　2-1〜5以外の百貨店史研究

　最後に本項では、⑥2-1〜5以外の百貨店史研究を整理する。まず、戦前の呉服系百貨店と海外（欧米とアジア）との関係が重要であり、1990年代では岡田千尋（1992）と末永（1995）があげられる。とくに岡田の研究が、戦前から1960・70年代を経て80年代までの百貨店による海外進出の概況を整理しており、海外との関係性が問われる研究の基本的研究に位置づけられる。

　2000年代に入って平野隆（2004, 2005）は、日本とイギリスの百貨店の成立・発展に関する類似・相違点の指摘や韓国の京城（現ソウル）へ進出した日本の百貨店の動機を探り、今後の百貨店史研究に必要不可欠な観点を示した非常に優れた研究である。林（2004）は、既述の末永と同様に朝鮮・中国大陸に進出し18店舗を展開した三中井百貨店について解き明かして1冊にまとめあげた。

　2010年代に入ると川端（2011）、菊池（2012）、谷内（2017b）、湯山（2018）の研究がみられた。冒頭の川端は、小売業態やその海外への進出・展開過程を100年にわたり把握した高く評価すべきグローバル的視点を有する研究である。菊池（2012）では、上海への呉服系百貨店の進出について大丸、松坂屋、白木屋の会社史から触れられている。平野隆や谷内でも指摘されていたように、三越による京城への進出といった呉服系百貨店が朝鮮や満州へ進出した状況が徐々に解明されてきたと言えよう。

　殊に谷内の研究は、戦前「内地」であった朝鮮半島の民族系の和信百貨店（以下、和信）を取り上げている。京城における三越支店、三中井、丁子屋、平田など、総じて富裕層の日本人の顧客を対象とした日系資本の店舗展開に対して、和信は大阪の商業者から多くの商品を仕入れ、かつ経営指導も受けていた。しかも和信は百貨店に加えて、半島に約370店舗の連鎖店（ボランタリーチェーン）を展開し、髙島屋（レギュラーチェーン・106店）の10銭ストアの店舗数を凌駕していた点を導き出す。最初に三越支店、三中井、丁子屋、平田、和信を戦前京城の5大百貨店として、京城への進出時期、百貨店化の時期、店舗増改築、建築様式、床面積、従業員数、ホールと食堂の有無、年度別営業税額等を比較分析する。このなか、和信の位置づけおよび同経営が急成長していた要因を究明している。次に、創立経緯に考察を加え、和信は貴金属美術品の販売から1924年（大正13）に雑貨部を設けて百貨店化したとする。その後は、1931年（昭和6）に株式会社へ改組し、1934年（昭和9）に連鎖店事業として日用品の廉価販売を計画した。1936年（昭和11）3月には

和信連鎖店株式会社が創立され、約370店のボランタリーチェーン式連鎖店を展開しつつ、翌37年（昭和12）に京城本館が完成した。

　これらを踏まえ、1940年（昭和15）頃和信の組織については百貨店事業に約1,000人の人員を割き、連鎖店にも約200人を割り当て、百貨店経営のために日本人と日本企業に協力を得ていたことを明らかにしている。それのみか、社長の朴興植の出自と、彼が百貨店・連鎖店の事業に関わるまでの足跡や朝鮮財界の名士としての位置づけ、日本企業との関係にまで目を向ける。最後に、和信連鎖店が編み出した5つの経営的特徴を論ずる。その5つとは第1に連鎖店に対する商品供給・資金融通、第2に独自の仕入方法、第3に大規模な配給網（配給所）の設置、第4に販売方法・サービスの指導、第5に季節ごとの見本市の開催であったと綴る。そして、『百貨店新聞』に掲載された「祝 和信新築開店」の業者広告から大阪の仕入業者の割合が高かった点を指摘し、大阪仕入部の審査会で採用商品を決定したことや、連鎖店の契約内容の全文を掲示し事細かに考察している。とくに、和信と連鎖店との商品仕入れの取引関係に分析を加え、和信と加盟店の両方にメリットがみられた仕組みを焙り出している。今後も谷内のような視点からの研究が重要であり、また上記で具体的にみられなかった戦前における髙島屋の百貨店に関する海外進出についての分析をとくに期待したい。[43]

　海外という意味では、百貨店史研究の成果を海外へ発信あるいは海外の百貨店と比較した先駆的研究として、藤岡（2009b, 2014, 2018a・b, 2019）、山内（2014a・b）があげられる。今後は日本人研究者が取り組むべき最大課題の1つと位置づけでき、とくに藤岡の研究は海外の百貨店と比較した点で貢献度がすこぶる高い。藤岡の研究を引用する研究が増加することを望むとともに、間違いなく著者も含め百貨店史研究者の次の大きな目標としなければならないと考えられる。[44]

　ほかには興味深い研究としては、新井（2019, 2020）の百貨店の家具、青木美保子（2009, 2015）のファッション、下村（2005）のデザイナー、辻本

（2014）のセールス・プロモーションの変遷（新聞広告）などがある。さらに、濱田（2016）は大正末期に登場した工芸に関する新興の文化運動である「民芸運動」と、当時多くの新たな流行を生み出していたために高い文化的価値を有する空間と捉えられていた百貨店との関わりについて解き明かし、百貨店史研究にとってフロンティア精神を感じさせる研究も現れ、芸術的分野も比較的多い。難波（1998）は戦時の国策展覧会の実態を解明し、これを受けて東京の六大百貨店（三越、白木屋、松坂屋、髙島屋、伊勢丹、松屋）の1938年（昭和13）8月の展覧会広告に絞って、その展開意義を論じた楊（2009）の研究がある。

　今後も進めてほしい研究が、近藤（2006）や小川（2015）、岡野（2021b）が明らかにした主に呉服系百貨店における食品部門や食堂の成立と展開である。戦前の食品・食堂に関する研究は、現在の百貨店史研究につながる肝要な研究であり、早急に促進しなければならない領域であろう[45]。

　さらに、百貨店を題材に加藤諭（2016b）の「老」市場や谷内（2020b）の万引きと百貨店との関係を考察した研究があり、社会史的にも大変興味深い。

　例えば加藤は、現下の日本では「超高齢社会」を迎え、これを社会的問題として老年学の分野が拡大しているが、歴史学の観点からの研究は皆無に近いとする。そこで、現代日本の老いと百貨店における「老」市場の形成・展開過程に関心を寄せ、その過程に関わる百貨店のマーケティング戦略について初めて接近を試みる。とくに、高齢者の市場として百貨店の顧客戦略を明らかにすることで、1900年代から2000年代にかけた「老」の捉え方や小売業態における「老」概念の変遷・画期を抽出し、老いと百貨店の消費空間の関係を論ずる。また、明治後期以降、百貨店が子供と女性を顧客として経営発展をみせてきた点を膨大な百貨店の新聞記事から指摘し、それに対して本研究が従前の研究視点とはかけ離れた着眼点を有すると強調する。

　つまり、戦前から1950年代にかけた百貨店にとって「老」は貧困層や慈善対象という位置づけであり、一部上流階級のなかに高齢者が存在したものの、

総じて百貨店が高齢者を意識的に取り上げることはなかった。「老」が百貨店と大きな接点を持ってくるのは、1970年代以降であることを明らかにしており、これは納得させる力を持った論述である。この発端が、高度成長期の1966年（昭和41）に制定された国民の祝日「敬老の日」であり、それを契機に開拓され誕生した高齢者市場の経緯を百貨店の催事展開等から導き出す。殊に1990年代以降、百貨店が売上高を減少させていくなかで、本格的に高齢者層に活路を見いだすようになったとする。そして、2000年代に入り百貨店は高齢者市場への販売戦略を軌道に乗せ、顧客層として取り込む戦術を確立したと深みのある見方で結論づける。加藤は、今後の戦前から戦後にかけた百貨店史研究において重要な視点と論点を浮上させており、これに続く研究を強く期待したい。

　大衆消費社会の形成・展開をテーマとする社会・文化史研究では、吉見（1996e）や玉利（1999, 2000）、関口英里（2002）、近藤（2004）、大岡（2009）、貞包（2012）、加治屋（2012）などの優れた研究がある。商業論の視点からでは、森田（1995）や石井みどり（2001）、坂川（2004）、新井田・水越（2011, 2013）、濱名（2016, 2017）、岡野（2019, 2021a）のようなマーケティング、企業者史、外商制度・掛売り、返品制・委託型出店契約、各百貨店の会社史を利用した研究など、長期的な研究が見込まれる有用な視点から進められている。

　以上のように、戦前の百貨店が様々な題材で取り上げられていることは非常に重要であり、これからも多くの角度からの研究が望まれる。これからは百貨店に勤務する社員・店員の活動を明らかにするためにも、経営組織や労働面からの切り込みも肝要となろう。[46]

【文　　献】
青木美保子（2009）「大正・昭和初期の着物図案に見られるヨーロッパの芸術思潮の影響」『神戸ファッション造形大学・神戸ファッション造形大学短期大学部研究紀要』第33号。

青木美保子（2015）「大正・昭和初期における洋装下着の受容」『Fashion talks...: the journal of the Kyoto Costume Institute: 服飾研究』Vol. 1 。

新井竜治（2019）「昭和戦前期末の百貨店家具図の特質と背景―『近代家具装飾資料』に収録された三越・髙島屋・白木屋の家具図の比較研究―」『共栄大学研究論集』第17号。

新井竜治（2020）「昭和戦前期百貨店の籐家具の技術・デザイン・用途」『共栄大学研究論集』第18号。

石井みどり（2001）「百貨店の研究史①―都市型百貨店の社史について―」『松蔭女子大学紀要』創刊号。

大岡聡（2009）「昭和戦前・戦時期の百貨店と消費社会」『成城大学経済研究所研究報告』No.52。

岡野純司（2019）「戦前期の百貨店における返品制の実態分析」『専修経営学論集』第107号。

岡野純司（2021a）「戦前期の百貨店における委託型出店契約の実態分析」愛知学院大学論叢『商学研究』第61巻第2・3号。

岡野純司（2021b）「戦前期の百貨店における食堂の外部委託」第57回経営史学会全国大会報告要旨（フルペーパー）。

岡田千尋（1992）「わが国大規模小売商業の海外進出小史」名古屋学院大学産業科学研究所『研究年報』第5巻。

小川史郎（2015）『わが国百貨店における食品売場の誕生と発展』博士（商学）論文、一橋大学。

加藤諭（2016b）「百貨店から見た近現代日本の老概念の変遷」北京日本学研究中心編『日本学研究』第26号。

加治屋智美（2012）「流行是非論の展開とデパート―明治後期から昭和初期にかけて―」『近代日本研究』第29巻。

川端基夫（2011）『アジア市場を拓く―小売国際化の100年と市場グローバル化―』新評論。

菊池敏夫（2012）『民国期上海の百貨店と都市文化』研文出版。

近藤智子（2004）「百貨店をめぐる娯楽の変容―昭和戦前期の東京を中心として―」奥須磨子・羽田博昭編『都市と娯楽―開港期～1930年代―』日本経済評論社。

近藤智子（2006）「百貨店をめぐる『食』の変容―昭和戦前期を中心に―」『生活学論叢』第11号。

坂川裕司（2004）「マーケティング行動からみた小売業による需要創造―明治期百貨店の経営行動を対象として―」『流通研究』第7巻第1号。

貞包英之（2012）「近代における消費の変容―勧工場から百貨店へ―」『山形大学紀要

（人文科学）』第17巻第3号。

末永國紀（1995）「近江商人中江勝治郎の北米商業視察―三中井創業者―」同志社大学『経済学論叢』第46巻第3号。

下村朝香（2005）「百貨店に於ける今竹七郎の仕事1927-1934年」『大阪における近代商業デザインの調査研究　平成15〜16年度文部科学省科学研究費補助金基礎研究Ｃ1研究成果報告書』。

関口英里（2002）「百貨店を通して見る近現代日本の消費社会―屋上空間の分析を中心に―」『大阪大学言語文化学』Vol.11。

谷内正往（2017b）「戦前京城の百貨店―和信百貨店・連鎖店を中心として―」『大阪商業大学商業史博物館紀要』第18号。

谷内正往（2020b）「戦前百貨店の万引き」『消費経済研究』第9号。

玉利智子（1999）「日本における百貨店の社会的機能に関する一考察―消費社会にみる『視線』と『現代消費者形成』の社会史―」『文化経済学』第1巻第4号。

玉利智子（2000）「日本における百貨店の社会文化的機能とジェンダー・アイデンティティの形成―百貨店女性店員にみる近代都市文化と百貨店の社会史―」『文化経済学』第2巻第2号。

辻本法子（2014）「百貨店におけるセールス・プロモーションの変遷（1）―新聞広告にみる成立期の50年―」『桃山学院大学経済経営論集』第56巻第2号。

難波功士（1998）「百貨店の国策展覧会をめぐって」関西学院大学『社会学部紀要』第81号。

新井田剛・水越康介（2011）「百貨店における外商と掛売りの大衆化」『首都大学東京大学院社会科学研究科リサーチ・ペーパー』No.97。

新井田剛・水越康介（2013）「百貨店の外商制度と掛売りの歴史的変遷―小売業における関係性―」『マーケティングジャーナル』第32巻第4号。

濱田琢司（2016）「工芸品消費の文化的諸相と百貨店―民芸運動とその周辺から―」岩淵令治編『国立歴史民俗博物館研究報告　第197集〔共同研究〕歴史表象の形成と消費文化』歴史民俗博物館振興会。

濱名伸（2016）「近代日本における百貨店の誕生」『関西学院経済学研究』47号。

濱名伸（2017）「戦間期における百貨店の大衆化」『関西学院経済学研究』48号。

林廣茂（2004）『幻の三中井百貨店』晩聲社。

平野隆（2004）「戦前期における日本百貨店の植民地進出―京城（現・ソウル）の事例を中心に―」慶應義塾大学『法学研究』第77巻第1号。

平野隆（2005）「イギリスにおける百貨店の起源と初期発展パターン―日本との比較―」慶應義塾大学『三田商学研究』第48巻第2号。

藤岡里圭（2009b）「The Early Development of Department Stores in Japan」大阪経

済大学『経営経済』第44号。

藤岡里圭（2014）「The development of department stores in Japan：1900s—1930s」『Japanese Research in Business History』Vol.31。

藤岡里圭・Jon Stobart（2018a）「Global and Local: Retail Transformation and the Department Store in Britain and Japan,1900—1940」『Business History Review』Vol.92Issue 2。

藤岡里圭（2018b）「Japanese department stores」『Oxford Research Encyclopedia of Business and Management』。

藤岡里圭（2019）「Western Models and Eastern Influences: Japanese Department Stores in the Early Twentieth Century」Jon Stobart and Vicki Howard（eds.）『The Routledge Companion to the History of Retailing, Routledge』。

森田克徳（1995）「わが国百貨店における経営者企業の制覇」『法政大学大学院紀要』第35号。

山内雄気（2014a）「Why was Meisen, Japan's traditional working clothe, accepted well in the market as everyday clothes and stylish garments between1900to1930?」『同志社商学』第65巻第5号。

山内雄気（2014b）「The Popularization of Department Stores and the System for Creating Trends（1910—1930)」『Japanese Research in Business History』Vol.31。

湯山英子（2018）「戦時期大丸百貨店〔(株)大丸〕の東南アジア展開—ハノイを事例に—」『地域経済経営ネットワーク研究センター年報』第7号。

楊韜（2009）「百貨店広告と国民総動員—1930年代の東京における新聞広告を中心に—」名古屋大学国際言語文化研究科『紀要論文』第9巻。

吉見俊哉（1996e）「近代空間としての百貨店」同編『都市の空間 都市の身体21世紀の都市 社会学4』勁草書房。

2－7．小結―先行研究からみえる戦前の百貨店史研究の課題―

　これまでで整理してきたたように、百貨店史研究において興味深い課題や新たな方向性がみえてきた。以下、15点ほどに列記しておこう。

　第1には、明治中後期以降の呉服系百貨店の成立期であり、まず各百貨店が欧米の百貨店から導入したものとは何であったのか、次にそれらをどのように組織や店舗に組み入れて応用したのかを明らかにする必要がある。これまでは三越や松坂屋、髙島屋の創業者・経営者の活動の言及に限定されてき

た感が強く、今後はさらに拡大しつつ深める必要があろう。とくに、江戸期から存続する老舗百貨店に位置づけできる大丸の研究が積極的に進められることが望まれる。

第2には、文化史的視点からの百貨店史研究を一層掘り下げることが重要であろう。この意味では三越や髙島屋に主眼が置かれてきたので、両社以外の松坂屋、大丸、阪急百貨店等の呉服系・電鉄系百貨店について一次資料から解明することが期待される。

第3には、これまでに蓄積された三越の研究をどう活かすかである。三越については従来、明治中後期から大正初期の文化史の研究テーマに集中して展開されてきたものの、この時期も含め大正後期から昭和初期にかけた他の呉服系百貨店との比較研究が重要である。

第4には、百貨店史の視点からの電鉄系百貨店の研究である。戦後以降の呉服系百貨店との融合による百貨店の新業態の成立を解明するためにも、今後は一次資料が使用できるかがポイントであり、さらに地方都市に目を向けることも必要である。[47] また、戦前において電鉄系百貨店が食品販売にとって重要な展開をしており、呉服系百貨店が追随したとも考えられる。必ずしも呉服系百貨店の経営・展開が、電鉄系百貨店のそれに対して先行していたとは限らない認識を持っておくことが大切であろう。

第5には、1937年（昭和12）以降の戦時中の経営史的あるいは海外との関係史研究が極端に少ないので、ここにも大きな隙間があると考えられる。まずは呉服系百貨店から探りつつ、高度成長期以降の海外進出につなげていくことが重要となろう。

第6には、関東以西の地方百貨店の研究が肝要である。それに、現在直面する地方百貨店の著しい低迷や商店街の衰退など、今後の存続と展望を捉えるためにも地方百貨店と中小小売商との共存共栄の関係を研究対象とする必要がある。研究方法の課題としては現在、新聞資料の使用がメインとなっているが、以後は地方百貨店の一次資料を使用することが望まれる。そうでな

い場合はこれまでの研究でもみられているように、新聞記事やその広告欄等を活用することが重要であろう。[48]

　第7には、現在消失している京都を本店とした丸物など当然一次資料の側面で苦慮すると考えられるものの、かつて存在していた都市・地方百貨店をどう浮き彫りにするかが重要である。江戸期から近代期や今日まで続く呉服商・豪商の関連資料のなかには、百貨店関係の貴重な資料が紛れ込んでいる可能性もあるので、各地域の図書館や博物館での綿密な資料調査が重要であろう。

　第8には、商業・流通・マーケティング論等からの理論とかみ合わせた研究が必要である。いわゆる、これまで前述の分野の研究者が進めてきた小売業態の成立・発展過程のなかで、百貨店の成立・発展・衰退期をどう捉えるかである。[49]これは経済学的大枠からは勿論であり、今後は経済史、商業・流通論などから実証的・理論的に百貨店史の諸問題とその本質を論究する研究を期待したい。[50]

　第9には、第8のみならず組織や人事のマネジメントに焦点を当てた経営管理論的な研究や、売場店員や外商の労働面を経済学的に掘り下げられる労働経済学的視点も重要であろう。この意味では、女性店員に絞った継続的な研究も同時に深める必要があろう。それに加えて、百貨店特有の営業活動・ビジネスモデルや販売・接客方法および百貨店と仕入先・問屋との関係を探る研究も進めるべきであろう。

　第10には、呉服系百貨店の立地や内部空間に焦点を当てた地理学研究である。近年では、この視点から非常に高く評価できる研究が登場してきているので、今後の大きな課題となろう。阪急百貨店を始めとした電鉄系百貨店が、店舗周辺において展開する諸施設など不動産に関する視点も面白い。[51]

　第11には、呉服系百貨店の海外進出についても一次資料の問題があるものの、三越、髙島屋、松坂屋、大丸などで深化させる必要がある。海外の百貨店と比較することが重要であり、今後は国内外の商業・百貨店研究者との共

同研究が不可欠となろう。

　第12には、すでに研究資料として使用されているが、戦前の百貨店マンの書いた経験談や当時の現状をどう捉え、それらを学術的研究に応用・参考的に加え、正確に位置づけていくのかといった研究姿勢も重要である。それは戦後以降、現代までの百貨店マンが当時記した事実を史実に置きかえ、研究資料としてどう活用するかが大きな課題となる。

　第13には、近年百貨店史の研究が増加しているため、それらを踏まえることが難しくなってきていることは否めないが、これまでの研究蓄積から常に百貨店史研究の方向性の考えを示す必要がある。

　第14には、百貨店史の単発の事例研究や、ある現象を証明するために史料批判による事実確認を行わないで会社史や一次資料を浅く活用した研究にならないことが望まれ、体系的研究のなかで位置づける必要がある。⁵²⁾例えば、何らかのテーマで百貨店の歴史的事実を活用した研究であっても、一書にまとめ、そのなかで百貨店の存在意義を位置づけする姿勢で継続的に研究を進めることが大切であろう。⁵³⁾

　第15には、百貨店内部の社内資料を使用した研究である。会社史と、それら以外の百貨店関連の年鑑、新聞資料等で各百貨店の輪郭を捉えることは可能であるものの、やはり後者の百貨店の外部（部外者）がまとめた統計的数字資料は疑わしい可能性がある。したがって、まずは各百貨店の会社史を基本として分析を進め、その批判も含めて社内の一次資料から実証的に検証しなければならない。また、社内資料を用いて経営史的視点および他の視点からも百貨店像を浮かび上がらせる必要があろう。

註
1）本文の【文献】にも記載しているが、一覧できるように以下に整理しておく。
　　①　末田智樹（2009）「『髙島屋100年史』に隠された髙島屋経営発展の基盤」『社史で見る日本経済史 第41巻 髙島屋100年史 解説』。
　　②　同（2011）「日本の先駆的百貨店『三越』の成立から昭和戦前期までの発展

要因」『社史で見る日本経済史 第54巻 三越　解説』。

③　同（2011）「伊藤次郎左衞門家創業『松坂屋』の躍進による日本百貨店業の興隆」『社史で見る日本経済史 第55巻 松坂屋300年史 解説』。

④　同（2013）「『大阪急』にみた電鉄会社によるターミナルデパート経営の誕生と真髄」『社史で見る日本経済史 第59巻 大阪急 解説』。

⑤　同（2013）「『大丸20年史』にみる呉服系百貨店の経営精神と経営法」『社史で見る日本経済史 第60巻 大丸20年史 解説』。

⑥　同（2013）「知られざる老舗百貨店銀座松屋の成立発展とその礎石を解き明かす」『社史で見る日本経済史 第64巻 松屋発展史 解説』。

⑦　同（2013）「新興伊勢丹の登場と揺るぎなき新宿拠点の歴史的背景を読み解く」『社史で見る日本経済史 第65巻 大伊勢丹 増築完成記念 解説』。

⑧　同（2014）「戦前期の社史が語る素人経営による新境地を開いた東横百貨店」『社史で見る日本経済史 第69巻 東横百貨店 解説』。

⑨　同（2014）「京浜デパートが戦前期の品川駅に立地して飛躍した秘密」『社史で見る日本経済史第70巻 京浜デパート大観 解説』同書房

⑩　同（2014）「三越大阪支店の再興に集結した優秀な人材と営業方針」『社史で見る日本経済史 第74巻 輝く大阪三越 開設30周年記念 解説』。

⑪　同（2014）「十合（そごう）の百貨店経営への転換と関西拠点の形成」『社史で見る日本経済史 第75巻 そごう 解説』

⑫　同（2017）「戦前戦後、長崎市地元実業家による浜屋百貨店の創業と復興への挑戦」『社史で見る日本経済史 第90巻 濱屋百貨店20年史 解説』。

⑬　同（2017）「丸井今井による札幌市発展への貢献と北海道主要都市における本支店網の形成」『社史で見る日本経済史 第91巻 今井 沿革と事業の全貌（現：札幌丸井三越）解説』。

⑭　同（2018）「『花ごろも』とマーケティング的経営組織の改革―高橋義雄と日比翁助と藤村喜七からみえる三井呉服店案内の裏面―」『社史で見る日本経済史 第95巻 花ごろも（三井呉服店編輯・刊1899年）解説』。

⑮　同（2018）「『春模様』と三井呉服店の経営方針―営業部長日比翁助の模索―」『社史で見る日本経済史 第96巻 春模様（三井呉服店編輯・刊1900年）解説』。

⑯　同（2018）「松坂屋350年史―伊藤次郎左衞門家が示した伝統と革新と人の継承―」『社史で見る日本経済史 第97巻 新版 店史概要 松坂屋（竹中治助編、松坂屋刊1964年）解説』。

⑰　同（2020）「戦前戦後における福岡岩田屋の経営組織と販売網の確立」『社史で見る日本経済史 第100・101巻 株式会社岩田屋20年史 解説』。

⑱　同（2020）「戦前横須賀さいか屋の店員制度と戦後神奈川県内の営業圏の拡

　　　　大」『社史で見る日本経済史 第102巻 株式会社横須賀さいか屋社史 解説』。

2）末田智樹（2010）『日本百貨店業成立史—企業家の革新と経営組織の確立—』ミネルヴァ書房。

3）末田智樹（2021）「戦前日本の百貨店業史研究の整理と課題—1990年代〜2010年代を中心に—」『中部大学人文学部研究論集』第46号。

4）阿部武司・橘川武郎編（2018）『社史から学ぶ経営の課題解決』出版文化社。

5）経営史学会編（1996）『日本会社史研究総覧—経営史学会創立30周年記念—』文眞堂。

6）田付茉莉子「百貨店・スーパーの会社史」前掲『日本会社史研究総覧』360〜366頁。また、362頁の別表を参照。

7）同上、361〜362頁。

8）同上、363〜364頁。

9）同上、364〜365頁。

10）村橋勝子（2002）『社史の研究』ダイヤモンド社、5・112頁。同（2008）『カイシャ意外史—社史が語る仰天創業記—』日本経済新聞出版社、24〜32頁。

11）この百貨店と新聞社の提携による会社史制作の重要性や特徴については、註（1）の拙稿のなかで論じている。

12）例えば、大丸の一次資料（社内報）を使用した坂田隆文（2007）「スーパーマーケット誕生期における百貨店の業態変容」『中京商学論叢』第53巻があり、これに続く研究が望まれる。また一次資料をメインに使用していないが、佐々木聡（2011）「1950年代半ばの日本の百貨店取引の一断面」明治大学『経営論集』第58巻第2号、岡野純司（2020）「百貨店における委託型出店契約の類型と特徴」愛知学院大学『流通研究』第26号は研究内容とその手法ともに大いに参考になる。

13）末田（2010）では、2009年までの研究史を整理して指摘している。

14）研究が進行した理由はいくつか考えられる。まず呉服系百貨店側の研究者に対する対応が大きな理由であろう。また1990年以降の社会経済の変化を受け、社会文化史、美術史、建築史、経営史等の諸研究の題材として適していたと考えられる。

15）前田には、前田（1970，1971，1979a〜c，1999，2008）があるほか土屋喬雄のもとで、同（1972）『2代 小菅丹治 下』や千葉敬愛経済大学経済研究所編（1967）『千葉県商業史談 第1集—株式会社奈良屋社長 杉本郁太郎氏商業回顧談—』の編集に大きく関わっており、百貨店の経営史的な先駆的研究者と言っても差し支えなかろう。

16）鹿島茂（1991）は日本の百貨店ではないが、1990年代以降の百貨店史研究の参考文献における鹿島の引用数から判断して、火付け役になったと考えられる。

17）全3部（第1部：第1〜4章；近代日本における百貨店、第2部：第5〜7章；

新しいライフスタイルの創出、第3部：第8〜11章；百貨店イメージの演出、付論：活発化する百貨店研究、資料：1〜4）構成であり、詳細は以下の通りである。【文献】と同様に記しておく。

　　序　　山本武利（1999）「百貨店と消費革命」
　　第1章　田﨑宣義・大岡聡（1999）「消費社会の展開と百貨店」
　　第2章　西沢保（1999）「百貨店経営における伝統と革新—髙島屋の奇跡—」
　　第3章　平野隆（1999）「百貨店の地方進出と中小商店」
　　第4章　林惠玉（1999）「台湾の百貨店と植民地文化」
　　第5章　津金澤聰廣（1999）「百貨店のイベントと都市文化」
　　第6章　神野由紀（1999）「百貨店と室内装飾」
　　第7章　神野由紀（1999）「百貨店の子供用商品開発—三越呉服店を例に—」
　　第8章　山本武利（1999）「百貨店の広告戦略と新聞広告」
　　第9章　土屋礼子（1999）「百貨店発行の機関雑誌」
　　第10章　田島奈都子（1999）「ウインドー・ディスプレー」
　　第11章　橋爪紳也（1999）「百貨店というビルディングタイプ—消費文化と都市景観—」
　　付論　　土屋礼子（1999）「日本における百貨店研究」
　　付論　　平野隆（1999）「イギリス百貨店史研究の動向」資料1土屋礼子（1999）「百貨店関係の単行本リスト」
　　資料2　土屋礼子（1999）「百貨店発行の逐次刊行物リスト」
　　資料3　田島奈都子（1999）「戦前期商業・広告デザイン関係逐次刊行物リスト」
　　資料4　大岡聡（1999）「主要百貨店年表（東京・大阪を中心に—1944年まで）」
18）とくに、谷内・加藤（2018a）のなかの女子店員に関する論考は非常に優れている。以下に要約しておこう。

　まず谷内の研究では、昭和初期大阪における百貨店の女子店員の様子がわかる新聞記事を読み解き、それぞれの百貨店のストア・イメージを探る。しかも、阪急百貨店の店員面接の姿から採用実態を浮き彫りにしている。具体的には、百貨店6社の女子店員の接客応対からストア・イメージを捉えている。髙島屋南海店は女学生気分の女子店員が多く、エレベーターガールの丁寧なサービスが好評であった。松坂屋は大衆向きで非常に丁寧な接客であり、老舗のため風紀問題が厳しかった。阪急は女子店員が1,500人も存在し、売り子は一生懸命であるものの素人経営で板についていなく、夕方のラッシュアワー時は電光石火サービスがみられた。三越でも丁寧なサービスが行われ、女性店員はかくし化粧をしており、そのためか女子店員への結婚申し込みが多かった。十合（そごう）は近代デパート

には一歩届いておらず、呉服第一主義の「顔」がものをいう店舗であった。大丸の女子店員はツンとすました洋装の美女といった感じで、職業に目覚めたインテリ女性のようであり、落ち着いた接客販売ができる粒ぞろいであった。女子店員の比率が、昭和初期の阪急百貨店で高くなった数字的根拠を示す。なおかつ、阪急百貨店の「就職試験体験記」を紹介することで、阪急側の女子店員の採用背景には販売促進の意図があったことを指し示す。そごうが忙しい時間帯に店員を集中させたいという「半日勤務店員」の分析では、募集そのものに自社の宣伝的要素がみられ、募集に集まった多数の趣味人がポテンシャルの高い顧客候補になっていた点を指摘する。最後に、昭和初期は小店員（小学校卒）から女子店員へと店員採用枠の比重が移っていく過渡期であった。新しい採用基準が登場した理由については、百貨店の大きな問題である人件費等といった当時の百貨店の経営的な要素に求めている。

　次の加藤の研究では、主として東京の百貨店を事例に女子店員の役割を明らかにしている。都市部の百貨店の女子店員を取り上げる理由の第1に、従来女性労働者については農村や鉱山・工場等の分野から研究が進められてきた。それに対して、焦点が当てられなかった百貨店の女子店員には、賃金制度や教育面等で当時の諸問題に切り込める隙間がみられたからとする。第2に、消費者側の消費行動の変化が百貨店の組織構造に大きな影響を与えていたことを前提に、この百貨店と消費者の相互関係を知るうえで、店員の接客が大切であったと指摘する。しかも、女子店員が売場の接客を担当することで、百貨店のイメージ形成に直結していたと捉える。まず、1900年代から1930年代にかけての女子店員の数的変化とその背景を描き出す。女子店員の採用は三越と、地域的には関西地方に発端があったとの重要な事実を提示する。そのうえで、1900年代半ばにおける女子店員の比率は約10％程度であり、1910年代に入ってもしばらくは同様の比率であった点を指摘する。ところが、1920年代前半になると比率が20〜25％前後にまで増加した。その理由としては、鉄筋で高層階の百貨店建築の登場によって、売場総面積の飛躍的な拡大が店員の需要を生んだと述べる。この背景には、百貨店の売場に女子店員が立った際に、松坂屋や三越では即戦力となるように女子店員の教育システムを確立し、一程度組織化されていたことがあったからだと論ずる。女子店員の比率は1920年代後半から伸長し、1930年代半ばではさらなる大型店舗の建築によって50％を超えるまでになり、1940年には57％まで上昇していた。しかし、それをピークに減少したこと、なおかつ大都市と地方都市における女子店員の比率を考察し、地方都市において女子店員の比率が先行していた点を鋭く解き明かす。次に、雇用形態の実情については、百貨店の経営者側と顧客と女子店員の三者の相互関係から分析する。募集広告による女子店員の採用条件としては、高等

女学校卒業の20歳を超えない程度で、かつ前職の経験を有しないなどを指摘する。新卒者や知人紹介による採用状況と百貨店への就職希望状況、採用条件の変化等まで論及し、そのなかで百貨店側が容姿や接客に向いている態度、健康を重視していた実情も浮かび上がらせている。さらに、女子店員の比率が上昇する1920年代後半から1930年代における女子店員の実相を詳しく考察している。高級品売場以外での女子店員の高比率を論証し、女子店員の比率の増加傾向・配属傾向と、消費者の消費行動との関係性を鮮明にしている。そのうえ、三越の業務マニュアル本である『店員服務要項』を使用して、女子店員の服務規程を紹介し、消費者の消費接客志向にそう接客の販売方針が採られていたという新たな解釈を加えている。三越における女子店員の勤務状況を明らかにし、女子店員が販売係に多かったものの、勤続年数が長くなると主任待遇の女子店員が出現していた。1932年3月現在の調査では、在勤2年以下の者と2年以内の退店者が5割を超え、女子店員の入れ替わりが大変激しかったと指摘する。結論として、近代における消費文化の形成には、百貨店、女子店員、消費者が影響しあった諸関係が隠されていたと主張する。

　なお、既述の要約は、末田智樹（2020）書評「谷内正往・加藤諭著『日本の百貨店史─地方、女子店員、高齢化─』日本経済評論社、2018年」『大阪商業大学商業史博物館紀要』第20号より引用したものに修正を施している。また、本文にも同様の箇所がある。

19）髙島屋の表記については、「高島屋」とされている文献も多いが、便宜上「髙島屋」に統一した。また、本文では代表的研究を掲げている。本書で掲げる【文献】以外は、末田（2010）の「百貨店業研究文献一覧」を参照。

20）先行研究を整理していない研究もしくは整理していてもどの基準で整理しているのか、もしくは主観的に取り上げていて歴史学研究・学術的研究に認識の乏しい研究者が増えている。むろん、取りこぼしの可能性もあるが、剽窃の可能性も疑われるので、今後、百貨店史研究を取り上げる際には気を付けなければならない。（なお、文献の巻数・号数については、接頭辞の「第」を付けて統一した。）

21）末田（2010）、5頁。

22）小林一三だけを取り上げた文献は枚挙にいとまがない。

23）小原博は「2─19　百貨店の成立」122～123頁、「3─31　百貨店の成長」216～217頁で、佐々木聡は「11.マーケティング・流通」102～112頁の「Ⅲ　小売業経営史の研究」の「1　百貨店史」である。

24）目次から確認できるものでは、廣田誠による「百貨店の『大衆化』」152～163頁・「反百貨店運動」163～168頁、長廣利崇による「戦争と百貨店」234～236頁、藤岡里圭による「百貨店の戦後復興と高度成長期の発展」248～252頁、「第2次百貨店

法の展開と優越的地位の乱用」269〜271頁がある。

25）鈴木（1980）は百貨店史研究にとって見落とせない。

26）石原・竹村（2008）では、「第2章 百貨店と総合スーパー」（坂田隆文）、その第2版である石原・竹村・細井（2018）も同様である。崔・岸本（2018）では、「第3章 呉服系百貨店—日本の小売業態の始まりを告げた三越—」（坂田隆文）、「第4章 電鉄系百貨店—日本初となるターミナル型百貨店を誕生させた阪急百貨店—」（新井田剛）である。

27）内容の項目に百貨店が使用されている箇所としては、「百貨店の大衆化と営業の拡大」70〜72頁、「反百貨店運動の展開」「百貨店法」81〜84頁、「統制下の百貨店」129〜130頁、「百貨店法の廃止」132〜133頁、「百貨店の復興」「百貨店問題」「百貨店法の復活」137〜140頁、「追い上げられる百貨店」183〜184頁である。

28）日比翁助については、林洋海（2013）『〈三越〉をつくったサムライ 日比翁助』現代書館があり、今後は学術研究者からの単著刊行を期待したい。

29）近年、女性店員に焦点を当てた研究が増加しているが、この視点は今後も重要である。

30）今後は、明治・大正期を中心とした文化史的視点からの研究および三越・髙島屋との比較考察が肝要であろう。しかし、これまでに名古屋市博物館編（2003）『名古屋の商人 伊藤次郎左衛門 呉服屋からデパートへ』同発行や、同博物館を中心に編纂・発行された（2008）『小袖 江戸のオートクチュール—松坂屋京都染織参考館の名品—』、（2020）『模様を着る—Enveloping Patterns—』、および徳川美術館・中日新聞社・松坂屋美術館編（2011）『松坂屋創業400周年・松坂屋美術館開館20周年記念 松坂屋コレクション—技を極め、美を装う—』中日新聞社などの文化史的視点からの展覧会図録がある。
　　ところで末田（2019a）では、戦前において松坂屋が近代的大規模小売業として成立・発展した背景には、全店員の店舗内外における熱心な営業活動があったことを述べている。近年では、近代以降に百貨店経営の長い歴史を有する松坂屋を始め、日本の百貨店の歴史を探る研究が盛んになってきたものの、その対象のほとんどが呉服系百貨店が発信してきた文化的要素や経営者の貢献活動、経営業績に関わるものであった。しかも従来の研究では、呉服系百貨店が流行商品に力を注いだ販売については強調されてきたが、これらの商品を販売する店員の営業方法に関しては全く深められてこなかった。戦前の呉服系百貨店における店員の営業方法では、店員が顧客に応対しながら商品を説明して対面で行う接客販売が主流となっていた。接客販売＝対面販売は、今日でも百貨店業態の営業方法における最大の特色である。したがって、店員の接客法の視点から百貨店の歴史を問い直すことは重要であり、本書が初めての試みとなった。従来の百貨店の歴史学

研究では、店員の営業活動について着目されてこなかった。ましてや店員の接客販売については、管見の限り百貨店所蔵の史料から掘り下げられた研究は見当たらない。しかしながら、店員の営業方法である接客販売の確立過程を解き明かすことは、商業経営の内部組織自体を掘り下げることになり、また消費者という外部との関係性を論じる際の主要な課題と言える。そして、現代の商業・サービス業関係の営業方法の起源を考えるうえでも非常に有意義であると考えられる。百貨店の接客法については、各百貨店が発行してきた会社史においても述べられたものはほぼ皆無である。それだけ接客販売に関する社内教育や独自の接客法が、各百貨店の内部組織に限られた極秘事項であった。なぜならば、接客法が各百貨店の店員教育に関わる肝要な部分であり、他の百貨店との差別化を図る営業方針に密接に関係していたからであった。戦前までの呉服系百貨店における接客法の成立は、近代的大規模小売業として、日本全国に緻密な販売網を構築する際の礎石や特長になったと考えられる。とりわけ、松坂屋における接客販売の実情とその確立過程を明らかにすることは、戦前における呉服系百貨店の接客法＝対面販売の成立状況を理解するうえで重要であり、格好の事例であると考えられる。なぜなら松坂屋は、三越と同じく明治後期から呉服系百貨店としての歴史を持ち、戦前の段階で、すでに多店舗展開に成功し、今日まで存続する老舗百貨店だからである。戦前において松坂屋が、店員教育のシステム化のなかで接客法を確立させたプロセスに、松坂屋経営の発展理由が隠されているからである。かつ松坂屋の接客法が、戦前の百貨店業態において店員の営業方法が確立する際に大きな影響を与えていたと考えられるからである。以上において松坂屋を三越と並ぶ二大百貨店としての位置づけと意義の実証を試みた。

31) 今後は、髙島屋史料館所蔵の一次資料を使用した経営史研究が重要である。なお、この史料館の設立・現況や所蔵資料の特色については、渡邉美喜（2014）「企業アーカイブズとしての髙島屋史料館に関する一考察」『学習院大学大学院人文科学研究科アーカイブズ学専攻研究年報』Vol. 3 が詳しい。

32) ここで紹介した百貨店について一部取り上げた論考は除外している。消失した百貨店もあり、資料面で厳しい状況であるものの古書店などでの調査・購入も必要である。

33) これからは三越、松坂屋、髙島屋の比較研究が必要である。

34) 由井常彦編（1991）『セゾンの歴史　上・下巻』リブロポート。創業者の堤康次郎やセゾングループについては、ほかに由井常彦編（1996）『堤康次郎』リブロポートやセゾングループ史編纂委員会（1991）『セゾンの活動　年表・資料集』リブロポート、上野千鶴子・中村達也・田村明・橋本寿朗・三浦雅士（1991）『セゾンの発想―マーケットへの訴求―』リブロポートを参照。また、経営史研究者

　　が一次資料を使用してセゾングループの1990年以降2000年代までの続編として、由井常彦・田付茉莉子・伊藤修（2010）『セゾンの挫折と再生』山愛書院がまとめられている。なお、電鉄会社において著者が指す社内資料の使用については現在厳しい状況と想定できる。

35）谷内の研究は戦前のみならず戦後・高度成長期に向けられており、今後大いに期待できる。

36）呉服系百貨店と電鉄系百貨店の比較も重要である。

37）ターミナルデパートの成立・発展過程の分析については、髙島屋の研究も重要となろう。

38）地方都市では愛媛県松山市の伊予鉄道株式会社、香川県高松市の高松琴平電気鉄道株式会社、島根県出雲市の一畑電車株式会社など地方私鉄の研究が進められることが望まれる。

39）末田のように戦後・高度成長期を視野に入れた研究も進める必要がある。

40）加藤諭の優れた東北地方の研究に対して、関東・北陸・東海・瀬戸内・九州地方など地域ごとに研究を進めることも非常に肝要である。

41）石原の一連の戦前における百貨店問題の研究は、今後も同問題を進めるうえで非常に参考となろう。また加藤（2019a）の第4章でも、百貨店法制定とその過程について新たな視点から様々な一次資料を駆使して詳細に明らかにしている。本研究は、1930年代の百貨店業界の動向を加えるなど戦前の百貨店法に関する最新の成果である。

42）今後も各県立図書館所蔵の新聞資料（マイクロフィルム等）から調査する必要がある。

43）各呉服系百貨店の所蔵資料を使用した研究が重要である。

44）こののちは、藤岡の秀でた研究に対して新見解を論じていく必要がある。

45）呉服系百貨店と電鉄系百貨店の両面から進める必要がある。

46）百貨店を社員・店員や組織から考察していく必要がある。

47）この点については、近年では池澤威郎（2017）『駅・まち・マーケティング―駅ビルの事業システム革新―』同友館の第1章「『駅ビル』形態の発展史」と末田（2019b）の「図6－1電鉄系百貨店とターミナルデパートの普及経路」153頁・「図6－2百貨店業態と小売業態の変容過程」154頁がいくつかの見解を導いている。なお、電鉄系百貨店とターミナルデパートは必ずしも一致しておらず、定義を含めて再検討が必要であることは言うまでもない。

48）とくに2000年以降は、全国の自治体史（県史・市史等）のなかで商業・小売業を取り上げ、戦前から現代までの百貨店の動向が書かれているので、その調査も必要である。

49）小売営業形態成立についてスーパーマーケットを事例に理論と歴史の両面から捉えた青木均（2020）『小売営業形態成立の理論と歴史―日本におけるスーパーマーケットの展開―』同文舘出版。本研究は、理論部分が丁寧かつ歴史部分では実証的で非常に高く評価できる。今後は、彼の手法を見倣って百貨店を事例として小売営業形態の研究を進める必要がある。

50）阿部真也・但馬末雄・前田重朗・三国英実・片桐誠士編（1995）『流通研究の現状と課題』ミネルヴァ書房において、1971〜1993年までの商業・流通論の研究史が整理されているが、商業・流通・マーケティング論のなかで百貨店史研究を考えるうえで大いに役に立つ。

51）岩間信之（2004）「大都市圏における百貨店の特性と商圏構造」荒井良雄・箸本健二編『日本の流通と都市空間』古今書院。

52）藤田（2003，2005）は日本資本主義発達史において商業を捉え、そのなかで百貨店を位置づけた唯一の研究者である。今後の百貨店史研究の方向性にとって、この視点は絶対に欠かせないものと考えられる。

53）この点では高柳（1994）や玉蟲（2004）、瀬崎（2008）、近年においては武居（2014，2015）、満薗（2015）、島永（2021）、田中裕二（2021b）などがすこぶる参考になる。

第1部　三越編

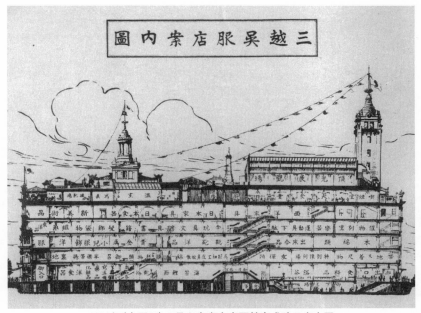

1921年(大正10) 6 月の東京本店西館完成時の案内図

豊泉益三編『大三越歴史写真帖』株式会社三越内大三越歴史写真帖刊行会、1932年。

第 1 章　三井呉服店案内の裏面
―『花ごろも』から探るマーケティング的経営組織の改革―

1．はじめに

　『花ごろも』は、1899年（明治32）1月1日に発行された三井呉服店の案内書＝商業ＰＲ誌である[1]。奥付けの編集兼発行者（以下、編者）は、合名会社三井呉服店支配人であった日比翁助であり、「非売品」と記載されている[2]。『花ごろも』は後章で取り扱う戦前の百貨店に関する会社史資料（以下、会社史）と異なり、宣伝媒体的な「商業ＰＲ誌」「企業ＰＲ誌」と評価を受けている文献である。しかしながら、『花ごろも』は従来の評価通りの商業・企業におけるＰＲ誌の枠組みで捉えられたままでよいのであろうか。『花ごろも』については、著者が以前から進めてきた三越の創業者・経営者の活動と経営組織の確立過程に関する歴史学研究において、その初期を分析するうえで貴重な一次資料として参考にしてきた。そして、当時から既述の評価だけでは納得がいかないほどの経営史的な要素を有する重要な会社史に匹敵するのではないかと考えていた[3]。

　つまり、従来の評価には見当たらなかった指摘として、『花ごろも』には「会社史」的な価値が大いに含まれていると考えられる[4]。この点に着目し、ゆまに書房から『社史で見る日本経済史』シリーズで復刻された[5]。そこで以下、経営史・会社史的役割に焦点を当てた論述を試みることを第1の目的とする。第2の目的としては、『花ごろも』が日本で最初の百貨店である三越呉服店以前の三井呉服店時代に発行されたものであることに注目し、日本で最初に百貨店化を果たす三越呉服店（以下、本章ではおもに三越呉服店に統一）への転換過程において『花ごろも』が担っていた役割を浮き彫りにしたい。これらの考察を通して『花ごろも』が、『社史で見る日本経済史』の百貨店

に関する会社史として復刻されたこと、および本書の第1章とした理由を示
したい。

2．従来の評価と新たな視点

　従来の『花ごろも』については、まず日本で最初の「流行」を生み出す口
火を切ったファッション雑誌であったとの正当な評価がある。次に、『花ご
ろも』を顧客に配布し活用した「通信販売」によって、呉服類をあたかも手
に取るような視覚的効果を生み出し、商品流通の近代化に成功した初期の媒
体であったとの目を見張る評価がみられる。そのうえ、『花ごろも』は顧客
の信用を強化するために発行され、商品広告と小説が融合された特異性を初
めて持った「機関雑誌」として登場し、流行の近代を形成していく発端と
なったという優れた評価がある。[6]これらの見解については、異論の入る一分
の隙もない第1の見方と考えられるので、百貨店史研究を進めるうえで、こ
の観点からも『花ごろも』の精読をお勧めする。

　しかしながら、『花ごろも』に含まれる価値が決してそれだけではないと
強く感じたのが、日比翁助という先駆的な百貨店経営者に、拙著（2010）『日
本百貨店業成立史』の構想段階のなかで関心を寄せるようになった時点から
であった。1990年代以降の日本における百貨店の歴史学研究は、百貨店が文
化的要素の側面で顕示した社会的貢献性や文化的商品としての美術品・趣味
的な商品の波及・役割などに着眼されてきた。これらに対して2000年代から
開始した著者は、百貨店の成立・発展過程を「人」の活動から解き明かして
きた。この「人」の活動からの先行研究に関しては、おもに百貨店の成立お
よび近代的日本文化の形成に関わった百貨店経営者と文化人・芸術家との交
流の視点から進められた蓄積がみられる。

　この視点だけでなく、著者自らが商社勤務時代に全国の百貨店で派遣社員
として従事した時に経験したことと重ねてみて、百貨店業界の理念と構想を
具現化してきた創業者・経営者の企業者活動や（幹部）社員・店員の営業活

動の視点が重要であると言える。なぜならば、この視点なくして、百貨店が100年以上にわたって定着させてきた商業における営業方法とその役割を浮き彫りにすることができないと考えられるからである。しかも、「人」との関わりを生業とする小売業においては、いやが上にも「人」の視点をプラスしなければ、百貨店の歴史を果たして鮮明にできるのであろうかとの疑問を覚えたからである。この視点から著者は百貨店史研究の論考を積み重ねてきたが、本章においても、この視点を重視して以下『花ごろも』の裏面に切り込みたい。

　とくに、戦前から高度成長期にかけて百貨店は、都市部の文化発信基地としての役目を進取的に果たしてきた。しかしながら、百貨店の経営方針には創業者・経営者側の視点からみれば、顧客を集客する目的が間違いなく含まれていた。百貨店業態とは、小売業経営としてあらゆる商品を販売する営業活動を本業とする目的のもとに成立しており、この視点を決して看過してはならない。となれば、百貨店において拡大し続けた商品群を誰が仕入れて販売してきたのか、そのためにはどのような手段を用いたのかなど、創業者・経営者の経営方針、幹部社員のマネジメント的行動、そして店員の営業活動の視点から経営組織の内部的側面を照らす研究が、今後も必要不可欠であると考えられる。なぜならば、そこに百貨店の永続要因＝「百貨店とは何か」が隠されており、今日まで継続してきた百貨店業界を対象とした歴史学研究を前進させる意義があると考えられるからである。

　日本で最初の百貨店となった三越呉服店において、日比が百貨店化当初から店員養成・教育を重視していたことは周知の通りである[7]。そこで『花ごろも』が三越呉服店の前身である三井呉服店時代において、百貨店への転換の第一歩として、日比が全力を注いだ経営組織の改革の柱であった店員の意識改革に寄与していたと考えられる。では、この店員の意識改革に大きく影響したと想定できるファクターが、『花ごろも』のいずれよりみえるのであろうか。まず『花ごろも』の目次から確認しておこう。

　目次については表紙の次項に「花衣目録」（以下、目次）とある。そのなか
の大項目には、「模様の説」「本邦女子服装沿革概略」「江戸の風俗衣服のう
つりかわり」「小説むさう裏」「附録」がみられ、経営組織の改革＝店員の意
識改革に役に立つような直接的な文言は発見できない。[8]ところが小見出しを
みると、「三井呉服店本支店事業の説明」「（前略）三井呉服店東京本店売揚
高一覧」、そして「附録」には「合名会社三井銀行案内」（以下、三井銀行案
内）とあり、店員の関心を自らの会社に向けさせようとする意図がうかがえ
るのである。[9]

　次に『花ごろも』冒頭の「発刊の辞」において、「今の流行の有様を知り
又当店の実やかなる働きを知らしむるの便とも為」るために発刊したと書か
れていたことに留意したい。[10]ここから編者であった日比が、顧客に対する流
行的商品を作り出して届ける前段階として、三井呉服店の全店員の心がこ
もった営業活動が存在し、それを認知させるためにも発刊したことが読み取
れる。[11]編者日比の深意には三井呉服店の営業振りに対する誇りがみられ、そ
れを顧客に広めるための文言が『花ごろも』に含まれていたと考えられる。

3．高橋と日比による呉服店のマーケティング的改革

　さて、日本で最初の百貨店の経営組織を形作ったと評価される人物こそが
日比翁助であり、彼の貢献度合いについては言い尽くされた感がないわけで
はない。[12]また、日比を入店させた三井呉服店理事であった高橋義雄の先駆け
的存在が大きかったことも疑う余地はない。

　高橋が日比をスカウトし、日比が三井呉服店へ副支配人として入店したの
は1898年（明治31）9月6日で、同年12月28日に支配人へ昇格した。そして
日比は、翌1899年（明治32）6月から1904年（明治37）12月6日の株式会社三
越呉服店設立で専務取締役に就任するまで、合名会社三井呉服店東京本店営
業部長として呉服店の経営組織の改革に取り組んだ。彼は高橋のあとを受け
て新旧店員の調和を図り、陳列販売方式を全面に押し出しつつ呉服類以外の

品揃えの拡大を図った。しかしながら、明治期に入り三井家が近代化政策を積極的に推し進め、事業全体の再編のなかで三井呉服店は常に岐路に立たされていた。[13]

　『花ごろも』が発行された1899年1月は、営業の主導権が高橋から日比にバトンタッチされようとしていた頃であった。それを指し示すかのように、

表1　1897年(明治30)~1900年(明治33)の合名会社三井呉服店の重役変遷一覧

1897(明治30)年	1898(明治31)年	1899(明治32)年	1900(明治33)年
合名会社三井呉服店 　社　長　三井源右衛門 　理　事　高橋義雄 東京本店 　支配人　藤村喜七 　副支配人　瀧澤吉三郎 大阪支店 　支配人　高山圭三 京都支店 　支配人　市川長次郎 　支配人　大橋熊三郎 　　（3月より着任） 　副支配人　田中増次郎 京都紅店（秋、三井染工場に改称） 　主　任　佐々木庄次郎 京都分工場 　事務長　山岸栄造 桐生出張所 　支配人　大橋熊三郎 　支配人　山岡才次郎 　　（3月より着任） 八王子出張所 　支配人　藤田朝次郎	合名会社三井呉服店 　社　長　三井源右衛門 　理　事　高橋義雄 東京本店 　支配人　藤村喜七 　副支配人　瀧澤吉三郎 　副支配人　日比翁助 　　（9月より着任） 大阪支店 　支配人　高山圭三 京都支店 　支配人　田中増次郎 京都染工場 　主　任　笠原健一 　　（4月より着任） 京都分工場 　事務長　山岸栄造 桐生出張所 　支配人　山岡才次郎 　支配人　井上嘉四郎 　　（4月より着任） 横浜出張所 　支配人　鈴木富太郎	合名会社三井呉服店 　社　長　三井源右衛門 　専務理事　朝吹英二 　理　事　高橋義雄 　監査役　三井守之助 　監査役　三井高縦 東京本店 　工業部支配人　小野友次郎 　　（2月に退任） 　呉服部支配人　日比翁助 　売場監督　藤村喜七 大阪支店 　支配人　高山圭三 京都支店 　支配人　田中増次郎 桐生出張所 　支配人　井上嘉四郎 　支配人　山岡才次郎 　　（3月に退任） 横浜出張所 　支配人　鈴木富太郎 福井出張所 　支配人　大橋熊三郎 富岡製糸所 　支配人　津田興二 大崎製糸所 　支配人　長田竹次 名古屋製糸所 　支配人　加藤豊 三重製糸所 　支配人　野口寅次郎 新町紡績所 　支配人　柳荘太郎 　支配人　佐藤幸次郎 　　（2月に退任） 前橋紡績所 　支配人　和田辰次郎	合名会社三井呉服店 　社　長　三井源右衛門 　専務理事　朝吹英二 　理　事　高橋義雄 　監査役　三井守之助 　監査役　三井高縦 東京本店 　営業部長　日比翁助 　売場監督　藤村喜七 大阪支店 　支店長　高山圭三 京都支店 　支店長　田中増次郎 　支店長　中村利器太郎 　　（7月より着任） 桐生出張所 　所　長　藤田朝次郎 横浜出張所 　所　長　佐羽恰太郎 　　（2月より着任） 福井出張所 　所　長　大橋熊三郎 富岡製糸所 　所　長　津田興二 大崎製糸所 　所　長　長田竹次 名古屋製糸所 　所　長　加藤豊 三重製糸所 　所　長　野口寅次郎 新町紡績所 　所　長　佐藤幸次郎 前橋紡績所 　所　長　和田辰三郎

備考）明治32年の前橋紡績所支配人和田辰二郎は、同33~35年では同所長和田辰三郎と記載されているが、ソノママとしておく。

出所）『三井本店一巻・三越呉服店重役進退表』（株式会社三越伊勢丹ホールディングス所蔵）の「明治30~33年（頁数の記載なし）」より作成。

『花ごろも』の編者は冒頭で記したように日比であった。ところが、高橋が三井呉服店の最初の改革者として、その流れで『花ごろも』の発案者は高橋であったことは周知の通りであり、しかも「発刊の辞」は彼の執筆によるものとされる見解がある。となれば、発案者の高橋が編者となっていても全く不思議はない。表1は、1897年（明治30）～1900年（明治33）の三井呉服店の社長・理事・支配人などの重役を一覧にしたものである。日比は、『花ごろも』の奥付けに書かれた印刷日の1898年12月29日の前日に当たる同月28日に副支配人から支配人へ昇格し、翌1899年1月から三井呉服店のトップとして彼の手腕が期待されていた。

　この点から高橋は日比を支配人に据えて、『花ごろも』を発行する決断をしていたと考えられる。1898年において新旧店員の騒動で、高橋の右腕として三井呉服店の改革に携わっていた副支配人の瀧澤吉三郎（表1）を失い、高橋は自らも表舞台で先頭に立つことを極力控えたのであろう。そこで、瀧澤の後任として日比に白羽の矢を立てスカウトをしたのであるが、この『花ごろも』の発行によって日比の名前が顧客のみならず本支店の店員中に瞬く間に知れ渡ることとなった。

　日比が入社してから最初に目にみえる販売促進のためのマーケティングのプロモーション戦略として、発案者の高橋と支配人に昇格が予定されていた日比が共同で『花ごろも』を発行するに至ったと考えられる。その直後の同年3月に外売係通信部を新設することが表2からわかるが、この前発として『花ごろも』の発行が重要な意味を持っていた。この通信部については高橋と日比が相談して新設したとの記録があり、『花ごろも』が両者の合作であったことは動かしがたい。すなわち、高橋にすれば経営面において将来的に活躍が十分期待される日比を入店させた大きな理由に『花ごろも』発行の実行プランが存在し、また日比にしても高橋の構想を三井呉服店のプロモーション戦略、および日比自らを表1にある本支店の全店員のなかで際立せるための材料にしたと十分考えられる。

表2　1899年（明治32）～1900年（明治33）の三井呉服店におけるマーケティング的組織
　　　改革一覧

年　月　日	事　　　　　　項
1899年1月1日	三井呉服店案内『花ごろも』を発行する（最初の企業PR誌）
同　年3月	外売係通信部を新設する
同　年3月	東京本店内に商談会を設けて流行の研究、その他の相談をする
同　年6月8日	『夏衣』を発行する
同　年6月24日	各店支配人の役名を営業部長・支店長・所長へと改称する
同　年6月	等身大の肉筆絵看板を新橋駅待合室に掲げる（最初の絵看板）
同　年7月	中元贈答品に呉服切手利用の便利があることを広告する
同　年8月	第1回「懸賞図案募集」を実施する
同　年8月	各販売店にハンカチーフ、緞子、洋服地、卓被などの西洋人向きの商品を備える
同　年10月	東京、大阪合同の出張販売を各地で実施する
同　年10月	横浜外国商館において絹織物売込業を開始する
同　年11月1日	横浜出張所を三井銀行内に移転する
同　年11月23日	三井呉服店の営業規則を改正する
同　年11月	東京本店において呉服類一切の現金卸売を開始する
同　年11月	福井出張所を開設する
1900年1月1日	『春模様』を発行する
同　年1月12日	日比営業部長は三井物産営業部長福井菊三郎と協議し、協力して羽二重の海外輸出を計画する
同　年1月	和田豊治を雇い入れ紡績事業視察のため米国に出張を命じる（26日出発）
同　年1月28日	製糸事業取調のため三重製糸所長野口寅次郎を仏・伊両国に出張を命じる（31日出発）
同　年2月16日	横浜出張所所長を鈴木富太郎から佐羽総太郎へ交代する
同　年2月	東京本店電話室の専属として女子を採用する（初めての女子採用）
同　年4月	本店、新潟、長岡で最初の大規模出張販売を実施する
同　年5月10日	東宮殿下（大正天皇）ご成婚を奉祝して三井呉服店の運動会を開催する
同　年5月	東宮殿下御慶事御用品を拝命する（総額6,000円）
同　年5月	外売通信係を地方係と改称する（通信販売部の前身）
同　年5月	美人画ポスターを東海道・中国・四国・九州などの主要駅39駅に掲出する
同　年5月25日	大阪支店は中国筋を行商する
同　年6月8日	京都支店長田中増次郎は本店勤務、本店計算係長中村利器太郎は京都支店長となる
同　年6月21日	『夏模様』を発行する
同　年7月	商品切手の需要が多くなり、1日1,000円以上を計上する
同　年10月15日	東京本店全部を陳列場とし座売りを全廃する。また陳列場・寄切室を開始し大混雑となる
同　年10月18日	各新聞記者を招待し披露会を開き、店内に休憩室を設ける
同　年10月	新潟、長岡で第2回目の出張販売を実施する
同　年12月9日	店内に電話を設置する
同　年12月16日	東京本店の階上陳列場において金銭輸送機の使用を開始する
同　年12月29日	東京本店において本日より室内電話を使用する
同　年12月	福井出張所の生糸受託販売を廃し、羽二重に専心従事する
1901年1月1日	『氷面鏡』を発行する
1903年11月24日	『みやこぶり』を発行する

出所）『株式会社三越100年の記録』（株式会社三越、2005年）36～37頁、『三越沿革年表（延宝元年
　　～大正11年）』（株式会社三越伊勢丹ホールディングス所蔵）の「明治32・33年（頁数の記
　　載なし）」より作成。

　通信販売については「発刊の辞」の冒頭において、越後屋から三井呉服店
へ改名しても顧客による愛顧のおかげで繁盛ぶりは変わらないものの、郵便
を活用した注文方法により北海道から九州まで、さらには台湾やその他の海
外諸国までに小包にて反物を発送することができるようになり、この方法を
三井呉服店も活用し顧客への便利を図りたいとある。[18]「発刊の辞」では、三
井呉服店内での営業体制が未確立であった通信販売の宣伝をあからさまに
行っており、これも高橋と日比による呉服店のマーケティング的改革に向け
た挑戦であったと考えられる。

　その次に三井呉服店が「種々の新案を凝らすと同時に流行に先ちて流行を
作」って、それを顧客に周知させることであると記されている。[19]『花ごろも』
には、呉服類の流行的商品の魅力を直接顧客に視覚で訴えるためにカラー刷
りや挿図・写真を盛り込み、それらによって購買意欲を刺激し、自発的な購
入を仕向けるような現在のマーケティングのプル戦略を仕掛けていたことが
わかる。[20]そこで、高橋と日比が顧客ニーズを確実に捉えアピールするために、
店頭における呉服類の売上状況・傾向などの情報を収集し検討したことは想
像できる。『花ごろも』の発行が全国的な流行を生み出す勢いに乗り、発行
から6年後の百貨店への転換に繋がっていった。[21]しかしながら、「商売」の
みの「広告集」になっては充足感が満たされなく、『花ごろも』に「論説考
証又は小説の類」を入れたと述べられている。[22]後述するように、そこにも呉
服店のマーケティング的改革の意図が隠されていたと考えられる。

　「発刊の辞」の直後の写真として、当時の「三井呉服店東京本店」、同店の
「大阪支店」「京都支店」の3枚を入れ、続いて江戸・明治期の越後屋が繁盛
していた様子が描かれた5葉の挿画を入れている。[23]江戸期から存続する三井
呉服店の当時の有様を写真に掲げ、かつ繁盛していた頃の挿画と結びつけ、
顧客の需要を喚起し愛顧の気持ちを向上させようとした、高橋と日比による
店舗の商業立地的要素を含むマーケティングのプレイス戦略と捉えることも
可能であろう。冒頭の「発刊の辞」と写真・挿画から高橋と日比が、三井家

が江戸期から培ってきた呉服店の歴史の永続と、生活文化が急速に変化するなかで呉服類の商品を活かすことを必死に模索していたと考えられる。

4．高橋と日比による呉服店の組織改革

　ここからは、『花ごろも』の後半部分にある「三井呉服店本支店事業の説明」「（前略）三井呉服店東京本店売揚高一覧」と巻末の「三井銀行案内」について触れていこう。

　「三井呉服店本支店事業の説明」では、その冒頭で三井呉服店に工業部の一部が移管され、三井呉服店工業部が1898年（明治31）11月に新設していた点については省かれ、三井呉服店の営業内容から始まっている。そのあとに商標、本支店（東京・大阪・京都）および出張所（桐生・横浜・京都支店付属の三井染工場）の所在地が載せられている。次の頁からは、販売店である東京本店と大阪支店の詳細な商品群と営業方法などが項目ごとに整理されている。この項目とは、「販売品の事」「商売の多少を問わざる事」「現金正札付の事」「陳列場の事」「品物を持ち出して売る事」「地方の注文に応ずる事」「寄切室の事」「呉服物切手の事」「新案の模様縞柄の事」「誂物の事」「為替振込所の事」であり、顧客に対する事細かな説明と便宜を図るために構成されていたことが読み取れる[24]。

　しかしながら、それだけでなく一方で店員がこれを通読するならば、呉服店の営業方法と、この手順で進めれば顧客に対応する接客サービスの方法が会得できる内容ともなっていた。とりわけ、このなかで注視する部分は「地方の注文に応ずる事」であり、既述の項目のなかで最も詳しく説明が書かれ、地方からの注文に対する通信販売が開始されていたことがわかる[25]。最後の「為替振込所の事」には、注文品の代金振り込み方法について三井銀行と郵便為替の両方から振り込むことができることが丁寧に記載されている[26]。これは顧客のみならず店員も、三井呉服店の新たな営業方法となりつつあった通信販売の業務を的確に把握することができたと考えられる。

　続いて、仕入店としての京都支店と桐生出張所、および京都支店付属三井染工場の事業内容が、「仕入れ及び伏せ機の事」「染物工場の事」のなかで、殊に「顧客の便利」「顧客への奉公」という「顧客本位」を念頭に記されている。横浜出張所を「輸出織物取扱店」として「輸出織物取扱の事」のなかで説明され、外国人への織物販売とその注文販売に関して書かれている[27]。ここからも、呉服店における販売店と仕入店のいずれの店員が目を通しても理解できるような三井呉服店の営業方針がうかがえる。『花ごろも』には、おもに三井呉服店本支店の営業内容・方法の情報が顧客の視点から述べられているほかに、店員の眼からみても本支店全体の概要が判明する。店員には、本店と支店、出張所や販売・仕入店の垣根を越えて風通しが良くなったように受け取られ、社内報としての役目も果たしていたと解釈することも可能であろう。

　次の「（前略）三井呉服店東京本店売揚高一覧」では、1707年（宝永4）から1843年（天保14）に至る137年間の本店の売上高を一覧表にし、三井呉服店の江戸期の繁栄ぶりを回顧しているかのようにみえる[28]。これは当然、『花ごろも』に過去の栄光が知れる販売実績を挟み込むことで、顧客の信用を得ようとしたこと以外の新たな見解を何とか見いだすことになるかもしれないものの、本章では会社のために実績を後世に残しつつ、現在売上高が江戸期に及ばないと書き記されたにしても、当時の三井呉服店の現状を正直に語り、それ以後の本支店の全店員が奮起する呼び水となったに違いないと解釈しておきたい。

　「三井銀行案内」では三井銀行東京本店の写真から始まり、その起源、組織、役員名、および北海道から九州までに拡大しつつあった本支店の所在、営業種目まで子細に書かれている[29]。通信販売の振込先とはいえ、「三井銀行案内」は顧客への宣伝広告であったと考えられる。というのは、当時の日比が援助機関として最も頼りにしていたのが、彼の古巣の三井銀行であった。当時、数万部発行されたとされる『花ごろも』の資金的支援が、三井呉服店

に入店する以前に三井銀行東京本店副支配人であった日比によって導かれていたと想定できる。すなわち、日比が銀行の広告を条件として資金援助を取り付けたことは想像に難くない。[30] 日比はモスリン商会での営業活動で培った経験を活かし、提携先としての三井銀行の広告を載せるなどのアイデアを思いつき、逆に顧客への信用獲得のための財務戦略の1つとした思惑がみえ隠れする。[31] また、三井銀行の掲載が全店員の意識に何らかの変化をもたらし、以後の営業活動に勤しんだことを十分イメージできよう。

　『花ごろも』には、経営状況が不安定であった三井呉服店の信用の回復を狙う目的があり、そのうえ同店の歴史と現況を顧客に周知させるために、高橋は「一名三井呉服店案内」と明記したと考えられる。一方で、日比は新旧店員による紛糾を鎮め、全店員を統率する呉服店の組織改革に活用し、彼は『花ごろも』を発行したのちも、それを社内において有効利用できる三井呉服店の「社内報」との期待を込めていたと推察しておきたい。

5．店員の立場からみた『花ごろも』の役割

　『花ごろも』には新たな営業方針が組み込まれていただけでなく、店員への呉服類に関する初歩的情報や営業内容・方法といったマニュアルとしての効果を持たせ、1904年（明治37）12月に三越呉服店（百貨店）へ転換した際の経営組織の確立期における新入店員にとっても必須の手本になったと考えられる。

　では、これら以外の項目で、三井呉服店本支店の営業に携わる全店員が有効活用できたと考えられる部分とは、どのような点であったであろうか。以下に、気付いた点を簡潔に記していく。

　（1）『花ごろも』冒頭には、振袖・帯地などの模様に関する相当数の挿画とそれらに関する説明書きがみられる。[32] これらが顧客の新情報となる以外に、呉服類に素人であった新店員に対しても必携書になったと考えられる。

　（2）挿画のあとの本文では、三井呉服店の理事であった高橋執筆の「模

様の説」が冒頭を飾っている³³⁾。これは彼が構想した『花ごろも』への強い思
いでもあり、かつ編者日比の配慮とも受け取れ、全店員に両者の三井呉服店
の復興策への情熱が伝わったと考えられる。

　（3）華族女学校学監の下田歌子述「本邦女子服装沿革概略」では、女性
の服装に関して古代からその当時までの沿革と婚姻の服・喪服について詳述
されている³⁴⁾。この内容は、高橋の「模様の説」とともに新店員にとって基本
的な知識として役に立ったと考えられる。

　（4）『花ごろも』の4分の1以上を占めている「江戸の風俗衣服のうつり
かわり」では、江戸期の風俗や衣服の移り変わりが6度の「節倹の法令」で
ある政治的動向を機にみられたことなどが記されている。まさしく江戸期の
流行り廃りが学べる一方で、それを作者がおもに友人の「三老人」の知識を
拝借して書き記したと、最後に述べているところは大変興味深い。この作者
は、明治期から昭和初期にかけて活躍した学者であった「大槻如電」である。
祖父に蘭学者大槻玄沢と父に仙台藩儒学者大槻磐渓を持つだけあって、健筆
な彼は1898年（明治31）11月22日から12月19日までの4週間で『花ごろも』
の中核部分を作り終えている³⁵⁾。

　（5）続く「織物の事」では、織物の国内の「沿革」と1896年（明治29）の
全国の主要な織物業の「産額」が一覧表にされ、当時の織物産地が一目瞭然
である。とくに、京都の「西陣織物」や桐生・足利・伊勢崎の三地方の「上
州織物」、東京の「八王子織物」に焦点が当てられ詳説されている³⁶⁾。このあ
との「染物之事」「呉服物の事」「衣服裁方積方の事」も大変詳しく述べられ
ている³⁷⁾。「染物之事」のなかの「附。京都模様染工場及び其意匠の事」の説
明に至っては、「発刊の辞」の「当店の実やかなる働き」以外の何ものでも
ない³⁸⁾。顧客に届けたい情報とともに、三井呉服店の新店員のためにまとめら
れた感が濃くみえ、『花ごろも』がその後入店した店員にどれほど役に立っ
たかは十分想像が膨らむ。

　（6）「流行欄」には、「御婚儀並に吉事用」の男女の衣裳とその3段階（松

竹梅）に分かれた見積もりが詳細に書かれ、当時の値段の相場がわかる。婦人・男子用の「冬物流行衣裳」「東京流行」と婦人用の「夏物流行」の衣裳、男女の流行の「袴衣裳」などを上中下や年齢ごとの段階に分けて選定しやすくし、顧客のみならず商品を説明する店員が即座に活用できる手引書になったと考えられる。[39]

（7）白峰・紅葉合作の小説「むさう裏」には衣服の描写が随所に散りばめられ、店員が女性の着衣から顧客の見極め方を習得するのに役に立ったと推測できる。[40]当時の流行の服を着こなす女性や顧客への商品提供についての接客方法を想像しながら、店員がこの小説を読んだことが目に浮かぶ。作者の１人であった尾崎紅葉が、三井呉服店の藤村を始めとした番頭たちの営業活動をイメージして、小説に織り込んでいたのではないかとも思わせる内容となっている。また、その織り込む役目をもう一人の作者であった中山白峰の方が行っていたとも考えられる。

（8）編者日比と高橋などから依頼されて書かれたことがうかがえる「襤褸集」には、当時の衣服を題材に面白い断片的な裏話が10編ほど記されている。[41]「呉服談」には都新聞の記者が理事である高橋を訪ね、日本衣服の特色や日本の呉服屋営業の困難、当時の流行などに関する問答を筆記した内容が詰め込まれている。[42]これらの内容は、高橋と日比が三井呉服店の顧客と店員の両方にとって活用でき、三井呉服店の案内になると判断したものはすべて加えて仕上げたと思わせる部分である。

（9）「日本の呉服屋と西洋の呉服屋」にこそ、これからの日本の呉服店の方向性が書かれ、そのように改革していきたいという日比と高橋の真意の１つがあったと考えられる。なぜならば、「販売所の各室」「販売所の各係」「販売の手順」「伝票法」「其他の設備」「資本の運転」「販売所の便利」などには、顧客が知る必要が、それほど感じられない多くの内容が記載されているからである。[43]ここからは、当時の三井呉服店の組織改革の実情と将来に向けたさらなる改革の抱負を載せつつ、西洋の呉服屋の営業システムのなかで活用で

きる所があれば、それらを吸収し新たな仕組みを発想せよという、まさに百貨店化の意識を店員へ植え付けようとしたメッセージだったと受け取れる。日本と西洋の呉服屋を比較して、後者の西洋の販売方式のメリットを導入する必要性を論じたことは、日本の呉服店における経営の近代化が迫っていたことを、旧店員に悟らせたいという深意が込められていたのではなかろうか。

　(10)　最後の「雑誌の批評」では、それらを『花ごろも』に転載し、顧客へは信憑性を問い、店員へは世の中から三井呉服店が注目されていることを自覚させることに活用していたとさえ考えられる[44]。ちなみに、『花ごろも』のすぐ後に発行される『夏衣』のなかに、『花ごろも』の評価が「新聞雑誌等の批評」として掲載されている[45]。日比が、そこまで見通して発行していたとしたら、マーケティング戦略を活用して経営組織改革を実行した彼の洞察力と対応力は尋常ではなかったと、高く評価しておきたい。

　以上、『花ごろも』には就中、新店員を意識して執筆された呉服類に関する豊富な情報が数多く盛り込まれていたことが明らかになった。この編纂には、三井呉服店の「大番頭」として称えられた前東京支配人であり、『花ごろも』発行時には売場監督であった藤村喜七が加わっていたことが疑う余地はない[46]。彼の呉服類に関する優れた能力と高橋・日比への貢献度については、従来の研究ではあまり見当たらない[47]。しかしながら、三井・三越呉服店関係の会社史などから判断して、藤村は高橋と日比の信頼を得て、彼らの組織改革に協力した呉服専門の第一人者であった。藤村なくしては、三井呉服店から三越呉服店へ転換するための日比のマーケティング的経営組織の改革の初手となった『花ごろも』は完成しなかった。そして、『花ごろも』の発行により高橋と日比と藤村の協調関係が一層増したのではなかったろうか。そうであれば、日比と藤村が信頼関係を構築し始めた時期が『花ごろも』の発行前後であったとみてよかろう。

6．おわりに

　『花ごろも』は従来、三井呉服店が創意工夫した流行的商品を顧客へ案内するための機関雑誌として誕生し、通信販売の拡大への大きな糸口になったという動かし難い評価がある。これには全くの異論はない。ところが、『花ごろも』にはその役割だけでなく裏面として、現代では「非売品」として社員と会社関係者に配布される「社内報」、そして後世の店員・社員にとっては「会社史」としての役目も担っていたと考えられる。

　すなわち、『花ごろも』からは高橋、日比、藤村のそれぞれが、三井呉服店を変革するためのマーケティング戦略と経営組織改革の引き金など、『花ごろも』の厚みを増すことも含め、いくつもの隠し味を巧みに紛れ込ませた感が伝わってくるのである。また、それが当時の本支店の全店員へ確実に浸透していったのではないかと考えられる。そのうえ、『花ごろも』を一読したほかの同業他社および小売業において経営改革を志していた経営者たちにとっても相当の模範書として熟読されたのではなかろうか。これらの役割を併せ持った『花ごろも』が果たした役割＝三井呉服店案内の裏面こそが、高橋と日比と藤村の秘められた使命感であったと推し量りたい。

　『花ごろも』には、顧客へ当時の「流行」＝三井呉服店の営業内容を周知するための「商業ＰＲ誌」であり、高橋と日比の先進的な考え方がみえる。一方で呉服類が三井呉服店の営業内容の主流であり、百貨店化への過渡期がうかがえるものでもあった。当時、三井呉服店の経営方針が不安定であり、三井呉服店の存続をかけた組織編成が表１のように行われるなか、日比にとっては決死の覚悟とも言えるマーケティング的経営組織の改革の第一歩が『花ごろも』の発行であった。三井家の事業再編で取り残されつつあった三井呉服店が、三井銀行をバックに経営が復興することを願って、高橋と日比が三井呉服店の企業経営的な方向性を最初に指し示したのが『花ごろも』であった。

　これ以外には、本論で述べたように新旧店員の育成的役割の内容が含まれ

ていたと考えられる。新店員には呉服類の重厚な知識と歴史的な奥深さを吸収させ、かつ呉服店経営の可能性を悟らせ、そして旧店員が蓄積してきた呉服類に関する知識を習得させるための内容であった[49]。他方で、通信販売を導入し流行的商品をスムーズに販売するために経営の近代化を推し進めるにあたっては、旧店員に対し経営・営業システムにおける一刻も早い合理化の実施にタイアップさせる狙いがあった。

　日比は、通信販売のシステムを構築するためのプロモーション戦略として『花ごろも』を発行すると同時に、全店員の認識を変えつつ新旧店員の意識を統合させるために、表2のように新規のマーケティング的経営組織の改革を積極的に推進し続けた。そして三越呉服店へ転換させるうえで、呉服店改革の決め手となったのが幹部クラスの新店員と、藤村を筆頭に通信販売の商品選別に従事させた優秀な番頭たちの意識を同時に変革させたことであった。これこそが、日比が遂行した現代に通じるマーケティング的経営組織の改革であった。

　日比は、高橋から受け継いだ『花ごろも』をそこで完結させることなく、半年後の『夏衣』、1年後の『春模様』以降、『夏模様』『氷面鏡』『みやこぶり』を発行させた。日比は、これらを月刊の「商業PR誌」としての『時好』へと変容させながら、マーケティング戦略を強く意識した組織改革を次々と展開するのであった（表2）。

　最初に『花ごろも』を構想した高橋と藤村の呉服類の情報だけでは『花ごろも』の完成はみられなく、そこに日比が資金調達を行いつつ、顧客と市場の両構造を捉えた組織改革を組み入れたことで仕上がった。日比は組織と市場と顧客の3つの視点をバランスよくみつめる眼力を持ち、それらを統合して戦略を組み立てた経営者であった。日比が『花ごろも』に入れたいくつかの戦略は、のちに日本初のデパートメントストアを編み出したパイオニアならではの新機軸を打ち出したと言え、1905年（明治38）以前の1899年（明治32）の『花ごろも』発行の時点から百貨店への転換に突き進んでいた。

『花ごろも』からは、高橋と日比と藤村が一致団結し、全店員で組織改革に挑戦した姿を掴み取ることができる。だからこそ、『花ごろも』が後世の店員・社員の回顧録や会社史の多くのなかで触れられ、三越呉服店の歴史が振り返られる際に活用された社内報となり、さらには会社史の一端として取り扱われるようになったのであろう。編者が日比となったもう1つの理由として、三井呉服店への入店早々に高橋と藤村と迅速に融和できた人間性をあげておきたい。この協調性を礎として組織改革に立ち向かった新支配人としての日比の姿勢が、『花ごろも』の奥付けの編者名として表れている。『花ごろも』は、彼が三越呉服店への転換とそれ以降に店員養成を基本とした百貨店としての経営組織の確立を導く序開きであった。

　三越呉服店が現下まで存続しているだけに、今後は組織を形作ってきた経営者や店員・社員＝「人」の視点から裏面史を探る必要がある。『花ごろも』は流行を生み出した文化的側面の出発点のみならず、経済史・経営史・商業史研究においても確実に活用できる企業経営的側面を併せ持った会社史であった。

註

1）株式会社三越本社編（2005）『株式会社三越100年の記録』株式会社三越、36頁に「最初の企業ＰＲ誌」、37頁に「わが国初の商業ＰＲ誌」とある。豊泉益三（1936）『越後屋より三越』川瀬五節堂、33頁に「我国に於ける呉服店の案内書として最初のものであります」とある。

2）日比翁助編（1899）『花ごろも―三井呉服店案内―』三井呉服店については、小松徹三編（1933）『日本百貨店総覧　第1巻　三越』百貨店商報社、64〜65頁も参考になる。

3）末田智樹（2010）『日本百貨店業成立史―企業家の革新と経営組織の確立―』ミネルヴァ書房。

4）前掲『花ごろも』を企業的な表現で評価した先行研究としては、神野由紀（1994）『趣味の誕生―百貨店がつくったテイスト―』勁草書房、63頁に「カタログ雑誌を超えた質の高い企業誌」、岡田芳郎（2017）「三井呉服店『花ごろも』1899年」（『アド・スタディーズ』59号、37頁に「顧客サービスのためだけでなく、社員、業界の意識を高めるための冊子」「企業文化がよく表れています」などが

ある。本章では、前掲拙著『日本百貨店業成立史』を中心に進めてきた百貨店史研究の方法で掘り下げながら、結論において両者とは異なった、あるいはさらに深化させた見解を提示している。なお、日比翁助の企業者活動については、拙稿（2006）「明治後期における百貨店創業期の営業展開―三越の日比翁助の経営活動をめぐって―」『市場史研究』第26号において論じ、その時より前掲『花ごろも』については三井呉服店の店員養成に寄与したと評価していたことを付しておく。その後、日比の経営・営業活動に関しては前掲拙著『日本百貨店業成立史』といくつかの拙稿のなかで発展させている。

5）『社史で見る日本経済史』第6期シリーズ（2018年10月）から復刻された。

6）瀬崎圭二（2000）「三井呉服店ＰＲ誌『花ごろも』の刊行―中山白峰・尾崎紅葉「むさう裏」をめぐって―」『日本文学』第49巻第6号、同（2008）『流行と虚栄の生成―消費文化を映す日本近代文学―』世界思想社、47～70頁において従来の研究を整理し、新見解を述べている。戦前日本の通信販売については、満薗勇（2014）『日本型大衆消費社会への胎胎―戦前期日本の通信販売と月賦販売―』東京大学出版会を参照。

7）日比翁助述・菊池暁汀編（1912）『商売繁盛の秘訣』大学館。

8）前掲『花ごろも』からの引用部分の旧字体や常用外の漢字については原則として常用漢字に改め、かな遣いは現代かな遣いとし、また読みやすくするために句読点や現行の表記に従って送りがなを適宜補った。横書きに合わせて引用資料を含め、原則算用数字とした。

9）目次には頁数が付されていないが、1頁において記載されている。

10）「明治32年1月」とされ、2頁にわたっている。

11）編者は日比になっているが、「発刊の辞」の執筆者については高橋義雄という見解がある。この点に関しては、高橋義雄（1933）『箒のあと　上』秋豊園（のち復刻版、春秋図書、1975年）324～325頁において自ら前掲『花ごろも』に携わったことを述べているほかに、林洋海（2013）『〈三越〉をつくったサムライ日比翁助』現代書館、130～131頁など、前掲『花ごろも』の発行者という見解も含め、高橋が陰の編者であったと指摘する資料・研究文献がみられる。

12）日比翁助については本書序章を参照。

13）前掲『株式会社三越100年の記録』32～35頁、前掲拙著『日本百貨店業成立史』45～49頁。

14）前掲註（11）の文献。

15）『三越沿革年表』（株式会社三越伊勢丹ホールディングス所蔵）の「明治31年（頁数なし）」。

16）『三越沿革史草稿』第11冊（株式会社三越伊勢丹ホールディングス所蔵）による

（但し頁数なし）、高橋前掲『箒のあと　上』320〜322頁。

17）前掲『株式会社三越100年の記録』36・81頁。通信販売の方法はマーケティング
　　ミックスのプレイス戦略の一環であったとも捉えることが可能である。

18）「発刊の辞」の1頁。

19）同上。

20）頁数はないが、7頁にわたってカラー刷りがみられる。

21）表2にみられるように出張販売や陳列販売、街頭での広告宣伝などさらなる営業
　　方法の工夫がみられる。

22）瀬崎前掲『流行と虚栄の生成』52頁。

23）頁数はないが、5頁にわたって掲載されている。

24）前掲『花ごろも』226〜235頁。

25）同上、231〜232頁。

26）同上、235頁。

27）同上、235〜237頁。

28）同上、238〜248頁。

29）同上、「附録」の1〜7頁。

30）発行部数については瀬崎前掲『流行と虚栄の生成』48・69頁。また、資金的援助
　　に関しては、中上川彦次郎を懇意にしていた高橋の影響力もあったと考えられる
　　（高橋前掲『箒のあと　上』201〜203頁）。

31）日比のモスリン商会での活動については、豊泉益三編（1932）『日比翁の憶い出』
　　株式会社三越営業部、9〜10頁。

32）頁数はないが、30頁にわたって掲載されている。

33）前掲『花ごろも』1〜12頁。各ページの見出しにおいて「花衣」と目次の各項目
　　が載せられ、『花ごろも』自体の宣伝が行き届くようになっている工夫も評価し
　　ておきたい。

34）同上、12〜28頁。

35）同上、29〜152頁。

36）同上、153〜168頁。

37）同上、168〜225頁。

38）同上、178〜179頁。

39）同上、248〜274頁。

40）前掲註（6）の瀬崎前掲「三井呉服店PR誌『花ごろも』の刊行」および同前掲
　　『流行と虚栄の生成』には、「むさう裏」の存在意義について最も詳しい優れた見
　　解がみられる。

41）前掲『花ごろも』275〜278頁。

42) 前掲『花ごろも』279〜294頁。

43) 同上、295〜305頁。

44) 同上、306〜311頁。

45) 日比翁助編（1899）『夏衣』三井呉服店、48〜50頁。この「報知新聞の評」には、「花ごろも　本書は三井呉服店支配人日比翁助氏の編輯したるものにして、即ち三井呉服店の案内なり。〜（中略）但し非売品なるは惜しや。」とある。続けて「文藝倶楽部第5巻第3編の評」の最後には、「尚附録として合名会社三井銀行案内あり。同銀行の起源を説き尽くして、如何に三井家が転化に其金力の勢いを張るかを証するに余りあり。」とある。

46) 藤村が越後屋に1861年（文久元）に入店した時点から1898年（明治31）までで37年ほど経過し、三井呉服店において日比の就任以前の支配人で（表1）、三井・三越呉服店の「大番頭」と評価されていた。前掲『三越沿革史草稿』第11冊（但し頁数なし）、豊泉益三編（1933）『藤村翁の想出』株式会社三越などを参照。

47) 藤村喜七については前掲註（46）の資料・文献などを活用し、三井・三越呉服店の転換・創業期や高橋・日比との関係において位置づける必要があろう。

48) 戦前における百貨店の通信販売の基本的かつ重要文献として、満薗前掲『日本型大衆消費社会への胎動』のほか、満薗勇（2009）「戦前期日本における大都市呉服系百貨店の通信販売」『経営史学』第44巻第1号、同（2015）『商店街はいま必要なのか―「日本型流通」の近現代史―』講談社、78〜124頁、同（2021）『日本流通史―小売業の近現代―』有斐閣、54〜68頁をあげておきたい。

49) 著者は派遣社員として全国の百貨店を巡った際に、各店舗の情報や商品の特徴をまずマスターしなければならなく、その時に参考にしたのが、各百貨店のマニュアルと商品類が掲載されたカタログであった。著者には商品知識の習得に明け暮れた思い出が数多くあり、120年前においてそのような役目を前掲『花ごろも』が受け持ち、これを活用して当時の店員は自ら販売する呉服類を中核とした商品知識について修習したのではないかと重ねている。前掲『花ごろも』が店員によって会社の歴史や現況を確認され、商品知識を高めるためのバイブル的存在になったことを著者は自らの経験からは疑いようもなく、顧客は情報誌・読み物として眺めたのに対し、当時従事していた店員、それのみならずその後三越に入社してきた社員らが最も深く読んだことを想像するのである。前掲『花ごろも』が『社史で見る日本経済史』シリーズから刊行されたことは、今後の百貨店史研究にとって非常に有意義である。前掲『花ごろも』を活用して、百貨店組織内部と現在の小売業界を広く見渡す力を兼ね備えた百貨店勤務のある現場経験者による、前掲『花ごろも』と本書第2章で紹介する日比翁助編（1900）『春模様』三井呉服店など三井呉服店時代の「会社史」を活用した史料検証的、そして学術的な位

置づけを試みる百貨店史研究が進展することを願うばかりである。

第 2 章　営業部長日比翁助の模索
―『春模様』から探る三井呉服店の経営方針―

1 ．はじめに

　『春模様』は、1900年（明治33）1 月 1 日に三井呉服店から発行されたものである。

　編輯兼発行者（以下、編者）は、『春模様』の奥付けに記載されているように合名会社三井呉服店営業部長であった日比翁助である。この『春模様』は、前年に当たる1899年に発行された『花ごろも』（明治32年 1 月 1 日）と、続く『夏衣』（明治32年 6 月 8 日）のあとの 3 番目に発行されたものである。[1] 2 番目の『夏衣』発行後の同じ 6 月中下旬には、「新商法実施ノ結果、各店支配人ノ役名改メ、本店支配人ヲ営業部長、其他ヲ支店長及所長トナス」とあり、三井呉服店の新たな営業展開のための経営方針が定まりつつあったことがわかる。[2]

　本章では、主に『花ごろも』『夏衣』と『春模様』を比較しながら、『春模様』の特色を導き出し、それらの考察から判明する『春模様』の位置づけと発行された意義を考えてみたい。なお、『花ごろも』の位置づけと発行意義については前章で論じたが、本章と密接に関係している。また、『夏衣』については随時、本章において特色の説明を加えることにする。

2 ．『春模様』の挿画からみえる特色

　『春模様』の「端言」には、「流行の春模様を御覧に入れまして、替る御用を相願いますが、此冊子を発行致しましたる主意で御座ります」とある。そして「端言」には、「御愛顧」「御贔屓」を願うために、春の季節を感じる流行的商品を紹介すると強調されている。[3] しかしながら『春模様』を注意深くみてみると、実際には日比が新たな宣伝効果を狙うプロモーション戦略を

図りつつ、成功に導くために彼が模索していたことがうかがえる。

　『夏衣』以降の編纂に関しては、1898年（明治31）に三井鉱山理事を兼任し忙しくなった高橋義雄の手を離れ、日比が先頭を切って発行したとの見解がみられる。同じことが三越関連の資料・会社史などから判断でき、また以下の検討からも、日比がプロモーション戦略を推進することを強く意識していたことが理解できる。『花ごろも』の編纂では高橋が尾崎紅葉に依頼し、彼が「むそう裏」を執筆したとされる経緯は知られている。『夏衣』と『春模様』ではその小説の類いがなくなって、当初の発行誌としての大きな特色が消えている。そこで編者日比の意図を探りつつ、『春模様』の特色をみていこう。

　「端言」の次頁となる内容の冒頭には、「此図は当店が其筋の命を蒙り昨秋桐生の織元を指揮して東宮殿下の御召羽二重を織らしめたる写真」が掲載されている。写真の中央には「東宮殿下　御用品製織機」とある。日比は、1900年（明治33）5月10日にご成婚された東宮殿下（のち大正天皇）の奉祝の前段階として、三井呉服店のプライベートブランドとして『春模様』において「羽二重」を広告することで、営業に直結させたマーケティングのプロモーション戦略を手掛けていたと考えられる。その時の記録が、『三越沿革年表』の同年5月に「東宮殿下御慶事御用品拝命総額6,000余円」とみられる。この写真のあとに4点の羽二重の挿画が続き、それらがあたかも上述の御用品の雰囲気を醸し出し、特別に製作した羽二重として販売に繋げるための冒頭での写真掲載であったと十分推測できる。

　日比が、この戦略を仕掛けた背景にはある動向が関わっていたと考えられる。つまり当時の三井呉服店には、羽二重の営業に軸足を置かねばならない理由があったのである。それが、『花ごろも』『夏衣』とは違った『春模様』の第1の特色にあげておきたい。1898年11月には、三井工業部の廃止によりその傘下にあった紡績・製糸工場が呉服店へ移管された。これを受けて翌1899年（明治32）8月に羽二重の産地であった福井市に、輸出向けの羽二

重・生糸を集荷するために出張所を設置する動きがみられた。その後、同年
11月から福井出張所を本格的に開始した[9]。

　この点は後述するが、『春模様』では「三井呉服店本支店事業の説明」の
部分に福井出張所が加わっている[10]。『春模様』発行後の同年1月12日には、
「日比営業部長ハ三井物産営業部長福井菊三郎ヘ協議シ、相協力シテ羽二重
海外輸出ノ計画ヲナス」とあり、羽二重の「取扱」に力を入れ始めたことが
わかる[11]。三井呉服店は工業部傘下の工場を呉服店へ移管されたことで、羽二
重の海外輸出に比重を置かねばならなくなり、日比らはその三井家同族会か
ら降ってきた事業方針を受け入れつつ新規開拓的な営業に挑んだのである。
その結果として、御用品拝命と羽二重販売を重ね合わせた日比の戦略が、
『春模様』の冒頭を飾った写真と挿画となって表れていたと考えられる。

　その後に友禅染の模様と縮緬が描かれた製品の挿画などが続くが、これら
は『花ごろも』『夏衣』『夏模様』ではメインの挿画となっていた[12]。ところで、
一層興味深いのは「大日本端艇聯合競漕会端艇優勝旗」「熊本商業学校野球
優勝旗」「九鍊端艇倶楽部端艇優勝旗」「慶應義塾優勝旗」などの「優勝旗」
や、「日本郵船会社の印半天」「時事新報社懸賞化粧廻し」が挿画の最後の部
分を占めていたことである[13]。『春模様』の挿画が呉服類だけでなく、それら
以外の刺繡を施した製品がみられたことであり、これらの商品を調製してい
たことが判明する。

　三井呉服店では、1899年8月に「各販売店ニハンカチーフ、緞子、洋服地、
卓被、友仙服地、白紋羽二重、薄琥珀等、西洋人向キノモノヲ備エ置クベキ
コトヲ達ス」や、同年10月には「横浜外国商館ニ絹織物売込業ヲ始ム」とあ
る[14]。紛れもなく日比が、幅広い商品を外国人向けの営業展開として経営方針
に組み込んだのであろう。同年11月1日には横浜出張所を移転し、横浜と福
井の両出張所体制が整うことで、日比が羽二重の海外輸出に力点を置き始め、
それとともに海外向けとしても通用する華やかな刺繡の作品を『春模様』に
掲載したと考えられる[15]。これが、『春模様』の写真・挿画部分の第2の特色

とみてよかろう。

　ところで三井呉服店のほかに、同時期に高島屋が宮内省御用達や海外輸出の営業展開を始動させ、それを契機に経営発展をみせている。[16]両呉服店の営業展開は、明治30年代において呉服店の経営方針が模索された結果による新たな営業ルートの開拓とそれらが成功していたことを意味していた。なお、現在（コロナ禍以前）の百貨店の営業展開が訪日外客への販売にウェートを置いている。[17]地域的には限定されるものの、類似する現象が明治中後期にみられた点は、まさに歴史が繰り返されていることの何よりの証明となろう。

３．『春模様』の目次からみえる特色—『花ごろも』『夏衣』との比較—

　『春模様』の目次は、「端言」「挿画」「記事」の３つに分けられる。[18]「記事」の項目のなかに「三井呉服店本支店事業の説明」がみられ、それが上述の「（前略）化粧廻し」のあとの１頁から始まっている。『春模様』の目次については、『花ごろも』『夏衣』を併せて表１にした。ほぼ同じ構成であったことがわかるものの、微妙に異なっていたことにも気づかされる。『夏衣』の目次には、「三井呉服店本支店事業の説明」のすべての見出し〔表１の（1）〜（21）〕が掲げられているものの、この詳細な目次は『花ごろも』と『春模様』の冒頭の目次には記されていない。

　表１をみると、『花ごろも』との大きな違いは、『夏衣』から「（21）御注文の栞り」が登場していたことである。この登場の背景には、1899年（明治32）3月に「外売係通信部」が新設されたことがあり、表１の「（10）地方の注文に応ずる事」とは別に6項目で記されている。[19]それが『春模様』では、「（25）市外御注文の栞り」（以下、栞り）と「市外」が付き、栞りの部分が「端言」と同様な赤紙となって、『夏衣』の朱色の頁と比べより一層目立つように変化していた。しかも内容の頁が『夏衣』では１頁であったのが、『春模様』では6頁に増加し、子細な説明が加えられている。『春模様』の編者兼営業部長であった日比と売場監督の藤村喜七が、顧客が注文をしやすいよ

表1　各書の「三井呉服店本支店事業の説明」見出しの比較（その 1 ）

『花ごろも』(明治32年 1 月発行)	『夏衣』(明治32年 6 月発行)	『春模様』(明治33年 1 月発行)
（1）三井呉服店 (の当時の動向)	（1）三井呉服店の営業	（1）三井呉服店本支店事業の説明
（2）三井呉服店の営業	（2）三井呉服店の商標	（2）三井呉服店の商標
（3）三井呉服店の商標	（3）三井呉服店の本支店及び出張所	（3）三井呉服店の本支店及び出張所
（4）三井呉服店の本支店及び出張所	（4）販売店 (の紹介と所在地)	（4）呉服物販売店
（5）販売店 (の紹介と所在地)	（5）販売品の事	（5）商売の多少を問わざる事
（6）販売品の事	（6）商売の多少を問わざる事	（6）現金正札付の事
（7）商売の多少を問わざる事	（7）現金正札付の事	（7）陳列場の事
（8）現金正札付の事	（8）陳列場の事	（8）品物を持ち出して売る事
（9）陳列場の事	（9）品物を持ち出して売る事	（9）地方の注文に応ずる事
（10）品物を持ち出して売る事	（10）地方の注文に応ずる事	（10）寄切室の事
（11）地方の注文に応ずる事	（11）寄切室の事	（11）呉服物切手の事
（12）寄切室の事	（12）呉服物切手の事	（12）新案の模様縞柄の事
（13）呉服物切手の事	（13）新案の模様縞柄の事	（13）誂物の事
（14）新案の模様縞柄の事	（14）誂物の事	（14）為替振込所の事
（15）誂物の事	（15）為替振込所の事	（15）呉服物仕入店 (の紹介と所在地)
（16）為替振込所の事	（16）仕入店 (の紹介と所在地)	（16）仕入れ及び伏せ機の事
（17）仕入店 (の紹介と所在地)	（17）仕入れ及び伏せ機の事	（17）染物工場の事
（18）仕入れ及び伏せ機の事	（18）染物工場の事	（18）輸出織物店
（19）染物工場の事	（19）輸出織物店の事	（19）輸出織物取扱の事
（20）輸出織物取扱店	（20）輸出織物取扱の事	（20）生糸製造所
（21）輸出織物取扱の事	（21）御注文の栞り	（21）製造品の事
		（22）販売の事
		（23）器械及び製造高の事
		（24）紡績所
		（25）市外御注文の栞り

備考）（カッコ）内は補足のために著者が加えた。また、表記を統一した。
出所）『花ごろも』『夏衣』『春模様』より作成。

うに工夫して掲載を指示していたとの推測が可能である。

　その栞りは、「当店は土地の遠近を問わず手広く営業致し候ものなれば、北は北海道の果より南は台湾の隅々までも御得意の数は限りなく、御蔭を以て日増に繁昌致し」から書き始められ、全国および台湾への通信販売を展開していたことが読み取れる。[20]　日比は、三越呉服店（以下、本章ではおもに三越呉服店に統一）へ転換したのちの1906年（明治39)10月韓国京城に出張員詰所を設置し、海外への営業展開に踏み込んでいくが、その先駆け的な経営方針がすでにみられた。[21]　日比が、三井呉服店営業部長であった時期から海外展開

を思案していたことがうかがえる。

　さらに、栞りには「外売通信係と申候一の係を置き、老練なる番頭を始め何れも此道に精しきもの数十人を選みて其掛員となし」たと記される[22]。ここからは、旧店員を中心とする番頭の仕事ぶりを宣伝していたと捉えることができる。このあとに、商品の選定から注文の仕方や注文後の配送に至るまでの手順が事細かに記載されている。そのなかにも、「当店係りのもの数十人にて相当の模様・縞柄等、御年頃に合わせ、流行に後れぬ様、幾百反の品物の内より撰別し、扠て其上尚お上役の番頭3、4名にて再び綿密なる調べを為し、直ちに取り揃え御送り申すべし」とあり、通信販売における腕利き番頭の奮闘振りが理解できる[23]。

　そのうえ、「御婚礼其他重要なる御儀式の時、御着用の為め、特に衣裳類御新調の節には当店抱置の画工に申付、先例など取調べの上、其場合に適当なる模様の下画を作らせ、之れを御目に掛け、御気に入りたる上にて夫れ熟練なる職方に申付、念入れ調整致すべく候」や、「当店内には綴織の職工・繍物師・紋書師等何れも其道に鍛錬のものを集め抱え置き候」と書かれている[24]。三井呉服店内の豊富な職人集団の存在と、そこでの生産活動が充実していた様子が栞りに組み込まれていた。これらと同時に、栞りの内容からは現代の三越に繋がる三井呉服店の接客方法の発端がみえる。直接顧客との対話でない通信販売であったにもかかわらず、「当店へ御出向きの上、御買求め相成候ものと同然、品物は正札付なれば直段に二様あることなく」を含め、顧客に対する接客サービスを活かした明治後期の三井呉服店の有様が、現代における三越が「おもてなし」と掲げる経営方針に結び付いているかのように想像できるのである[25]。

　既述の内容は『夏衣』にはみられなく、『春模様』の発行時期に至り三井呉服店の通信販売システムがようやく整備されてきたと考えられる[26]。加えて、番頭を中核とした店員の存在があってこそ優れた商品の販売が可能となっていたことを的確に示している。なお、これらの内容は『夏模様』『氷面鏡』

に引継がれているものの、一部変化がみられ、かつ細目の順番の入れ替えが
みられる点からして、通信販売システムの構築に試行錯誤していたことが知
れる。例えば、『春模様』では「絹織物類の運賃は総て当店にて御引受可申
候」だったのが、『夏模様』『氷面鏡』では「台湾の外総て当店にて御引受」
として、台湾が運賃無料の地域から除外されていた。²⁷⁾通信販売システムは、
その確立のために『春模様』から『夏模様』にかけて模索されていたのであ
ろう。以上のように『春模様』が発行された時期を、地方と海外へ向けた通
信販売による営業システム強化の出発点として把握することができる。

　表1において見いだすことができるもう1つの相違点は、『春模様』の
(20) 以降 (24) までの「生糸製造所」「製造品の事」「販売の事」「器械及び
製造高の事」「紡績所」が、10頁にわたり追加されていたことである。²⁸⁾この
背景には、先述のように1898年（明治31）11月に三井工業部の廃止によって、
紡績事業（新町・前橋の2つの紡績所）および製糸事業（富岡・大崎・名古屋・
三重の4つの製糸所）が三井呉服店に引き継がれていたことがあった。²⁹⁾ところ
が、『花ごろも』『夏衣』では上述の項目は反映されていなかった。つまり、
この経営方針が明確に現れたのが『春模様』であった。

　三井呉服店では羽二重のほか、紡績事業に奔走しなければならなくなり、
前述の如く日比は羽二重の海外輸出戦略に身を投じたのであった。『春模様』
発行と同時期の1899年（明治32）1月には、「和田豊治ヲ雇入レ、紡績事業視
察ノ為メ米国へ出張ヲ命ジ、26日出発ス」と「製糸事業取調ノ為メ三重製糸
所長野口寅次郎ヲ仏・伊両国ニ出張ヲ命ジ、31日出発ス」とみられる。³⁰⁾日比
が新規事業のために人材を登用し、さらに彼らの活動を後押しした意欲的な
姿勢がうかがえ、その動向が『春模様』からも推測できる。³¹⁾ここにも、三井
家同族会の事業方針に振り回されながらも、新たな経営方針とマーケティン
グ戦略を冷静かつ素早く遂行した日比の姿が浮かび上がる。

　ところで、表1の『花ごろも』『夏衣』には「織物類」や「当時の流行物」
が掲載された「販売品の事」がみられたが、『春模様』では先の新規事業を

強調するためか、逆に省略されている部分がある。このようにみてくると、『夏衣』と『春模様』では、「三井呉服店本支店事業の説明」の部分が「挿画」以外で主要な内容であったことがわかる。これら以外に『春模様』では、「三井呉服店本支店事業の説明」のあとに、「髪置、袴着、帯解の祝衣」「御礼式用御衣裳見積表」「流行冬物の服装」「呉服物代価表」「全国懸賞図案募集の始末」「流行談」が続き、通信販売に役に立つ有益な情報や「流行」の表現を前面に押し出して、冬の時期と春到来に合せて日比の新製品・広告的なマーケティング戦略が表現されていたと考えられる。[32)]

　呉服類の新情報を集約し、流行的商品の製作に貢献していた売場監督であった藤村がサポートする情景が、『春模様』を熟読した筆者の脳裏にちらつくのである。それに見落としてはならない点は、「流行談」の作者が高橋義雄であったことである。この内容は、「流行の衣服」として1899年10月発行の「中央新聞」に掲載されたものの再収録であった。[33)]三井呉服店のすべての事業を取り仕切る営業部長日比に経営方針を任せたとはいえ、理事である高橋においても三井呉服店での責務を全うすることへの強い責任感が継続していたことは言うまでもない。

　ちなみに、『夏衣』では「御婚儀並に吉事用御衣裳積書」「婦人夏物流行衣裳」「男子夏物流行衣裳」「婦人流行透模様長襦袢帯の嗜好」「呉服反物代価附」などが掲載されていた。[34)]これらにより『夏衣』と『春模様』には、常に新たな商品を生み出しつつ、流行を先取りする現代の百貨店における経営方針の源流がみられたと言えよう。なお、『春模様』の「呉服物代価表」と『夏衣』の「呉服反物代価附」には、「白地類、色染類」や「夏物男子向縞着尺類・単羽織地類」などの豊富な商品が価格とともに委細に記されている。[35)]これは『花ごろも』には見受けられなかった通信販売向けの情報であり、かつ店員に対する参考資料がしっかりと掲載されていた。

　「新聞雑誌の評」では、三井呉服店が東京、大阪、横浜などの繁華街で四季に合わせた流行衣服の雛形を示すために流行品を着飾る婦人絵を掲示する

計画をたて、最初に東京の新橋停車場において催した内容を取り上げた記事を載せている。³⁶⁾まさしく、現代のポスター宣伝によるプロモーション戦略を実践していたことが判明する。続いて『夏衣』については、「本年も流行に先ち夏着に対する新意匠を凝らし」などと高く評価された記事を掲載している。³⁷⁾そのうえ、三井呉服店の店員の動向が読み取れる「祝衣視察」が載せられている。³⁸⁾ここでは、三井呉服店の店員が永田町日枝神社と神田明神内を視察して流行を調査し、その結果を持ちあって研究している鮮明な状況が書かれていた『時事新報』と『報知新聞』の記事を紹介していた。この点については少し後になるが、1900年（明治33）10月18日には、「各新聞記者ヲ招待シ披露会ヲ開ク、店内ニ休憩室ヲ設ケタルコト亦此時ニ始マル」との日比のさらなる攻勢がみえ、彼が新聞記事をプロモーション戦略の一環として日頃から積極的に活用していたことは確かであった。³⁹⁾

　『春模様』の最後には、「附録」として『花ごろも』同様に「合名会社三井銀行案内」が記載されている。⁴⁰⁾問われるまでもなく、通信販売のスムーズな展開と資金調達および顧客に対する信用面からして、三井銀行をバックに日比が営業活動を継続していたことは疑いようもなく、この案内が『氷面鏡』まで巻末に掲載された。⁴¹⁾

　なお、『春模様』の別紙付録として「東京三井呉服店案内図」（以下、案内図）があり、直接店舗に赴いた顧客に対して各商品の売場配置が即座に掴めるような心遣いがうかがえる。それに、『春模様』で紹介した以外の幅広い商品を売場ごとに販売していうる様子も知れ、顧客の信用を獲得する重要な店内の案内図となっていた。この案内図は、その後の多くの呉服系百貨店が発行する店内案内図の発端となったと考えられる。⁴²⁾

　さらに、案内図の端には地方からの注文方法について簡略に記されている。直接売場において購入する顧客のみならず、通信販売を利用する顧客に対する配慮もみてとれる。これも当時、日比が模索していた経営方針が表れた一断面であったと理解したい。この図と類似する図が『氷面鏡』にみられたも

のの、『みやこぶり』には「店内めぐり」として文面による紹介に変化して
いた。その後も日比の試行が続いたのであろうが、彼は模索しながらも顧客
の信頼獲得に繋がる通信販売やプロモーション戦略などの経営方針を捻り出
し、同時に三越呉服店の店内についても整備を進めていった。

4．『春模様』とその後の発行誌との比較

　『春模様』の後続誌には、日比翁助編として『夏模様』〔1900年（明治33）
6月21日発行〕、『氷面鏡』〔1901年（明治34）1月1日発行〕、『みやこぶり』
〔1903年（明治36）11月24日発行〕の3編がある。まず、「三井呉服店本支店
事業の説明」の相違点を確認するために表2を作成した。表1・2の6編が
発行された大きな理由には、「新聞雑誌の評」として次の発行誌に紹介され、
頗る好評の記事ばかりであったことがあげられる。この意味では、各評価の
記載部分は当時の三井呉服店の営業活動を物語るうえで貴重な資料となり、
のちの社内報・会社史としての役割を果たす側面に追加できると考えられる。
とくに、三越呉服店にはのちに会社史が発行されて営業内容を把握すること
ができるものの、三井呉服店については会社史が残されていなく、また三越
呉服店の会社史に書かれた三井呉服店の経営展開・営業内容の箇所も少ない。
したがって、社内報・会社史として有効活用できるのが『春模様』を始めと
した表1・2の6編であろう。

　製糸・紡績事業が、『春模様』から『氷面鏡』までの「三井呉服店本支店
事業の説明」（表2）に記載されていたが、『みやこぶり』では消失している。
『みやこぶり』の時期には、日比は再び流行を意識した呉服類の商品開発と
それらを販売するためにマーケティング的経営組織の改革に主眼を置き、独
立して百貨店を実現するために突き進んでいた。『春模様』では「市外御注
文の栞り」であったのが、『夏模様』『氷面鏡』では「(25) 地方御注文の栞
（り）」へ変化している。これは、『春模様』発行後の1900年（明治33）5月に
「外売通信係」が「地方係」への改称を受けてであろうが、先述の通りさら

表2　各書の「三井呉服店本支店事業の説明」見出しの比較（その2）

『夏模様』(明治33年6月発行)	『氷面鏡』(明治34年1月発行)	『みやこぶり』(明治36年11月発行)
（1）三井呉服店事業の説明	（1）三井呉服店の商標	（1）三井呉服店案内
（2）三井呉服店の商標	（2）三井呉服店事業の説明	（2）（三井呉服店の本支店及び出張所）
（3）三井呉服店の本支店出張所及び工業所	（3）三井呉服店の本支店出張所及び工業所	（3）（三井呉服店事業の説明）
（4）呉服物販売店（の紹介と所在地）	（4）呉服物販売店（の紹介と所在地）	（4）（三井呉服店の商標）
（5）商売の多少を問わざる事	（5）商売の多少を問わざる事	（5）現金正札付の事
（6）現金正札付の事	（6）現金正札付の事	（6）陳列場の事
（7）陳列場の事	（7）陳列場の事	（7）品物持参の事
（8）品物を持参して売る事	（8）品物を持参して売る事	（8）地方より注文の事
（9）地方の注文に応ずる事	（9）地方の注文に応ずる事	（9）呉服切手の事
（10）寄切室の事	（10）寄切室の事	（10）新柄陳列会の事
（11）呉服物切手（の）事	（11）呉服物切手の事	（11）寄切れ売出しの事
（12）新案の模様縞柄の事	（12）新案の模様縞柄の事	（12）諸官省御用の事
（13）誂物の事	（13）誂物の事	（13）誂ものの事
（14）為替振込所の事	（14）為替振込所の事	（14）新意匠の事
（15）呉服物仕入店（の紹介と所在地）	（15）呉服物仕入店（の紹介と所在地）	（15）時好発行の事
（16）（仕入れ及び伏せ機の事）	（16）（仕入れ及び伏せ機の事）	
（17）染物工場	（17）染物工場	
（18）輸出織物店	（18）輸出織物店	
（19）（輸出織物取扱の事）	（19）（輸出織物取扱の事）	
（20）生糸製造所	（20）生糸製造所	
（21）製造品の事	（21）製造品の事	
（22）製品販売の事	（22）製品販売の事	
（23）器械及び製造高の事	（23）器械及び製造高の事	
（24）絹糸紡績所	（24）絹糸紡績所	
（25）地方御注文の栞り	（25）地方御注文の栞	

備考）（カッコ）内は補足のために著者が加えた。また、表記を統一した。
出所）『夏模様』『氷面鏡』『みやこぶり』より作成。

なる改良が施されていた。[45]

　『夏模様』では、「春模様の評」として11頁にわたり新聞記事を載せることで『春模様』が高く評価されていたことがわかる。[46]日比が新聞記者に対して非常に友好的であったことは上述した通りであり、彼は新聞記事を巧みに使いこなした。このプロモーション戦略は、三井呉服店が発案した流行的商品の販路拡張を目指す重要な経営方針であったと評価できる。日比は自らの発

行誌の高評価に繋げ、それらの記事を転載して店舗に直接来訪できない、とりわけ地方の顧客に配布することで彼らの信用を掴み取ることに成功した。

　『夏衣』と『春模様』に小説の類いが掲載されなかったことは述べたが、『夏模様』と『氷面鏡』において、それを復活させて最初の『花ごろも』の形態に戻している。この切り替えの理由としては、『夏衣』と『春模様』の評価を受けた結果によるものとの憶測の域が出ない。一方では、『氷面鏡』の冒頭の「題氷面鏡辞」が尾崎紅葉の筆であったために、尾崎が特別に実質的な編集を担当し、彼と三井呉服店との強い縁があったとの指摘がある。[47] おそらく『夏模様』で復活した尾崎の小説が再び顧客の間や新聞記事で話題となり、日比が、次の『氷面鏡』では尾崎が編集に携わるように仕向けたとの一局面の想像も出てこよう。いずれにしても、『氷面鏡』の奥付けの編者は日比と書かれているため、小説の復活は『夏衣』『春模様』と２編続いたのちの、日比が発行誌の模様替えを狙った新たなプロモーション戦略の一手であったとの解釈も成り立つ。

　表1・2を含めて、これまで分析してきたように『春模様』には、『花ごろも』『夏模様』『氷面鏡』とは異なったいくつかの要素がみられた。従来、『春模様』が上述の３編に比べ着目されなかっただけに本書で考察した意義は高い。

　『みやこぶり』の後続誌として『時好』が発行された。この点については、表2の『みやこぶり』の「(15) 時好発行の事」としてみえる。[48] 『時好』の存在は、その後に三越呉服店が百貨店としてスタートを切った際の初期の機関雑誌として大きな役割を果たすものの、そこには「三井呉服店本支店事業の説明」のような営業内容を明確に説明しているところがなく、社内報・会社史的役割は持ち合わせなくなる。したがって表1・2に掲げられた部分は、三井呉服店の営業内容やそれらの変化、さらには日本小売業界の近代化の道を切り開いた、日比をコアとした三越呉服店への転換過程を深く考察するうえで最重要な資料と判断できる。

　というのは、三越の会社史に当たる『日本百貨店総覧第1巻　三越』（本書第3章）、『大阪三越30年史　全』および『開設30周年記念　輝く大阪三越』（本書第4章）のなかに、表1・2の「三井呉服店本支店事業の説明」から引用された部分がみられる。[49]これらは、三越呉服店への転換過程を紹介する部分として活用されており、後世の編纂担当者が表1・2の6編を参考にしたのであろう。そして、これら3編を中心に他の三越の成立史に関する資料・文献においても、三井呉服店時代の実態を垣間見るために、6編の存在とそこから知れる動向が常に触れられてきたことを最後に指摘しておく。

5．おわりに

　『春模様』について、その前後に発行された『花ごろも』を筆頭とした5編と比較しながら紹介してきた。最後に、以下の3点に整理しておこう。

　第1。『花ごろも』と『夏衣』の続編として発行された『春模様』の内容から、1900年（明治33）1月には三井呉服店の通信販売による営業システムが構築されていたことが判明した。そして、この営業システムの強化が『春模様』から『夏模様』にかけて進められ、三越呉服店に受け継がれていった。

　第2。『春模様』発行の時期には「三井呉服店本支店事業の説明」に追加項目がみえたが、そこから経営方針が変化していたことが明らかになった。日比は、『春模様』が発行された時期に三井家同族会の事業方針の影響を受けて羽二重と生糸・紡績業の生産と販売に力を注ぎ、それを東宮殿下御用品と掛け合わせた営業戦略として見事に講じていた。『春模様』前後に発行された5編にみえる経営方針とはかけ離れており、ここから日比が経営方針を常時模索していたことが汲み取れる。日比は経営方針の変更の必要に迫られ、そのためマーケティング的組織改革に苦心しながらも、新たな経営方針を『春模様』を通して繰り広げていた。

　第3。日比は6編を刊行しつつ次の『時好』の発行を立案しながら、1905年（明治38）1月2日の「デパートメントストア宣言」に繋げた。この重要

なステップを推し量るうえで、『春模様』発行前後の経営動向を見極めることは大切である。この時期に日比が経営方針の変更を余儀なくされたにもかかわらず、『春模様』の中身を巧妙に活用し発行したことは、後続誌の『夏模様』『氷面鏡』で内容を変化させつつ上手に経営方針を連接させる弾みとなっていた。[50]

　以上、『花ごろも』から『春模様』までの時期を見通すだけでも、三井呉服店において日比を中軸としてマーケティング的経営組織の改革案が策定され、経営業績を上昇させるために実行に移されていったことが把捉できる。とくに、『春模様』が発行された1900年1月前後は、日比が工業部傘下の工場を引き継いだのちに経営方針を模索した頃であり、これらの紆余曲折をへて日本で最初の大規模小売業としての百貨店が編み出される過渡期を示していた。

　『花ごろも』と同様に『春模様』も、また三井呉服店の経営改革を解き明かす貴重な資料であることは明瞭であり、三井事業の再編を背景に前進し続けた小売業経営の先駆者日比翁助が確かに想像できる。『春模様』は、彼が暗中模索のなかにも獅子奮迅の企業者活動をみせたことを十二分に感じ取ることができる経済史・経営史的に絶好の資料とも言える。2018年（平成30）にゆまに書房から『花ごろも』と『春模様』が同時に復刻されたことで、現在の三越が120年前から日本百貨店業の成立・発展過程のみならず商業界全体に果たしてきた中心的な役割が一段と鮮明となり、三越の顧客に対する営業振りにさらなる信義が増すことになろう。

註
1）日比翁助編（1900）『春模様』三井呉服店。同編（1899）『夏衣』同呉服店。なお、同編（1899）『花ごろも—三井呉服店案内—』同呉服店については本書第1章を参照。
2）『三越沿革年表』（株式会社三越伊勢丹ホールディングス所蔵）の「明治32年（頁数なし）」。株式会社三越本社編（2005）『株式会社三越100年の記録』株式会社三

越、36頁。なお、前掲『春模様』などからの引用部分（表1・2を含む）の旧字
体や常用外の漢字については原則として常用漢字に改め、かな遣いは現代かな遣
いとし、また読みやすくするために句読点や現行の表記に従って送りがなを適宜
補った。横書きに合わせて引用資料を含め、原則算用数字とした。

3 ）頁数はないが、2頁にわたって掲載されている。

4 ）高橋義雄（1933）『箒のあと　上』秋豊園（のち復刻版、春秋図書、1975年）323
　　〜324頁。

5 ）同上、324〜326頁。

6 ）頁数はないが、1頁にわたって掲載されている。

7 ）前掲『三越沿革年表』の「明治33年（頁数なし）」。

8 ）説明文と挿画を併せて6頁にわたって掲載されている。

9 ）前掲『株式会社三越100年の記録』35〜36頁、『三越沿革史草稿』第11冊（株式会
　　社三越伊勢丹ホールディングス所蔵）による（但し頁数なし）。

10）前掲『三越沿革年表』の「明治32年（頁数なし）」。

11）前掲『三越沿革年表』の「明治33年（頁数なし）」、前掲『三越沿革史草稿』（頁
　　数なし）。

12）日比翁助編（1900）『夏模様』三井呉服店は1900年（明治33）6月発行である。

13）前掲『夏模様』92〜94頁には、「優勝旗ノ評」として『中外商業新報』と『大阪毎
　　日新聞』の記事が転載され、『春模様』に掲載された以外に、三井呉服店意匠係
　　が「妙趣」に製作し「寄贈」した優勝旗があったことがわかる。

14）前掲『三越沿革年表』の「明治32年（頁数なし）」。

15）同上。

16）髙島屋150年史編纂委員会編（1982）『髙島屋150年史』株式会社髙島屋、63〜74頁。

17）COVID-19（新型コロナウイルス感染症）が拡大した2020年（令和2）以前の展
　　開である。この点については、『ストアーズレポート　2018年全国大型小売業現
　　況レポート』株式会社ストアーズ社、2018年6月号、『同レポート　2019年全国
　　大型小売業現況レポート』同社、2019年6月号などを参照。

18）前掲『春模様』目次の1〜4頁にわたって掲載されている。

19）前掲『株式会社三越100年の記録』36頁。

20）前掲『春模様』53〜58頁。

21）前掲『株式会社三越100年の記録』67頁。

22）前掲『春模様』53頁。

23）同上、55頁。

24）同上、54・56〜57頁。

25）土屋晴仁（2016）『ここに日本がある三越日本橋本店に見る〝もてなしの文化〟』

IBCパブリッシング株式会社、株式会社三越伊勢丹ヒューマン・ソリューションズ（2017）『誰からも信頼される三越伊勢丹の心づかい』株式会社KADOKAWAなどからも、現在の株式会社三越伊勢丹ホールディングスの重要な営業方針であることがわかる。便宜上、本文では「三越」と表現している。

26) 日比翁助編（1903）『みやこぶり』三井呉服店には「御注文の栞り」はみられない。『時好』には「御注文の栞り」がみられるものの、本文で記した番頭の奮闘振りが描かれた文面はなく簡略化され、おもに注文・発送の方法や手順だけでわかりやすくなっている。この意味では前掲『春模様』、前掲『夏模様』、日比翁助編（1901）『氷面鏡』三井呉服店の「御注文の栞り」の内容は貴重な史料となる。なお、三井呉服店大阪支店が発行した全12頁の『冬衣の御注文の栞』が残っており、内容から判断して、前掲『氷面鏡』と『時好』の間に発行されたものと考えられる。

27) 前掲『春模様』58頁。前掲『夏模様』は22頁と23頁の間、前掲『氷面鏡』は22頁と23頁の間に挿入されている。

28) 前掲『春模様』13〜22頁。

29) 前掲『株式会社三越100年の記録』35頁。

30) 前掲『三越沿革年表』の「明治33年（頁数なし）」。

31) 三井呉服店への工業部の移管による日比の経営方針の転換とその苦心については、前掲『三越沿革史草稿』第11冊、（但し頁数なし）に詳細に書かれている。

32) 前掲『春模様』23〜76頁。

33) 同上、65〜76頁。

34) 前掲『夏衣』15〜44頁。

35) 前掲『春模様』42〜52頁、前掲『夏衣』36〜44頁。

36) 前掲『春模様』77〜80頁。

37) 同上、80〜82頁。

38) 同上、82〜84頁。

39) 前掲『三越沿革年表』の「明治三十三年（頁数なし）」。

40) 前掲『春模様』附録1〜7頁。前掲『花ごろも』附録1〜7頁。

41) 前掲『氷面鏡』附録1〜7頁。

42) 松坂屋については、『モーラ』第7号、10頁（1910年、株式会社大丸松坂屋百貨店所蔵）に「いとう呉服店営業所御案内図」として名古屋店の店内構成図が掲載されている。

43) 前掲『氷面鏡』では冒頭目次と写真のあとに掲載されている。前掲『みやこぶり』55〜60頁。

44) 1902年（明治35）8月1日に工業部事業一切の廃止とあり、この頃も三井呉服店の

経営方針の大きな転換期であった（前掲『株式会社三越100年の記録』37頁）。

45）同上、36頁。

46）前掲『夏模様』79～87頁。

47）神野由紀（1994）『趣味の誕生―百貨店がつくったテイスト―』勁草書房、130～134・233～234頁が最も詳しい。ほかに管見の限りでは、山本武利・西沢保編（1999）『百貨店の文化史―日本の消費革命―』世界思想社、225頁や、瀬崎圭二（2008）『流行と虚栄の生成―消費文化を映す日本近代文学―』世界思想社、60頁に神野と同じ見解が見受けられる。

48）前掲『みやこぶり』12～13頁。

49）小松徹三編（1933）『日本百貨店総覧　第1巻　三越』百貨店商報社、64～68頁、織田萠編（1933）『大阪三越30年史　全』昭和織物新聞社、4頁、大橋富一郎編（1937）『開設30周年記念　輝く大阪三越』日本百貨店通信社、16～17頁を参照。

50）前掲『三越沿革史草稿』第11冊、（但し頁数なし）には、工業部が移管したのちの三井呉服店が展開した事業とその意義が克明に記されている。

第3章　三越の成立と発展
―先駆的百貨店の役割―

1．はじめに

　本章で取り扱う小松徹三編『日本百貨店総覧　第1巻　三越』（以下、『三越』）は、1933年（昭和8）11月22日に百貨店商報社から発行された会社史資料（以下、会社史）である。

　商報社の社長であった小松は冒頭の発刊の辞において、当時の百貨店が大きく発展した時期は「決して一路平安な道程を辿つたもので」なかったと、実際には1933年までの百貨店の成立・発展過程までが険しいルートであったことから書き出している[1]。

　彼は、続いて東京・大阪・名古屋の大都市を中心に展開していた代表的な百貨店であった三越、白木屋、大丸、松坂屋、髙島屋、松屋、伊勢丹、野澤屋（横浜）、十合と、地方都市では岡山の天満屋、鹿児島の山形屋、札幌の丸井今井の開業経緯を簡単にまとめている。そして、全国の枢要な都市に「凡そ80有余店」存在する百貨店の目覚ましい飛躍と、その陰に「努力の結晶」があったことを特筆している[2]。

　しかしながら、小松は「光輝ある各店の過去を物語るに、未だ一の百貨店史すら」なく、それを「遺憾」とし、「百貨店研究の唯一の資料」の第1巻目として『三越』を編纂したとする。したがって『三越』は、三越自体が発刊した正式な出版物としての会社史ではない。

　『三越』の表紙とそれに次ぐ頁には本支店の写真を掲載し、小松による「日本百貨店総覧発刊の辞」のあとに、当時日本百貨店商業組合事務長の伊藤重治郎の「我国百貨店の発達段階」の論考と、三越常務取締役の北田内蔵司の「百貨店の社会性」、同社同役の林幸平「仕入の目的」の巻頭文を載せ

た。このように『三越』の最前には、三越からの重要な写真史料と巻頭言の提供がみられる。この点からして『三越』は、戦前までの百貨店としての三越の成立・発展過程を明らかにした、日本で最初の会社史としての意義を大きく有する重要文献であると十分判断できる。

　以下、おもに『三越』の目次と構成から解釈できる三越の先駆的百貨店の役割と戦前までの成長要因を中心に記しながら、『三越』の特色や大意、および経済史・経営史・商業史研究の資料としての価値の高さに関しても論じていきたい。

2．執筆者からみえる『三越』の会社史としての位置づけ

　本節では、まず『三越』の先述した三越の会社史としての位置づけを、執筆した三越社員の紹介とその内容から後付けしたい。『三越』には、「三越の職制と職員一覧表」と別刷「歴代三越重役任期一覧表」として主任以上の職制名簿がある。これらを活用してみていこう。

　執筆者については、巻頭文の北田と林のほかに『三越』目次から順にあげていくと、「三越取締役」の小田久太郎、「三越専務取締役」の中村利器太郎、「三越参事」の豊泉益三の3人が、まず目につく。これ以降の「建築と設備」と「三越の第一線に活躍する各幹部に聴く」と題するところでは、主に課長・係長・主任クラスの意見が収録されている。小田は、1927年（昭和2）から『三越』刊行の前年にあたる1932年（昭和7）10月まで専務取締役として、三越のトップの座にあった。その専務取締役を引き継いだのが中村利器太郎であり、最終的には取締役会長として1937年（昭和12）まで三越を率いた。この小田・中村の両者のもとで常務取締役の北田と林は、それぞれ本店営業部長、仕入部長として実質上の三越の先導的な立役者であった。とりわけ北田は1935年（昭和10）に専務取締役、1942年（昭和17）に2代目取締役社長（大正初期以来、三越においては2人目）に昇進し、昭和初期から戦時期にかけての三越の顔となった。これが、両者が『三越』において三越社員として

筆頭を飾った所以である。[7]

　豊泉は日比翁助の時代から活躍した社員である。『三越』の「三越の功労者日比、藤村両翁を語る」の掲載が、小松からも豊泉の計らいによるものだと感謝されるほどの三越の成立・発展過程を知る第一人者であった。[8]豊泉は、「参事」の役職以外に目次にあるように「商品係長」として現場の最前線で活動し、『三越』刊行後の1936年（昭和11）に取締役となって戦後の1948年（昭和23）までと、1951年（昭和26）までは監査役として、三越の創業以来長きにわたり同社一筋の生き字引となった。その証として豊泉は、日比や三越に関する『日比翁の憶い出』『大三越歴史写真帖』など三越からの出版物の編纂に携わり、彼自らも『越後屋より三越』など書籍を残し、百貨店業界のなかで三越の歴史を語るうえで御意見番と称された。[9]

　「三越の第一線に活躍する各幹部に聴く」の課長・係長・主任クラスのうちでは、「婦人洋装への一考察」で載せられている「洋服仕入係長」の瀬長良直が、取締役・常務取締役・監査役として1974年（昭和49）まで活躍した。[10]

　加えて、当時の三越社員のなかで重要人物が、目次の「文献から見た越後屋と三越」を記した藤田善三郎であった。彼は目次に「売場通信係事ども通信販売係主任」と、職制名簿には「販売部部長付主任待遇」と書かれており、戦後においても第一戦で活躍した三越の中心的存在となった。藤田が1951〜58年（昭和26〜33）までの三越の社内報『金字塔』に掲載したものが、『日本最初の百貨店―三越の回顧―』として一書にまとめられている。これは、三越が発行した85年・100年の会社史に掲載されるほどのものであった。社内報と比較してみると、『三越』の1933年（昭和8）までの内容がその土台となっていたことは一目瞭然であり、豊泉と並んで三越の歴史を学ぶうえで希覯な史書となった。[11]

　最後になるが、斎藤隆三は上記の85年・100年の会社史巻末の参考図書において、三越出版物の一番上に記載される大著『三越沿革史』を1916年（大正5）に編著した、いわば豊泉・藤田以前の三井・三越呉服店の歴史を最初

に論じた先人であった。[12]

　目次の内容には、既述以外に「回顧漫筆」「芝居衣裳と三越」「三越の20年以上勤続者」「少年音楽隊の思出」「三越スポーツの全貌」「社会事業と三越」「創業当時の三越の株主（明治37年）」「三越のライオンの由来」「三越店員職員調べ」「各地三越支店特輯」などがある。[13]

　このほかには、先述の「歴代三越重役任期一覧表」と「三越最近5ヶ年の業態」がある。[14]前者は、創業の1904年（明治37）から1933年（昭和8）までの三越上層部の変遷がわかりやすく載せられている。後者は、1929年（昭和4）上半期から1933年上半期までの営業状態の解説と簡略化された損益計算書の一覧である。大手百貨店の会社史では、その百貨店の組織や営業状況を理解するうえで必ず書き記されている基本的な資料と言える。三越の歴史と当時の経営組織・経営動向、それに経営実態までもが手にとるように理解できる。

　ただし、『三越』には一般の会社史と異なって多数の広告のたぐいが挿入されている。この点が、三越の出版物としての正式な会社史とは言えない理由にもなる。しかしながら、この広告類は現在において別の観点でみるならば、単なる出版物刊行に寄せる広告でなく、当時三越と密接な取引関係にあった問屋や取扱商品の内容を汲み取れる見落とせない大切な資料と言っても過言ではない。

　したがって、『三越』は小松の「越後屋から三越になるまで」もあるが、それ以外は三越の主任以上から重役クラスまでの社員の見解で占められており、1933年までの三越の素顔が集められた会社史としての位置づけが可能であると考えられる。[15]

3.『三越』からうかがえる三越の成立過程

　三越は1905年（明治38）1月2日の全国の主要な新聞紙面上で、「デパートメントストア宣言」を発表し、日本において呉服店からの百貨店化が本格的にスタートとした。これが、日本で初めて呉服系百貨店となった三越の創業

と、その偉業に漕ぎ着けた傑物が日比翁助であったことは周知の通りである。[16]

　このことは、『三越』の「三越の功労者日比、藤村両翁を語る」や小松の「越後屋から三越になるまで」、藤田の「文献から見た越後屋と三越」などで、その過程が詳しく述べられている。[17] 結論を先取りすれば、これらが『三越』からうかがえる三越の成立過程である。ゆえに、『三越』の小松と藤田の文面からは三越の歴史を心得ることができるのであり、三越の成立過程の主要な内容が見事に把握できるのである。

　三越の誕生には日比以外に三井呉服店時代からの番頭で、最終的には三越の常務取締役となった呉服仕入れのエキスパートと言われた藤村喜七の果たした役割が肝要であった。それ以外に形成されつつあった「三井財閥」の後押しがあったことが述べられている。これまで後者の「三井財閥」とは切り離されて、完全に独立分離した形で三越が創業したと認識されてきた面も多かった。しかしながら、その見地のみならず「三井財閥」との隠れた関係が、三越の成立を可能とした要因であった点に触れていることに着眼しておかねばならない。ここに、『三越』を会社史として重要視するに事足りる意味がある。その点を含めて、日比が入社して活躍する以前の江戸期の呉服店「越後屋」の発祥に遡って、小松と藤田が三井・三越関係を論じたことが極めて肝要なことであり、これまで不分明であった呉服商から百貨店業への転換過程が描かれている。

　日本の百貨店業界では昭和期に入り電鉄系のターミナルデパートが登場し、今日に至っては九州の博多駅から北海道の札幌駅までのターミナルデパート型の百貨店の勢いは目を見張るものがある。この『三越』を刊行した1933年（昭和8）当時では、大阪において小林一三によって日本初のターミナルデパート・阪急百貨店が登場して旋風を起こし、同時に呉服系百貨店の高島屋によるターミナルデパート化がみられた。それらの影響を受けて、東京では白木屋と京浜電鉄の共同による京浜デパートと、東横電鉄の五島慶太による東横デパートの開業準備が動き始めていた。[18] この時期、すでに三越を代表と

する呉服系百貨店のみの時代は終焉を迎えていたのであった。

　すなわち、1933年は百貨店業界自体のターニングポイントであった。小松と藤田によって『三越』で端的に、三越の成立過程が要所を掴んで綴られ、その重要性が発信されたことは、この時点での呉服系百貨店とターミナルデパートとの伝統や営業・経営実績の格差がみてとれた。

　小松は、「創業以来実に270有余年」「御用為替を殆んど一手に引き受ける」「長崎に支店を設け舶来雑貨を扱う」「三野村利左衛門に三井家救わる」「越後屋の分離も三野村の献策」「維新の大業に三井家の功績」「資本金50万円で三越呉服店設立」などの小見出しを設けている。最後に、彼は「昭和2年4月1日修築全部落成し、7日華々しく開館した。昭和3年6月1日には株式会社三越呉服店の商号を株式会社三越と改称し、昭和6年3月17日、資本金1,500万円増加3,000万円となし今日に至ったのである。顧みれば世に隆替はあっても三越のみは弥栄えて、デパートメントの歴史の上に唯一の輝かしい記録を遺しているのである」として、1933年までの三越の成立過程を解説した。[19]

　小松の強調点は、三井高利が日本橋に開業した「呉服店越後屋」のみならず、当時の「三井銀行の揺籃」となった「両替店」を開設して、「金融資本家」として大都市江戸で君臨していくことが、今日の三越の発展へと繋がったことであった。江戸期の三井家による商業経営が、呉服店のみならず両替店の二本柱であったことが鮮明に把握でき、幕末・維新期の経営危機を乗り越えて、明治期の三井呉服店が存続でき、百貨店「三越」へと転換したことが理解できる。

　藤田は、まず「はしがき」で三井の越後屋が「古書に現れたる処を」として、「日本永代蔵」「加藤寛斎漫筆」「世事見聞録」のほか、また「引札」など多くの史料を紹介し、江戸期の活躍を述べた。次いで、明治期以降のことを「大阪店の移転」「洋服店の開業」「大阪店の復帰」として手際よく個別に説きつつ、「三井呉服店と改称」から「花衣」などの機関雑誌の紹介や、「総

陳列場開場」と「店内めぐり（平面図付き）」「女店員の採用」「日露戦争当時
の新柄陳列会」として、三井呉服店の営業展開について力強く説明している。[20]

　従来の百貨店史研究では三越以後は取り上げられることが多かったが、藤
田が、それ以前の三井呉服店に関して史料を提示したことは、百貨店への転
換過程を知るうえで重要な内容として十分に評価できる。そして彼は、いよ
いよ「三井から三越に」として、これ以降は「大阪支店開設」「日比専務の
文」「日比氏の言行」「博覧会と三越」「三越と文芸」「仮営業場開店」「日刊
三越タイムス」「児童博覧会」「慰労運動会」「藤村氏表彰式」「雑誌『三越』」
「新館落成」などの小タイトルを付けて、彼が知り得る三越のあらゆる実態
を談じ、1914年（大正3）の三越の「新館の概要」で締め括っている。[21]

　藤田の力点は小松の江戸期から幕末・維新期の活躍でなく、明治期以降の
三越の百貨店化の過程と、1914年の新館完成における日本で最初の百貨店と
しての三越の成立にあった。この点から小松と藤田の論説が重ならずに、棲
み分けをして弁じられていたことが判明し、『三越』において両者の頁は離
れているが、三越の成立過程を論じた『三越』の小松と藤田の内容は連なっ
ていた秀逸な構成となっていた。

4．戦前までの百貨店としての三越の発展とその役割

　本節では、これまで紹介してきた以外で、『三越』の見逃せない特色を示
す「三越の第一線に活躍する各幹部に聴く」「問屋の思い出」「各地三越支店
特輯」の3つを一瞥する。ここから1933年（昭和8）時の『三越』から読み
取れる百貨店の営業・経営状態や、三越の位置づけなどに関して掻い摘んで
おきたい。

　まず「三越の第一線に活躍する各幹部に聴く」は、現代において見受けら
れる経営学や地理学などの学問分野で必須の研究活動として行われている聞
き取り調査と一致し、当時の三越の営業動向を詳しく把握できる。[22]

　目次に書かれた各社員の題目には、豊泉の「商品係に就いて」からはじま

り、「商売平和」「三越の広告を語る」「我三越の確固たる信条」「いばらの道を踏みつつ」「サービスの一面観」「芸術三越の真髄」「不況時代に処して」「私が感激した一事」「三越の配達奉仕」「仕入先も私達のお客様」「全精力を捧げて」などがある。このように一覧しただけでも、三越の営業展開やその状況が読者の脳裏に浮かび、かつまた、それが現今の百貨店経営だけでなく、あらゆるビジネスの商売の厳しさや極意を示していることがわかる頗る必需の内容でもある。

　次の「問屋の思い出」には、「偉大なる三越」「堅実にして豪華な経営振」「三越多年の功労」「三越さんなればこそ」「三越仕入部の英断」「私の店と三越さん」「検査厳重な仕入部」「本場の海苔を宣伝普及」「今に忘れぬ感謝」「洋服店創設当時から御取引」「北海道の林檎を改良」「日比さんの風格」など、併せて33の「商店」や「店主」・「納入者一同」から蒐集されている。これらから『三越』では、先述した問屋広告の挿入が多いことも容易に飲み込めるが、三越がそれら問屋や仕入先に支えられていたからこそ、全国一の百貨店としての営業展開の独壇場となったことが読解できるのである。[23]

　全国における三越の営業・経営展開が確認できるのが、最後の「各地三越支店特輯」である。三越の各支店は、海外を入れると「新宿支店」「銀座支店」「大阪支店」「神戸支店」「金沢支店」「高松支店」「札幌支店」「仙台支店」「京城支店」「大連支店」「京都支店」「桐生出張所」であった。これらの内容は、各店の支店長の営業展開などの現状コメントから切り出され、その店舗の営業展開や設備、特徴が概括されていることで、それら支店の経営状況が読み取れる。[24]

　三越は1933年（昭和8）の百貨店業界のなかで一番の支店数を誇り、本店を含めて店舗・出張所数「13」箇所・人員「8,376」名を有した最大の百貨店であった。『三越』の支店状況は、その要約が三越の85年・100年の両会社史に掲載される優れた資料となっている。[25]また、この項目の最後に「三越各支店瞥見記」を記した関宗次郎は、1935年に関編として『松屋発展史』を出

版した編著者であり、小松と並んで当時の百貨店業界に精通していた人物であった。[26]

　以上の３つの項目を精読すれば、三越の営業・経営状況と問屋との関係性、さらには当時の百貨店が抱えていた全国的な問題とその位置づけなどの全体像を理解できる。そして、『三越』最後の９頁からなる「三越大年表」には、1673年（延宝元）から1932年（昭和７）11月に至る「越後屋」「三井」「三越」の成立・発展などの変遷過程があり、なおかつ次頁の最終頁に「三越本店」「銀座支店」「新宿支店」の「御買上品無料配達区域」の詳細な地図が掲載されている。[27]これらの多くの内容から判断して、経営史のみならず経済史資料としても効力をいかんなく発揮するのが『三越』と言えよう。

5．おわりに

　最後に、本章の論題を三越の成立と発展の要因とした理由と、今後三越のみならず百貨店史の研究を、『三越』を活用して進めることがより有効な手段である点、つまり『三越』の重要性とその意義を、以下に４点ほど記して結語とする。

　第１。『三越』が三井から三越へと変容した長期の連続性を描くことで、明治後期から大正中期にかけての短期間で、日本最初の百貨店「三越」が成立した過程を明らかにしていることである。従前、三井本家が大阪支店の閉鎖を命じたことで三越が百貨店化することが可能になったと捉えられてきた。[28]しかしながら、三井から切り離されて三越が設立できたのでなく、「三井財閥」の財力をバックに成立したのが三越であった。すなわち『三越』では、「三井財閥」との深い関連性が存在したことが、1904年（明治37）12月の株式会社化から1914年（大正３）９月東京本店の完成を経て、1933年（昭和８）までに日本一の百貨店に発展した要因として如実に記述されている。これが、『三越』から浮かびあがる三越の成立と発展の実態であった。

　第２。とは言え、三越の成立と発展は日比や藤村から、その意思を引き継

いだ前述の当時、第一線で営業部隊を率いながら役員の責務を果たしていた
北田、林、豊泉などの重役社員と、彼らの下で活発に営業を展開した数多く
の若手社員らの営業・経営姿勢と熱意があって達成されたことが論じられて
いることは非常に重要である。過去、百貨店が商業史や現代の商業・流通・
マーケティング論のなかで歴史的な研究材料として取り上げられ、取扱商品
など商業流通面のみで語られる傾向が強かった。その一方で『三越』は、今
後、経営史・経営学的視座からも進取的に研究を進めていかなければならな
いことを示している。百貨店の商品や物流の事例だけでなく、人の視点から
も百貨店の成立・発展、そして現下の展開状況を考察していく必要性が、こ
の『三越』から自明である。

　第3。戦後以降、百貨店の会社史は多く刊行されることになるが、広告も
含めて多くの問屋から賛助の声が載せられた『三越』のような会社史は管見
限りほとんど見受けられない。これも三越の長きにわたる問屋との取引関係
の重要性や、この関係が百貨店の経営展開にとって、いかに切要であったか
を理解できる。実際、阪急百貨店を始め、その後の電鉄系単独のターミナル
デパートが問屋との繋がりがほとんど皆無であったことで、戦前において
ターミナルデパートは仕入面で苦労した。だからこそ東京では、すでに問屋
との太いパイプを持つ白木屋をバックとした京浜デパートが最初に成立した
とも言え、電鉄単独の東横百貨店はそれに次ぐ設立であった。大阪の阪急百
貨店に続いて、即座に髙島屋がターミナルデパートへ転じられたのも、問屋
との連携があったからこそである。そういう意味では、日本で最初の近代大
規模小売業の誕生を可能としたのが、江戸期から続いた老舗呉服店からの百
貨店化であった。いくつもの壁を乗り越えながらも百貨店として大正中期に
成立したのであり、その象徴が三越であった。『三越』は、それをものの見
事に反映した会社史なのである。

　第4。本書他章の三越や大丸、髙島屋、十合の会社史と並んで、戦前の百
貨店の会社史としての価値は非常に高いことである。髙島屋の会社史は1941

年（昭和16）に刊行されたものであり、これに対して『三越』は、それ以前
の百貨店の成立過程を論じたものとして、正式な三越の発行物でないといえ
ども、一次資料が多く盛り込まれた史実性が高いものである。北田や林から
の序文からも読み取れるように、『三越』からは近代小売業の発展にとって
三越の先駆的役割のみならず、反百貨店運動が盛んになってきた時期の百貨
店の社会性や、問屋との共存共栄などが百貨店の経営にとって肝要であった
ことが浮き彫りになる。『三越』は会社史の役割の他に、百貨店業の正当性
を歴史的観点からと、当時の役割から述べようとしたものであり、当時の先
駆的百貨店「三越」の実態のみならず、百貨店の社会的位置づけも判明する
貴重な資料である。日本の百貨店業を頂点とする近代日本商業史を語るうえ
で、かつその背景にある日本経済史・経営史を論じるうえで不可欠なのが
『三越』なのであり、多角的視点から先駆的百貨店「三越」が解き明かされ
ている。

　以上、論じてきたように、『三越』は1933年までに三越の成立過程と成長
の要因を中心に、当時の百貨店の抱える問題などに上手く対処するために刊
行された会社史である。株式会社三越の刊行物として正式な会社史であった
ならば、日本の先駆的百貨店「三越」の成立過程が昭和初期において整理さ
れることは難しかったであろう。むしろ、このような外部委託で刊行される
ことで、三越と同時に日本の近代商業が発展するための百貨店の重要性を巧
みに主張することができたのであった。

　この後、小松は『三越』に次いで、第 2 巻目として日本百貨店業の成立に
肝要な役割を果たしたと考えた松坂屋の会社史を『松坂屋300年史』として
まとめた。そのうえ、『京浜デパート大観』と『東横百貨店』を同様な形態
で、ターミナルデパートに関する会社史として発刊していた。小松は、1941
年（昭和16）に三越25周年記念として『大三越の歴史』を執筆している。[29]つ
まり『三越』は、これ以後の今日までに数多くの百貨店の会社史が出現して
くる契機となる役割を果たしたと断言できよう。昨今、伊勢丹と経営統合さ

れたが、呉服系百貨店の先駆的存在としての三越が、現下まで100年以上も存在し続けてきた要因を『三越』が物語っているのである。

註

1）註においても以下、『三越』とする。『三越』1頁。なお、『三越』からの引用部分の旧字体や常用外の漢字については原則として常用漢字に改め、かな遣いは現代かな遣いとし、また読みやすくするために句読点や現行の表記に従って送りがなを適宜補った。横書きに合わせて引用資料を含め、原則算用数字とした。

2）前掲『三越』1頁。

3）同上、2〜11頁。写真については目次に頁数が付されていないが、5頁にわたって掲載されている。

4）同上、50・51頁の「三越の職制と職員一覧表」と、同上、104頁と105頁の間に別刷「歴代三越重役任期一覧表」が掲載されている。

5）同上、33〜43頁。

6）前者の「建築と設備」は同上、111〜122頁、後者の「三越の第一線に活躍する各幹部に聴く」は124〜172頁を参照。

7）末田智樹（2010）『日本百貨店業成立史―企業家の革新と経営組織の確立―』ミネルヴァ書房、57頁の表1-2を参照。

8）前掲『三越』26頁。

9）豊泉益三編（1932）『日比翁の憶い出』株式会社三越営業部、同編（1932）『大三越歴史写真帖』株式会社三越内大三越歴史写真帖刊行会、同編（1933）『日比翁の憶い出　続』株式会社三越、同編（1933）『藤村翁の想出』株式会社三越、豊泉益三（1936）『越後屋より三越』川瀬五節堂を参照。株式会社三越本社編（2005）『株式会社三越100年の記録』株式会社三越、369頁。

10）前掲『株式会社三越100年の記録』369〜370頁。

11）前掲『三越』56〜87頁。藤田善三郎『日本最初の百貨店―三越の回顧―』（株式会社三越伊勢丹ホールディングス所蔵）。前掲『株式会社三越100年の記録』のほかに、株式会社三越総務本部資料編纂室編（1990）『株式会社三越85年の記録』株式会社三越を参照。

12）前掲『三越』94〜96頁。斎藤隆三（1916）『三越沿革史』（株式会社三越伊勢丹ホールディングス所蔵）

13）各項目の頁数については『三越』の目次2〜5頁を参照。

14）同上、168頁と169頁の間に別刷「三越最近5ヶ年の業態」が掲載されている。

15）前掲『三越』12〜21頁。

16）前掲拙著『日本百貨店業成立史』46〜56頁。

17）前掲『三越』12〜21・26〜43・56〜87頁。

18）前掲拙著『日本百貨店業成立史』240〜244頁。

19）前掲註（15）と同じ。

20）前掲『三越』56〜69頁。

21）同上、69〜87頁。

22）同上、124〜172頁

23）同上、190〜221頁。

24）同上、特 1 〜特72頁。

25）前掲『株式会社三越100年の記録』131・140頁。

26）前掲『三越』特73〜特77頁。関宗次郎編（1935）『松屋発展史』は本書第 5 章を参照。

27）前掲『三越』年 1 〜年 9 頁。

28）前掲拙著『日本百貨店業成立史』56〜64頁。

29）小松徹三編（1938）『開店満 5 周年記念　京浜デパート大観』百貨店日日新聞社、同編（1939）『開店満 5 周年記念出版　東横百貨店』同新聞社。

第4章　三越大阪支店の再興に集結した優秀な 人材と営業方針

1．はじめに

　本章では、1937年（昭和12）6月1日に日本百貨店通信社から発行された 大橋富一郎編『開設30周年記念 輝く大阪三越』（以下、『大阪三越』）からみえ る、戦前において三越大阪支店の再興に集結していた優秀な人材と営業方針 について紹介しながら考察を加えていく。

　三越に関しては、先述の小松徹三が編者となって完成させた前章の『三 越』以外で、戦時期までに刊行されたものをあげてみると、織田萠編 (1933)『大阪三越30年史 全』昭和織物新聞社（1933年）、大橋富一郎編『増築 記念 躍進神戸三越』日本百貨店通信社（1939年）、小松徹三『大三越の歴史』 日本百貨店調査所（1941年）がある。このうち支店については、『大阪三越』[1] と同様の大阪支店の会社史資料（以下、会社史）である『大阪三越30年史』と、 『大阪三越』と同じ編者の大橋によってまとめられた神戸支店に関する2冊 が発行されていたことがわかる。戦前において百貨店の支店についての刊行 物は、三越以外の百貨店ではほとんどみられなく、三越の会社史の大きな特 色となろう。

　戦後以降では、三越の創立・開設50周年記念として『三越のあゆみ―株式 会社三越創立50周年記念―』株式会社三越（1954年）および『大阪三越開設 50周年記念』大阪三越宣伝部（1957年）があり、東京本店と大阪支店の2冊 が同時期に上梓されている。近年では、『株式会社三越85年の記録』株式会 社三越（1990年）および『株式会社三越100年の記録』株式会社三越（2005年） が発刊されている。[2]平成期に発行された2冊については、日本を代表する呉 服系百貨店に関する優れた会社史だけに、百貨店史に関する多くの学術的研

究で参考・引用されている。

　以上、本来なら百貨店業界においても本社・本店を中心とした会社史が主
流であるが、三越の大阪支店に関しては戦前から合わせると3冊ほどみられ、
また神戸支店の会社史も刊行されていたことには着目しておきたい。

　ところで本章で紹介する大阪支店は、1907年（明治40）5月1日に百貨店
化を目指して再開し、2005年（平成17）5月5日に閉店した。その後、2008
年（平成20）4月1日に株式会社三越伊勢丹ホールディングスに生まれ変わ
り、2011年（平成23）5月4日にはJR大阪三越伊勢丹として、大阪市北区梅
田のJR西日本大阪駅内にて開業し、ターミナルデパートとして営業を展開
していたが、2015年（平成27）4月1日に閉店した。[3]

　三越について東京本店が着目され、大阪支店に関する歴史的展開について
は意外と知られていない。従来、東京本店の華やかな流行・情報発信の展開
に関しては、文化史研究が1990年代以降、とくに積極的に進められてきたが、
大阪支店については一部触れられる程度であった。なおさら、戦前までの百
貨店の支店に関する会社史が少ないなか、百貨店史研究において『大阪三
越』を紹介することの意義は極めて大きいと考えられる。加えて以下では、
『大阪三越』の会社史としての価値を見いだすことにも努めたい。

2．編者大橋と三越幹部が語る営業方針

　『大阪三越』の劈頭からみておこう。[4] 当時、三越専務取締役であった北田
内蔵司は「序に代えて」のなかで、まず「三越大阪支店は明治40年に開店致
してより、5月を以って満30年を迎えました。越後屋時代の土蔵造を改造し
て、百貨店らしき陳列場を設けてより幾変遷、新築に、増築に、其姿を更め、
今日隆昌に営業致して居りますのは、偏に大方各位御愛顧の賜と衷心感謝に
堪えざる所で御座います」と述べている。この文面より『大阪三越』が、開
設30周年を記念して上梓されたものであることは一目でわかる。また、北田
は「三越大阪支店は由緒ある発祥地に此度一段と形を整えて、百貨店本来の

使命に真摯なる努力を続け、各位の御眷顧に酬ゆる所存で御座います」と締め括っている。[5]

　百貨店での勤務経験を持つ著者からみれば、北田の序文には百貨店業における基本的な営業姿勢の大切さが込められていると捉えられる。すなわち百貨店経営と全店員の使命とは、会長・社長を筆頭とする経営陣を頂点とした幹部社員以下全従業員が取引先との協調関係を毎日図りながら、謙虚な気持ちで誠意ある質の高いサービスに取り組み、売場に日々工夫を凝らしてお客様への奉仕に徹することだと考えられるからである。

　北田の次に、編者大橋の「大阪三越経営の指標—デパートの最高標準を目指す—」が序文を飾っている。大橋の序文には『大阪三越』の特色を表している内容が多く含まれており、『大阪三越』編纂の意図と大阪支店への期待が顕著に示されている。そこで、以下に3つの要点に分けて紹介しつつ考察しておきたい。[6]

　第1には、「開設満30周年を迎えた大阪三越」による「上中流の消費層及びインテリ大衆に魅力を持つ営業政策は、俄然関西デパート界に衝動を与え」て、「多年沈静状態を続けていた休火山が茲に突如爆発し大活動を開始した観がある」である。そして「近年まで大阪三越は百貨店業界の同情の的となって」おり、一方で「最近に於いてめきと衰運を挽回し、わが国に於いて最も特徴を有する高級百貨店としてデビューしたのである」と続く。大橋は序文において、即座に当時の大阪支店が置かれていた営業状況と支店の営業方針を指摘していた。

　第2には、「大阪三越の更生は決して偶然ではない。昨春以来中村会長、北田専務、桜井常務、飯野取締役仕入部長等の最高首脳部は々々西下し、慎重なる態度を以って大阪に於ける諸般の情勢を調査研究の上、大阪支店改造案を練り実行に移すと同時に、人事刷新に向かって一大斧鉞を加え、俊秀鬼才をすぐつて西部戦線に集結せしめ、全く無敵強力陣を形成した」である。この点からは、東京本店の経営陣トップによる大阪支店の営業立て直し戦略お

および優秀な幹部社員を大阪へ派遣することが、何よりも肝要であったことが判明する。

　第3には、「一方東京本店仕入部は挙げて大阪三越の為に努力し、生産者を指導して、新味を盛った独創的商品を豊富に整え、記念売出し戦に備えるなど、東西両店は融和し一体となり協力したが、斯かる事は三越として未だ前例を見ないところである。中村会長は曾て私（＝大橋）に『近代的百貨店として大阪三越を理想経営に移す為には、本店側はあらゆる援助を惜むものではない』と言明したが、デパート経営の最高標準を目指して健実に進発する大阪三越の将来こそ幸運に恵まれたものとして祝福すべきではないか」である。ここからは、東京本店と大阪支店との関係とともに、大阪支店の地域性に合わせた営業方針が汲み取れる。その営業方針とは、オリジナル商品を中核とした催事展開であった。

　そして大橋は、開設「30周年を迎えたるを機会として」だけでなく、「次の30年を如何にして進むべきかについての経営方針を樹立する上に於いて、幾多の示唆を持つものと云う事が出来る」とし、だからこそ「大阪三越の明日こそは関西デパート界に輝かしき存在たる事は充分期待される」として、東京本店でなく大阪支店の「永久」の「記念」を世に問うために刊行したと「出版計画」の理由を述べている。なお、『大阪三越』最後の「編輯終りて」において、出版の背景と編者・スタッフの苦労話や裏話が書き記されている[7]。最初に必読しておきたい箇所の1つであろう。

　目次のあとすぐに当時、三越本部秘書課長の加藤恭太郎「大阪支店をいわう」、三越取締役大阪支店長の能勢昌雄「30周年を契機として更に一層の飛躍を期す」、三越大阪支店次長兼仕入部長の瀬長良直「大阪三越の真価は如何に『表現』さるべきか」と題され寄せられた3つの緒言がある[8]。編者大橋および大阪支店長と支店次長の表題から『大阪三越』の展望がうかがえる。そこで、能勢支店長と瀬長次長の文面より彼らの熱い思いが表れている部分を抜き出して、『大阪三越』の営業方針を探っておこう。

　前者の能勢支店長は、まず「私（＝能勢）は昭和4年の10月に初めて大阪の店へ来たので、三越の20周年売出しの話を聞き、25周年の催しを経験することが出来た。従って世間一般の眼から見れば30周年を迎えたことが20年や25年と同様に、1つの売出しの題目として利用するに過ぎない如く考えられるかも知れない。然し、私自身の気持で言えばそれとは非常に違った、もっと深い意味でこの30周年を迎えているのである」と、能勢は最初に大阪支店が30周年を迎えるにあたっての真意を語っている。続いて、「百貨店と言う営業は特にお客様あってのもの、社会あってのものであり、然も社会が常に停止するところを知らぬ進歩を示している以上、百貨店が旧態依然たる営業を繰返すことは一日たりとも許されない筈で、如何に過去に殷賑を招来した営業方針があったとしても、いつまで『今日』の経営にそのまま適合せしむるが如きことは出来ない」と記述した部分をあげておきたい。[9]ここに、能勢が支店長として思い描いていた開設30周年を乗り越えるための営業方針が記されている。能勢は、同じ催事のようにみえても決して同じものは繰り返してはいけない営業精神があってこそ、顧客に対して絶えず新しい商品を提供する営業の基本姿勢が身につくことを述べていたと考えられる。

　後者の瀬長次長では、「優秀な取引先の支持と強力な本店の後援に相俟って、此の店を顧客に対し如何なる意図の下に表現するか―それを具体化して考うれば宣伝方針、装飾、陳列配置の再検討となり、或いは催物の利用、店員サービスの改善と言う様な点が挙げられるが、全店員が一致協力して今後切り拓いて行かねばならなぬ途として、私は之等の問題に主力を置く考えである」と書かれた部分である。しかも瀬長は、最後に「従来の大阪に於ける商習慣によれば、安く売ることがサービスである如く解釈されている傾向が強いが、最近に於いては気分良く買えることが安い所以である、と言う感じも発生しつつある事実は看過し難いところで、之等の問題に再検討を加えた上で大阪三越をして最も楽しいお買物店へ仕上げることが必要だ」と述べている。[10]能勢支店長の内容を見事に、瀬長は大阪支店の営業方針として、さら

に具体化して説明していた。瀬長は、全店員が協力して本来の百貨店のあるべき姿＝最高の小売サービス業を取り戻していかなければならない決意を表明していた。瀬長が、支店次長のポジションを理解したうえで発言していた点を高く評価したい。

　劈頭の「口絵写真」については、「日本橋方面から望んだ三越本店の全景」のあと、三越幹部の顔写真が紹介されている。1頁目は「三越会長　中村利器太郎氏の近影」、2頁目は「三越専務取締役　北田内蔵司氏」および「三越常務取締役　桜井信四郎氏」である。3頁目には「大阪の心臓部たる北浜の一角に聳立する大阪三越の偉容」と書かれた口絵があり、続く4頁目に先述の能勢と瀬長が載せられている。5・6頁目は、大阪支店の幹部社員17名の写真である。

　次に、大阪支店の外観と売場の写真がみられる。前者では、「明治40年10月開設の年冬物大売出しに際し店前に開店を待つ群衆。当時屋上には珍しき電気点滅の看板があった」「大正5年落成した西館の背面を望む」を含めて、4枚から『大阪三越』の外観の変遷がわかる。後者では、「昭和12年5月増築なれる中央ホールの天井照明」「2階の雑貨特選売場」「3階の呉服特選売場」「昭和12年1月完成せる8階ホールロビー」を含めて、6枚から大阪支店の売場とともにインテリアなどの内観の様子がみてとれる。

　『大阪三越』においても、ゆまに書房から復刻されたほかの百貨店の会社史同様に社員を載せている。[11]但し、本書で紹介している他の会社史ではみられなかった写真としては、「昭和12年1月完成した8階ホールにて撮影」された「大阪三越主任級以上幹部の勢揃い」と題された集合写真がある。この幹部の集合写真にこそ、本章論題の意図そのものが表されているのであり、『大阪三越』を理解するうえで、最大の特長と強調しておきたい。

　その次に、「昭和12年5月1日現在」の「三越大阪支店職員名簿」が掲載されている。[12]「本部」では支店長と支店次長を含めて6名、「仕入部」では仕入部長を含めて25名、「販売部」では販売部長を含めて57名、「経理部」では

経理部長を含めて19名がみられる。名簿には役職の重複があるが、当時大阪支店で勤しんだ百貨店マンが把握できる貴重な内容である。先の写真と併せて確認することをお勧めする。

　ここまでが、『大阪三越』の目次前後に掲載されている主要な内容である。それ以降の目次構成の大項目は、順に「大阪三越の沿革」「三井呉服店時代の生活」「大阪三越30年史」「幹部陣の抱負を聴く」「伸び行く大阪三越」である。また広告が目次前後から載せられ始め、その後は『大阪三越』項目の区切りに上手く挿入され、かつ巻末に「広告目次」があり、非常に便利である。

　以下では、大橋、能勢、瀬長が最初に強調した『大阪三越』の営業方針に着目しながら、大阪支店の営業の特色とそれを支えた幹部社員の活動を浮き彫りにすることで、経済史・経営史・商業史研究に充分耐えうる魅力を持っている会社史であることを考察してみよう。

3．日比と中村と高山による大阪支店再興

　日本で最初に百貨店化に踏み切った三越の一翼を担った大阪支店の1907年（明治40）前後の再興活動について、経営者の活動からみていこう。「大阪三越の沿革」のサブタイトルとしては、「越後屋より三越までの200余年史」と付けられている。[13] それゆえに、江戸期よりの「1、越後屋出店時代　附・両替店事業の発展」から始まっており、以下「2、三井呉服店時代　附・百貨店への転換期」「3、閉鎖当時の状況　附・三越呉服店の誕生」「4、開店前後の事情　附・中村支店長の苦心」「5、大阪三越の出発　附・開店直後の盛況」の5つの小項目から、大阪支店の成立・再興過程および営業展開について端的に書かれており、非常に読みやすくまとめられている。

　4番目の項目に書かれている中村利器太郎とは、『大阪三越』における最初の人物写真にあたる当時の三越会長であり、彼こそが大阪支店の初代支店長であった。三越呉服店を三井本家事業より切り離して、「デパートメント

ストア宣言」を果たした三越初代専務取締役は、言わずと知れた日比翁助で
あった。従来の研究では中村は日比の陰の存在として、積極的には取り上げ
られてこなかった人物である。中村は日比と同じ慶應義塾の出身であったが、
中村は日比とタッグを組んで大阪支店を、1904年（明治37）12月20日の一時
閉鎖から約2年半を経た1907年（明治40）5月1日に再開店させた立役者で
あった。そして中村は大阪支店の復興を成し遂げ、さらには本店へ返り咲き、
その後は日比の意思を受け継いで1934年（昭和9）に取締役会長にまで登り
詰め、三越を一段と発展させた功労者であった。[14] 1904年に大阪支店閉店時は
京都支店長であった中村が、苦心しながら大阪支店再興を実現させた決定的
かつ適切であったと考えられる行動について『大阪三越』から汲み取ってお
きたい。

　中村は、「幾人かを京都支店に転勤を命じ、京都支店大阪出張員という名
儀で、大阪の北浜に淡路屋という宿屋があっ」て、「その部屋を借りて、そ
うして京都から毎日荷物を持って、其の一室を根拠として大阪市中の御得意
をぐる廻って商売して居った」のである。しかしながら中村は、淡路屋か
ら一軒家に場所を変えて「外売」の営業を行うようになり、「私（＝中村）が
毎日のように京都から淡路屋を見廻って監督をして居ったが、既に一軒の家
を借り倉庫に商品を持つ以上、大阪在住のしっかりした人を常任監督と」し
たい希望があった。中村は、その「常任監督」として「旧大阪店員中の元老
たる市川長次郎君」に白羽の矢を立てた。市川は、かつて「大阪支店仕入係
長をやって」、またそれ以前には「京都支店長」の経験があった人物であり、
その「お爺さんを私（＝中村）が行って口説きおとした」とある。中村は、
市川を「引っ張り出して、再び三越京都店員として」一軒家の「監督者たら
しめた」のであった。これらの記述に関しては、『大阪三越』と同じ日本百
貨店通信社から1936年（昭和11）、すなわち『大阪三越』が発行された前年に
刊行された中村利器太郎著『私より見たる三越回顧録』から大橋が抽出した
部分である。[15] 本書からは、中村が大阪支店再興のなかで果たした役割をより

深く知ることができるため、『大阪三越』とともに戦前における三越の実態を掘り下げることが可能な重要文献としておきたい。

　ところで大阪支店の役割について、もう1つ注目しておきたい点がある。それは、明治中期の「三井呉服店の復興第一歩」として、1894年（明治27）に大阪支店の「支店長として着任したのが高山圭三氏」であったと始まる部分である。高山は、その後「三井呉服店閉鎖に至るまで10年間大阪支店の経営に没頭した」合名会社時代の支店長であった。彼は、「早稲田大学第1期卒業生の肩書を持ち、三越が大学卒業生採用の新例を開いた第1回の入店者として茲に登場して来た」人物であった。続いて、「高山圭三氏が支店長に就任すると同時に従来の座売りを廃止して陳列販売が開始された。東京本店に於いては、それより約1ヶ年を経た明治28年11月より陳列販売を開始しているから、販売上の新様式は大阪支店より先鞭をつけたわけであり、続いて29年には広間を利用して陳列場を設け、同30年には帳場係を置く等の改革が断行された」と、高山による三井呉服店の営業改革について詳しく書かれている。¹⁶⁾

　日比と中村以前の高山の活躍については、三越の百貨店史研究では全く重視されてこなかった。高山が、慶應義塾ではなく早稲田大学の出身であったことは非常に興味深い。三越の経営陣は慶應義塾から多くを輩出してきたことは周知の通りだが、実は三越を始め多くの百貨店で早稲田大学出身者が採用され、戦前までの百貨店化過程において活躍していたことは指摘されてこなかった。例えば、松坂屋の2代目専務取締役小林八百吉が早稲田大出身者としての良い事例であり、大正中期以降の松坂屋の百貨店化に多大な貢献を果たした傑人であった。¹⁷⁾呉服商から百貨店への転換をスムーズに成功させる大きな要因の1つには、呉服類以外の雑貨類を販売する営業システムを作り上げることが欠かせなかった。その役目を果たしたのが、旧来の丁稚や番頭あがりの店員ではなく、取扱商品の拡大と組織整備などの合理化を進めた慶應義塾や早稲田大学などの大学出身者であった。

　以上の「大阪三越の沿革」のあとに、「大阪三越年譜」が掲載されている。歴史的記述のなかで年譜は基本資料と言えるが、従来の三越の会社史と比較して、大阪支店を三越全体のなかで理解することが可能となる年譜が載せられているのは大変有り難い。その年譜が、沿革のあとにまとめられている編纂技術はさすがの一言であろう。大阪支店の年譜は、明治中期以降の重要な出来事が中心であり、1688年（元禄元）の「大阪高麗橋に呉服店を開設す。江戸駿河町越後屋出店なり」の文言から始まり、1937年（昭和12）の「1月工事中なりし8階会堂の新装成る。4月28日店内改装工事完了、5月1日開設30周年記念売出しを開催す」に至る約250年間について、びっしりかつ簡潔に3頁にわたって埋められている[18]。

　年譜のあとには、大項目として三越本店呉服売場係長であった山口篤三郎「三井呉服店時代の生活—50年前の大阪支店を懐想して—」が掲載されている[19]。そのなかの8つの小項目は、「入店した当時の苦労—土佐の炭焼きか大店奉公—」「寺子屋式で夜の勉強—共吟味と呼ぶ小僧の私刑—」「厳重なる店員の格式—給料はすべて2ヶ月払い—」「仕事は一切自得主義—売場員には高一賞の競争—」「現売300円で売高祝—半期の商内は6、7万見当—」「大店経営に危機到来—抬頭した小規模の専門店—」「日清戦争からは好調—31年に出張販売開始—」「遂に支店は閉鎖さる—万感胸に迫る解散の前夜—」となっている。これを一読するだけで、山口が記した主要な内容はみてとれる。『大阪三越』が刊行された当時、売場の平店員の長である係長であった山口が幼少の頃から一生を捧げてきた三井呉服店時代の生活と店員活動については、なかなか他の百貨店に関する会社史ではみかけられない貴重な記録である。ましてや山口の内容は、三井呉服店から三越呉服店への百貨店化を明らかにするうえで格好の材料ともなろう。

4．大阪支店の店員からみえる30年の足跡

　本節では、「大阪三越30年史」と書かれた大項目についてみていこう。と

ころで、この30年史の大項目に入る前に広告が載せられている。広告の最後には「開店披露の帛紗と初代支店長の面影」として、「明治40年 5 月 1 日株式会社三越呉服店大阪支店が開設されるに当たり、初代支店長中村利器太郎氏自ら考案製作せしめた記念の帛紗と、支店長当時の中村利器太郎氏」と書かれ、帛紗と支店長時代の中村利器太郎の写真が紹介されている[20]。この紹介には大阪支店30年の足跡のなかで、中村が果たした多大な貢献を示したかった編者大橋の意図があったのではないかと考えられる。

　当時、三越取締役本店営業部長の豊泉益三による「１．大阪三越の開設と当時の小売業界」からを触れてみよう。豊泉は大阪支店の一時閉鎖時における日比と中村の画策について、「店売はやめたが、他日再び開店をしなければならないのでありますから、京都支店長監督（中村利器太郎氏）のもとに店員50名程をのこして、外売をして旧来の御得意様との関係を続けて置き他の店員は本店へ転勤しました」と記している。すなわち、この一文には日比と中村による表向きにみせた大阪支店の閉店とは異なる戦略が隠されていたと考えられる[21]。

　また豊泉は、大阪支店の営業内容と立地状況に関して次のように述べている。前者については、「洋品雑貨問屋は大阪に大商店が多くありまして、全国的に相場を左右して居りました。従って雑貨の小売商も良い店が多くあったところへ来て、初めて雑貨類を販売するのですから相当な苦心を要しました」とある。後者については、「大阪支店のある高麗橋通りは昔は京都へ行く街道筋であったそうです。この頃は銀行、会社、問屋などが多く小売の中心が南になっているので、地の利が悪いと言って外の方が心配してくれてる人も多いようです」とある。彼は、大阪支店が営業内容と立地状況ともに不利な状況で営業展開していた実態を隠すことなく話していた。しかしながら豊泉は、「外から見て他店が大きくなったので同情して下さる方もありますが、御蔭で大阪支店も相当繁盛を続けて居るのです」と、無論プラス面の受け取り方で最後を締め括っていた[22]。

　次に「2、開店当時を語る座談会」があり、「昭和12年3月24日」に「大阪三越八階食堂別室」において開催された座談会の記録が載せられている[23]。座談会に参加した出席者は支店次長の瀬長を筆頭に、販売部長の小笠原満舟ほか係長級の5名および大阪支店と隣接する取引先を含めた総勢13名であり、非常にバラエティに富んだメンバーで構成されていた。座談会では、大阪支店開設当時の売場状況や催事内容などについて語られており、幹部と店員の本音から判明する『大阪三越』の必読の部分であることを強調しておきたい。

　座談会の次の中項目としては、「3．大阪三越を築き上げた歴代支店長の横顔」および「4．大阪三越の歴代幹部」の2つが載せられている[24]。前者は、「初代支店長中村利器太郎氏」(明治40年5月1日、就任日付、括弧内以下同)から始まり、2代目支店長は梯孝二郎(明治45年8月13日)で、そのあとに9代目支店長の能勢昌雄(昭和10年2月13日)までの計9名のプロフィールがまとめられている。また、大阪支店長として「経営に携わることは、重役陣入りの前提と認められる重要な位置に据えられたことを意味する」が、「仕事の上では困難の多い椅子でもある」と、支店長ポストの厳しい実状が書かれていることは見落とせない。後者は、先述の市川長次郎が初代仕入部長として紹介され、2代目以降の仕入部長を中心に8名の部長級幹部が紹介されている。

　最後に『大阪三越』に深く関わる点としては、「『輝く大阪三越』の題字」は「三越本店営業部の三海氏に執筆(略)」と紹介されている[25]。本文中においては、時折出てくる頁の隙間を上手く活用した紹介記事についても見逃さないようにみてもらいたい。この後の「5．大阪三越催物一覧表」には、1927年(昭和2)2月「歯の衛生展覧会」から1937年(昭和12)4月「アマチュア写真知識普及大会」までの大阪支店で展開した「主要なる催物」が付されている[26]。明治後期以降の百貨店の催事展開については近年研究が進められて、その観点からして『大阪三越』のなかに戦前の催事が含まれていることは素晴らしい資料と評価しておきたい。

　広告を挟んで、中項目として「6．30年の足跡を顧る」がある。その小項目には、「1．三越30年の発展」「2．明治40年代」「3．大正初年の頃」「4．さかえ日の盛況」「5．大正年代の後半」「6．昭和12年まで」があり、時期別に大阪支店の営業展開が詳細に記されている[27]。また、この中項目の全体を通して、例えば「さかえ日の群衆」「東館の開店当時押寄せた群衆」「婦人博覧会当時の盛況」など盛況ぶりの写真を中心に掲げられていることは頗る重要である。これらの写真は、現在の三越に残存していない可能性が十分考えられるからである。なかでも「大正3年1月に於ける大阪三越全店員の記念撮影」については、必ず確認しておくべき写真であろう[28]。なぜならば、東京本店の新館が完成した年であり、かつ対面販売の営業法を基本とする百貨店経営にとって店員の存在は根幹であるため、繰り返しになるが、全店員の集合写真は非常に貴重であると考えているからである。したがって内容については、写真と見比べながら考察を深めていくことが可能となろう。

　最後の中項目である「その頃の思い出を語る」には、大阪支店販売部長兼接待係長の小笠原満舟による「断片的な回顧録」と本店出納係長の里田源三郎による「歩んで来た道」および、「すし松主人宮澤氏の話」として「食堂華かなりし頃」の3編（いずれも小項目）が掲載されている[29]。里田の文面のなかにも、支店長以下勤続店員の「開店10周年の記念撮影」「開店20周年の記念撮影」が載せられている。先の「大阪三越全店員の記念撮影」と同じく決して見逃してもらいたくない写真資料である[30]。

5．大阪支店の幹部陣による営業方針

　さて、大項目の「幹部陣の抱負を聴く」に関する中項目を順にあげてみよう[31]。大阪支店における経理部長兼庶務係長の山口隆「古きを想起して現在の戒めとする」、書記長の鴨井丁三「接客は誠心から」、呉服係長の宮島辰三「10年、20年後の三越を考えて動く」、洋服係長の藤原熊雄「消極的なる積極と積極的積極の妙諦」、雑貨係長の齋藤鎮雄「良品三越を強調し堂々歩武を

進める」、家具係長の加藤貞二「大陸に雄飛する大阪三越の家具」、食料品売場係長の長島功光「多角販売に向かって更に勇往邁進せん」、貴金属美術品係長の清水真輔「純正美術の領域に独自の価値を発揮」、装飾係長の寺尾進次「装飾の問題に就いて」、呉服係副長の黒江景章「綜合衣裳美の創造に一層の努力を要する」、雑貨係副長の栗原守一「都会美の伴奏者たる今日のデパート」の11編がある。そこで以下、大阪支店が「更生」に向かって営業展開するうえで、重要な営業方針について2名の内容からみておこう。

　山口は、エスカレーターやエレベーターの「他に新様式を誇る幾多の百貨店が出現し、交通状態の上にも可なりの変化が起こった」ので、「吾々は三越30年の信用を守ると同時に、此の機会を以って更に一層それを強化して行かねばならぬ義務を有する」と述べている。そして彼は、「売場配置に就いては支店長、次長の手許で改革案が練られ、その案に全員が賛成したので、今後は専ら販売能率の高度化に向って進むべく、新売場の配置を見たわけである」と話している。さらに、「次から次へと改革が行われ、革新の実を挙げて来たのであるが、思い返して見れば、之等の仕事が何等の支障なく遂行されたのは、現大阪三越幹部諸氏の協力一致の賜だ」と、山口は上司の改革案と彼らの一致団結を高く評価していた。そして山口は、「三越の信用を如何に販売の上で伸張せしめて行くか、それのみが今後に残された問題である」と終えている。[32]

　宮島は、まず「三越は決して地の理を得た百貨店ではないから、所謂ターミナル・デパート同様の経営を行うことは許されな」く、大阪支店の「全く独自の立場と言うものを確立せねばならない」と明言している。宮島が呉服系百貨店のみならず、阪急百貨店を中核としたターミナルデパートを意識していたことがわかる。宮島は、大阪支店の立地のデメリットを補うこととして、「強力な本店を有し本店と共同の戦線を張り得る強味が」大阪支店にはある。なおかつ彼は、「特に京呉服の如きは産地に近い関係もあって、商品に就いても部分的に取引先と折衝し得る便宜があり、仕入は本店以上に有利

であ」り、また多くの有力な「問屋」の「御後援を願って、問屋の進歩的、積極的な努力の下に頗る優秀な商品を取り扱う機会が多いわけである」と述べている。[33]

　宮島は、他に「同じ三越であっても、東京とは違った、大阪にはまた独自の催しと言うものが必要である」と説明している。その催事とは東京の「2倍、3倍」の「呉服の催し」、つまり「呉服関係の主な」3つの趣の異なった「七華会」「三彩会」「彩華会」のことで、「高級呉服」「多角的、多彩的」な営業展開が可能であると言い切っている。さすが、呉服係長ならではの立場からの力説であろう。まさに、格別大阪では「外商の発達が目覚まし」く、大阪支店の外商の「活躍による高級呉服の売上は実に素晴らしい」ので、「大阪店としては捨て難い勢力」と、続いて高級呉服類の営業力についても明確に触れている。宮島は、「三越は一般向けの格安品を売ることが下手」ということを「自認」しており、「地の理とスペースの関係に於いて、すべてを完全することが不可能」なので、その代わりに「豆戦艦式の機能と、伝統的な三越の力を発揮して行けば、決して他店に負けないだけの自信」を持っていた。[34]

　幹部社員で重要なポストの2名から、大阪支店の今後の課題とそれに打ち勝つための営業方針および強い決意が読み取れた。山口と宮島以外にも大阪支店のウィークポイントを補うために、各売場係長クラスから営業方針の提言がなされている。したがって、この発言集を活用すれば大阪支店の営業動向を定性的に分析することが可能となろう。

6．大阪支店の展望と大橋の跋文

　最後の大項目は「伸び行く大阪三越」と題され、「地理的条件の克服」「建築設備の拡充」「良品主義の徹底」「優秀人材の集結」の4つの内容（中項目）から大阪支店の現状と展望が総括されている。[35]これらの中項目から本章の論題に即して抜き出してみていく。

　「地理的条件の克服」では、当時大阪において電鉄会社による百貨店業への参入により、「阪急」「阪神」「京阪電鉄」「大軌電鉄」「大鉄」などのターミナルデパートが出現し、さらには呉服系百貨店であった「髙島屋」までもが「南海鉄道」と組んでターミナルデパート化を果たしていた。それのみならず地下鉄の出現により「大丸、そごうの両店」が、「心斎橋駅」において有利な立地状況となっていたことをあげていた。しかしながら北田専務は、「大阪支店は、交通機関には恵まれていなくとも、それに代わる」ものとして、「百貨店として最善の商品、サービスを提供し、且つそれに相応しい設備を整えて」いれば、「大阪三越の進路」すなわち「今後の経営の上に於いても充分の確信を以って臨むことが出来る」と断言していた。[36]

　「建築設備の拡充」では、「最新様式を誇り、至れり尽くせりの設備」を擁していた大阪支店はすでに過去のものであり、「今日のデパートは2万坪時代」である。大阪支店の合計の「営業面積」は「8千坪」ほどであり、「阪急、大丸、松坂屋等に比較すれば尚その狭隘なるは免れないが、経営策の如何を以ってすれば却って手頃の、働き易い、軽巡洋艦的立場」であると、大阪支店のメリットが述べられている。[37]

　「良品主義の徹底」では、先述の「地理的条件と、店舗面積に於いて、他百貨店との間に一種のハンデキャップを築かれて」いる。そのため、不利な条件を打破するには、「無駄」を「排除」した「真に価値ある商品の厳選」が行われた「良品主義の徹底を、真っ向から打翳す武器とせねばならない」と、三越のアドバンテージが論じられている。[38]

　「優秀人材の集結」の前半では、良品主義を展開するにあたっての「能勢、瀬長の新鋭と小笠原、山口の老巧を以って固むる大阪三越の経営陣は、更に中堅幹部に異数の人材を集結せしめて、今や全く無敵陣を形成した観がある」と、大阪支店に結集した豊富な人材を誉めている。さらに、「兎に角大阪三越に於いて、現在の如く多数の人材を網羅した時代は、未だかつて無かったことであ」ると記される。その背景には、「新進或いは老練の士を

選って西部戦線に送り出し、一方能勢支店長はまた、自己の嘱望するに足る人材の蒐集に労を吝まなかつたのが、両々相俟って、大阪三越に優秀店員を集結せしむる結果」になったと、優秀な「経営陣」と「中堅幹部」が集結した理由が書かれている[39]。

「優秀人材の集結」の後半には、「近代的な企業の中で、百貨店ほど『人』に左右される企業は少ないと言われる。仕入にも、販売にも、サービスにも、商品管理にも機械力を使用することが出来ない。百貨店経営に在っては、営業の補助的役割を勤むる設備の上にのみ、多少の機械力を必要とするだけであって、営業主体はその一切を『人』の力に俟たねばならぬ」とある。そして、「店員あってのち、初めて模範的サービスが生れ、良品主義の徹底が期せられ、建築設備の改善も、時宜に適した催物の計画も遂行され得るのである」として、「伸び行く大阪三越に祝福あれと祈りつつ」文を終えている[40]。言うまでもなく、三越における百貨店マン存在そのものと彼らのサービスのあり方で締め括られている。

『大阪三越』の最後を飾っているのは、大橋による「凌雲亭物語」と題された跋文である[41]。「凌雲亭」とは大阪支店のことであり、その序文に「『凌雲亭物語』は単に大阪三越の側面史ではない。浪花の地に凌雲亭影の巨大に描かれるところ、それこそ即ち、大阪百貨店発達史の翳影とも云う事も出来る」とある。小項目をみれば、多少なりとも前述の意味も把捉できるが、深く知るには熟読しかなかろう。小項目には、「波瀾重畳たる店運」「統制経営の長所短所」「羽振り利かした時代」「デパートも人気稼業」「浪花に結ぶ男の友情」「別格小笠原満舟翁」「大阪三越を担う人々」「次の凌雲亭主人は誰か」とある。なかでも「大阪三越を担う人々」には、「大阪三越の中堅陣に今日ほど人材が揃ったのは空前である」として、「宮島呉服係長」「藤原洋服係長」「齋藤雑貨係長」「長島食料品係長」の4名を紹介している。支店長以下、全店員の活動こそが大阪支店再生の支えになっていたことは、ここまでの本文で繰り返し強調してきた通りである。

7. おわりに

　最後に、三越の大阪支店の営業方針を中心に整理しておこう。

　第1。大阪支店の営業展開が苦戦していたことが手に取るように理解できた。また従来までの百貨店史研究は、戦前までを各百貨店の成立段階として一括して捉える傾向があった。しかしながら、大橋の序文に「更生大阪三越は第2の暁を迎えて、既に新時代へのスタートを切った」とあるように、『大阪三越』からは開設から30年経過した大阪支店が営業改革を推し進めながら地域的展開を図っていたことがうかがえた。昭和期に入り劣勢を強いられていた大阪支店の営業方針＝優秀な人材による巻き返しが、如実に書かれていたのが『大阪三越』であった。このことは、能勢による劈頭挨拶文の「現在の大阪に於ける百貨店界の事情から推せば三越の店舗は狭い、地理的条件にも恵まれては居ないかも知れない。しかしそれだから駄目だと言う結論は成り立ちはしないと思う。たとえ店舗が狭隘であっても、地の理が悪くとも、もう1つ『これが良ければ』と言う武器が残されて居る筈だ。その武器とは何ぞや、と言うことは私（＝能勢）の口から申上げるのは烏滸がまし過ぎるから遠慮して置くが、兎に角大阪三越の将来に備えて私達が張り切った気持ちでいることだけは分って戴けることだと思う」からも知れる。まさに、大阪支店は開設30年にして正念場を迎えていた。『大阪三越』とは、それに立ち向かう東京本店の中村会長、北田専務以下、現場の能勢支店長と瀬長支店次長を始め幹部社員の本音をすくい上げていた会社史であった。

　第2。『大阪三越』から百貨店経営における基本的な営業方針が見事に読み取れる。すなわち、百貨店経営の原点と位置づけできる三越を作り上げてきた経営者・幹部社員の記述から「百貨店とは何か」という答えがみえてくるのである。現在の百貨店だけをあらゆる視点から観察しても百貨店経営の本質は決して理解することはできず、ここに百貨店の会社史を精査し研究を進める意義があろう。百貨店を理解するためには、過去の文献と現在の動向

の2つを的確に押さえることこそが大切である。百貨店に限らず経営史・商
業史の研究方法の両輪とは、あるかぎりの「文献を探る」とつぶさに「現場
を歩く」ことなのである。

　第3。百貨店経営の中核こそが、店員であることが『大阪三越』全編に描
き出されている。再び大橋の序文に触れておくと、彼は「大阪三越を護る能
勢支店長、瀬長次長以下各部係長の責任は重且つ大なるものがある」と、
「私（＝大橋）は大阪三越の繁栄を確信すると共に支店長以下各幹部諸兄の健
康を祈り益々勇往邁進されん事を切望する」と述べている。ここからも「支
店長以下各幹部」を中心とした全店員の力こそが、大阪支店を復興する原動
力となっていたことは明らかであろう。

　第4。大阪における百貨店業の動向のなかで、大阪支店の課題と今後の営
業方針が語られていた。したがって、大阪支店の営業動向だけでなく、大阪
の百貨店業の営業動向を掴むことができる。一言でまとめると、大正期から
昭和初期までの大阪では呉服系百貨店の競争だけであったのが、1937年（昭
和12）頃になると梅田の阪急百貨店および難波の髙島屋を中軸としたターミ
ナルデパートを巻き込んだ大激戦地区になっていたことである。『大阪三越』
が刊行された時期の大阪は、東京以上の百貨店激戦区であった。『大阪三越』
は、大阪の百貨店業の営業動向を知るうえで必須の会社史となろう。

　第5。ゆまに書房から既刊の会社史ではわかりやすく記載された目次に驚
かされたが、『大阪三越』においても、その目次から内容が的確に読み取れ
るように工夫されている。大橋によってより精細に目次が作成されていたか
らであろうが、三越の全面協力のもと前章の『三越』と同様に力作となって
いよう。こののち大橋は三越の神戸支店と大丸の会社史を刊行している。大
丸については第6章で紹介するようにゆまに書房から復刻されており、『大
阪三越』と重ね合わせて読まれることを期待したい。

　近年では従来までの三越の百貨店史研究に対し、松坂屋、髙島屋、阪急百
貨店の研究が一層進展しつつあるが、三越の百貨店化とは日本において最初

の出発点であり、三越が今日まで百貨店業界をリードしてきた日本の最も代表する百貨店であることは疑いようもない。三越の営業方針・経営展開については今後の詳細な検討が必要であり、その意味では大阪支店の営業動向を把握できる『大阪三越』の価値は非常に高い。大阪支店長および支店次長以下幹部社員を含む全店員が一丸となって、大阪支店の「更生」を目指して獅子奮迅の活躍と心意気をまとめあげたのが『大阪三越』なのである。前章の『三越』と読み比べられることで、平成期において発刊された三越の85年史と100年史とはまたひと味違った生き生きと働く従業員の実態が浮かび上がろう。当時ナンバーワン百貨店あるいは王者とも言われていた三越の支柱となっていたのは、紛れもなく経営者、幹部社員、店員すべての営業活動であった。『大阪三越』には、江戸期からの伝統を守り抜き、その後2005年（平成17）まで存続を可能とした礎石を築いた幹部社員を中心とした営業方針から知ることのできる新たな大阪支店に関する成立史が語られている。

註

1）織田萠編（1933）『大阪三越30年史 全』昭和織物新聞社、大橋富一郎編（1939）『増築記念 躍進神戸三越』日本百貨店通信社、小松徹三（1941）『大三越の歴史』日本百貨店調査所。

2）三越のあゆみ編集委員会編（1954）『三越のあゆみ―株式会社三越創立50周年記念―』株式会社三越本部総務部、大阪三越宣伝部（1957）『大阪三越開設50周年記念』同部、株式会社三越総務本部資料編纂室編（1990）『株式会社三越85年の記録』株式会社三越、株式会社三越本社編（2005）『株式会社三越100年の記録』株式会社三越。

3）『ストアーズレポート 2005年全国大型小売業現況レポート』株式会社ストアーズ社、2005年5月号、190～192頁。『同レポート 2011年全国大型小売業現況レポート』同社、2011年6月号、140～147頁。『同レポート 2015年全国大型小売業現況レポート』同社、2015年6月号、176～177頁。

4）大橋富一郎編（1937）『開設30周年記念 輝く大阪三越』日本百貨店通信社。註においても以下、『大阪三越』とする。なお、『大阪三越』からの引用部分の旧字体や常用外の漢字については原則として常用漢字に改め、かな遣いは現代かな遣いとし、また読みやすくするために句読点や現行の表記に従って送りがなを適宜

補った。横書きに合わせて引用資料を含め、原則算用数字とした。なお、括弧内「　」にある丸括弧（　）については、著者による加筆である。

5）北田による「序に代えて」は 1 頁でまとめられている。

6）大橋による「大阪三越経営の指標」は 2 頁でまとめられている。

7）前掲『大阪三越』166頁。

8）同上、1 〜 5 頁。

9）同上、2 〜 3 頁。

10）同上、4 〜 5 頁。

11）例えば、第 6 章の大橋富一郎編（1940）『記念出版　大丸20年史　（附）里見専務訓話集』日本百貨店通信社、第 8 章の村上静人編（1942）『百貨店叢書　第 1 巻　そごう』百貨店新聞社出版部などを参照。

12）前掲『大阪三越』6 〜 7 頁。

13）同上、9 〜28頁。

14）末田智樹（2010）『日本百貨店業成立史—企業家の革新と経営組織の確立—』ミネルヴァ書房、56〜64頁を参照。

15）前掲『大阪三越』22頁。中村利器太郎（1936）『私より見たる三越回顧録』日本百貨店通信社。

16）前掲『大阪三越』14〜15頁。

17）前掲拙著『日本百貨店業成立史』132頁。また他に髙島屋の学卒者については、末田智樹（2008）「明治・大正・昭和初期における百貨店の成立過程と企業家活動—髙島屋の経営発展と飯田家同族会の役割—（ 3 ）」『中部大学人文学部研究論集』第20号、99頁の表33「大正15年における採用受験者数明細」と表34「昭和 4 年大学及び専門学校卒業生採用者」を参照。

18）前掲『大阪三越』29〜31頁。

19）同上、32〜44頁。

20）同上、51頁。

21）同上、52〜53頁。

22）同上、54〜55頁。

23）同上、56〜62頁。

24）同上、63〜77頁。

25）同上、77頁。

26）同上、78頁。

27）同上、87〜104頁。

28）同上、92頁。

29）同上、105〜113頁。

30）前掲『大阪三越』109・111頁。
31）同上、121～135頁。
32）同上、121～123頁。
33）同上、124頁。
34）同上、125～126頁。
35）同上、136～146頁。
36）同上、136～138頁。
37）同上、138～139頁。
38）同上、141頁。
39）同上、145頁。
40）同上、145～146頁。
41）同上、153～164頁。

第2部　呉服系百貨店編

松屋本店

大丸本店

十合神戸支店

松屋本店　『調査彙報』第 2 年・第 5 号　日本百貨店商業組合、1934年。

大丸本店　『調査彙報』第 3 巻・第 5 号　日本百貨店協会、1933年。

十合神戸支店　『調査彙報』第 1 年・第 1 号　日本百貨店商業組合、1933年。

第5章　松屋の発展とその礎石
―銀座の老舗百貨店の知られざる成立と発展―

1．はじめに

　関宗次郎編『松屋発展史』（以下、『松屋』）は、1935（昭和10）年5月30日に松屋銀座本店開設10周年を記念してデパスト社から発行された会社史資料（以下、会社史）である。

　都市百貨店の会社史には例えば発行年順で、1933年（昭和8）11月『三越』（本書第3章）、1935年（昭和10）7月『松坂屋300年史』、1936年（昭和11）4月『大阪急』、同年同月『大伊勢丹』、1940年（昭和15）『大丸20年史』（本書第6章）、1941年（昭和16）3月『髙島屋100年史』（本書第7章）がある[1]。このなかで三越、松坂屋、大丸、髙島屋の4つの百貨店は、江戸期よりの呉服商としての歴史を明治以降も継承しつつ、明治後期から大正期にかけて百貨店化に成功した。これらの百貨店は、戦後以降、現在まで継続した東京、大阪、名古屋を本店・本社とする呉服系百貨店である。

　阪急百貨店は、昭和初期に呉服系百貨店に対抗するかのように大阪の新興地であった梅田に登場した日本最初のターミナルデパートである。伊勢丹は、東京の呉服系百貨店である三越、白木屋、松坂屋上野店を追い抜くべく、新宿駅近くに立地した明治期の呉服店を出自とする呉服系百貨店である。これらすべての百貨店は会社形態を変える一方で、それぞれのカラーを残しながら日本の百貨店業を発展させてきた[2]。

　『松屋』は、これらと同じ時期に刊行されたものである。したがって、『髙島屋100年史』以外の会社史と同様に外部委託によって発行されたものである。しかも上記の刊行年月と対比してみると、『松屋』は『三越』に次いで古いことがわかり、百貨店の会社史のなかでは先駆的文献と位置づけできる。

戦後以降の松屋には『松屋100年史』（1969年）がみられるのみで、その意味においても『松屋』を紐解く必要性がある。[3] 本章では、論題に示しているように松屋の成立・発展とその要因について探ることにしたい。

2.『松屋』の口絵写真と目次構成の検討

　まず『松屋』の表紙をめくると、「社長　古屋徳兵衛氏」「常務取締役　古屋惣八氏」「大正14年5月開店当日の盛況」とされた銀座本店の写真3枚がある。次頁には、「先代　古屋徳兵衛氏」「同　満寿夫人」「明治41年日本最初の洋風百貨店　今川橋3階洋館竣工記念撮影」の3枚がみえる。第3・4章の三越の会社史に比べて巻頭において写真は少ないが、以後店舗ごとに今川橋店では「明治31年今川橋洋館上棟式の日」を始め3枚、横浜支店では「明治18年竣工2階建」「明治43年洋館増築後の鶴屋」など4枚、浅草支店では外観写真など2枚、銀座本店に関しては取締役本部長と営業部長および銀座開店当時の鳥瞰図や外観図など4枚が載せられている。各店舗の変遷を示す写真や取締役、あるいは売場陳列風景と店員の写真が織り込まれており、読み進めて全体的に捉えれば、自社関係の写真は決して少ないわけではないことがわかる。[4]

　写真のあとに編者である関宗二郎による「自序」がきて、次に目次がある。目次構成の柱は、「自序」「第1編　発展史」「第2編　現幹部の方針と其陣容」「第3編　松屋幹部の展望」「第4編　建築概要及其他設備編」「第5編　店外より見たる松屋」「第6編　文芸人及スポーツ団体と人」「賛助広告欄」の順である。[5]

　「自序」からみておこう。[6] 関については『三越』の解説でも触れておいた通り、明治後期から昭和初期までの百貨店の経営展開については当時の博識者の1人にあげておいてよかろう。この点は「自序」の文面からも理解できる。彼は7つの項目に分けて、『松屋』および松屋経営の特色を述べている。それを示す表現の一部を抜き出してみよう。

　その頃の松屋の現状を表現するにあたっては、関は「銀座の王者株式会社松屋を築き上げる迄の70年間」「松屋今日大をなす原因」と記している。松屋の経営展開の特色については、順に「松屋の伝統的の経営方針」「10周年記念売出し前の繁忙期」「本支店仕入」などと、彼は言い表している。関の『松屋』刊行の意図については、順を追っていくと「初代・2代の古屋徳兵衛氏を中心とした同店経営の根幹をなす人々の功績と其経営の苦心の蹟を探り松屋発展の経路を明らかにせん」「同店取引者及び同店に職を奉ずる人々の参考資料として裨益」「経営精神の探求を主として調査記述するに重きを置いた」「経営者の刻苦精励の尊き歴史が描き出され、松屋を廻る人々及び百貨店研究者に何等かの参考資料となれば」などといったセンテンスから読み取れる。また、関が『松屋』の「本表紙」について工夫を凝らしていたことが書かれている。[7]

　これにより『松屋』に対する関自身の考えや刊行目的、執筆方針などが十分伝わってくる。このような会社史は、客観的叙述のほかに過大評価の表現がみえてくることは否めないが、彼は「自序」で、その点を「松屋当局は店是として自己を語る事を極力避けられた」としてあらかじめ断られている。また、関自身も「資料調査の専門的知識を持つ者ではな」く、「聞く程に書き、書く程に調べ、足にまかせて編輯したのであつて、恐らく誤り伝えられたる事も少なくは無かろう」と謙虚に述べている。[8]

　したがって、すぐさま目次を眺めて本論に進まれる前に、何よりもまず関による丁寧に書かれた「自序」に目を通すことをお願いしたい。その折りの松屋および百貨店のみならず企業の経営方針および、それを支える経営陣の苦闘が滲み出ているのである。とかく歴史学研究者には社会において、とくに私企業においてサラリーマン経験を経ているものは皆無に近い。自らが、企業において毎日直面する問題と困難に打ち勝とうとして必死になって努力した経験がない限り、経営史・商業史的視点を理解し論じるには、『松屋』のような現場をみて即座に記された会社史を読むことが最も有効な方法の1

つであろう。

　次に『松屋』目次からわかる特色としては、「賛助広告欄」が最後に付されていることである[9]。賛助広告の目次については、冒頭で既述した百貨店の会社史では『松坂屋300年史』『大阪急』『大伊勢丹』の3作にみられる。この時期の問屋を中心とした百貨店の取引先について知ることが可能な貴重な資料である松坂屋、阪急百貨店、伊勢丹、松屋の4つを突き合わせて考察することは、百貨店史研究のなかで新たな見解を生み出す手法となろう。

　また第5編は、「店外より見たる松屋」と題されて頁数のウエイトが高いことがわかる[10]。これまでの会社史では、「問屋」という表現はみえても「店外」とはみられないため、「店外」を意識された点を、どのように読み取るかは読み手次第であろうが、非常に興味をそそられる目次である。さらに、当時の呉服店から百貨店への転換過程を意識させるタイトルとして、第1編に「百貨店組織変更準備」「株式会社組織と震災」などが含まれていることが目次からうかがえることに着目しておきたい。それは、『松屋』より松屋の発展過程のみならず、明治後期から昭和初期までの経済状況のなかで企業形態としての百貨店が成立・発展した過程を把握する際にすこぶる基本的な視点だからである。松屋が近代的小売業として、どのようにして横浜と東京において受容されていったのかという転換過程を知ることができる経営史・商業史研究への効果はもちろんのこと、社会人・学生向けの地域史学習にとっても重要な教材的文献になりえるからである。

　松屋は、戦前では三越、白木屋、松坂屋上野店に続き東京を代表する呉服系百貨店として取り上げられてきたが、その要因として五服会のメンバーであったことが指摘できよう。五服会は、1919年（大正8）8月15日に三越、白木屋、松坂屋上野店、髙島屋東京店によって結成された現在の日本百貨協会の原型の1つとされている[11]。

　2019年（令和元）11月3日に創業150周年を迎えた現今、松屋銀座本店は東京銀座地区において衆望・売上高ともに銀座三越と首位を二分すると評価さ

れている[12]。高級ブランドからラグジュアリーファッションやアクセサリーさらには豪華な内装・外装で、若い女性の購買層を中心に、大変高い支持率を持つ銀座を代表する老舗百貨店と位置づけできよう。明治期に横浜で創業された呉服店「鶴屋」の流れをくむ百貨店として、創業以降、さらに戦後以降においても発展をたどってきた。1970年代のオイルショックを境に経営難に陥ったことは否めなく、銀座本店と浅草支店の2店舗体制となりつつ、経営再建には東武百貨店と伊勢丹が大きく関わったが、その伝統は残していると考えられる[13]。仕入関係は、1973年（昭和48）に松屋と伊勢丹の両社主導で結成した全日本デパートメントストアーズ開発機構に加盟して現在に至っている[14]。他の三越、松坂屋、髙島屋などと比較して、戦後以降、現在においても全国展開はみられないが、銀座・浅草の両店舗において着実に展開してきた呉服系百貨店である。そのため関東以外での知名度は低く、先の百貨店に対して松屋の経営発展の歴史は意外に知られていない。

　以上のことを念頭におきながら、呉服系百貨店として大正末期に銀座に出現し、今日まで東京銀座において経営の維持を図る松屋の成立と発展およびその礎石について、次節以降さらに『松屋』から解き明かしていこう。

3．創業経営者古屋徳兵衛による人材育成と経営組織の近代化

　戦前における松屋に関しては、従来の百貨店史研究において東京では三越や白木屋、松坂屋上野店に次いで、呉服店から呉服系百貨店への転換に成功した事例と並び称されて論じられてきた。一方松屋は、これらの百貨店と比べて江戸期における呉服店の経営展開の事例としては、経営史を本流とした歴史学研究ではほとんどみられないのも実状であった[15]。松屋は、三越・白木屋・松坂屋上野店の3社と同様に、明治末頃に陳列販売方式を採用して百貨店化を推し進めてきたが、大きく評価されていない。ただし、白木屋の株式会社化とほぼ同時期の1919年（大正8）3月1日に、資本金100万円によって株式会社松屋鶴屋呉服店を設立しており、呉服系百貨店としての百貨店化で

は先駆的な位置づけが可能である。¹⁶⁾

　しかしながら松屋の歴史については、既述の呉服系百貨店に比べて多くは知られていないのが現状である。ここでは、『松屋』の第1編の「発展史」の「1、松屋の発祥」「2、亀の橋時代」「3、今川橋松屋の買収」「4、今川橋進出の前後」「5、今川橋松屋の発展」に触れながら、松屋の百貨店としての成立過程について、これまでよりも一層深く掘り下げたい。¹⁷⁾

　関は、「株式会社松屋」の発祥については江戸期から続く今川橋松屋呉服店を源流とするが、「其経営者」は1889年（明治22）に「藤井家より現社長の先代古屋徳兵衛氏に継承された」ことから始まるとしている。初代古屋徳兵衛は、もともと山梨県北巨摩郡の出身であり、1869年（明治2）11月3日に「横浜亀の橋」に、「呉服小売商」の「丸正鶴屋」を開いたことから経営者としての道が始動した。関は、「本発展史は此横浜亀の橋開店に筆を起して、今川橋松屋の継承と其経営発展の経路を説きて以」って、「株式会社松屋に及ばんとする」と述べることで、松屋における成立・発展過程のスタート地点を明確にした。¹⁸⁾

　さらに関は株式会社松屋への成長要素として、初代徳兵衛自身が「商業道に長ずると共に一方」で、「繁栄の策は店員の養成から」開始することが重要で、「優秀な店員の訓育に努」めて「独自な見解の下に古屋組の制度を設け、店員の優遇と将来に対する待遇を定め」たと、創業経営者の果たした役割に着目していた。関は、徳兵衛の創案した古屋組の制度によって、「今日松屋の特長とし大をなす基礎とも言うべき亀の橋以来の優秀なる幹部店員を多数に持つ」に至ったと記している。また、関は「古屋組は明治12年に組織された店員待遇の一方法」として、店員の「当時の風習」であった「年期奉公」を「採用」しなくて、「給料制」を定めたとして、そこに「鶴屋の特長」がみえる制度と強調した。そのうえ、関は「当時の店員教育としては、珍しく科学的な事」であったと結論づけた。¹⁹⁾これらの詳細については一読してもらえればわかるが、関の見解から目次にあった近代的な「百貨店組織」への

転換の礎と、その萌芽を汲み取ることができる。無論、個人経営からの出発であるものの徳兵衛を創業経営者として、彼が組織・管理作りを重視していたことを『松屋』冒頭から評価している。

　関は、その後のことを次のように書き、松屋の飛躍ぶりを述べた。初代徳兵衛自らの一層の「商売熱心」さが「店員達を鼓舞し」て、ついに1885年（明治18）に松屋の店舗を２階建てに改築し拡張を行うまでに発展させた。その頃に「東京今川橋に古い暖簾を誇る松屋呉服店は店主藤井善兵衛氏が」亡くなり、経営が危機的状況に陥っていた。この「悲運松屋の救済」に「白羽の矢」が立ったのが横浜の徳兵衛であり、彼に「東京乗出しを奨めてきた」のであった。他方で、徳兵衛による買収までの決断は困難を伴った。しかしながら「花の都東京」に彼の「心も動」かされ、「思案を重ねた」結果、上述したように1889年の「５月に完全に総ての法律的の手続を終って古屋家の所有」となった。[20]

　以降、松屋では初代徳兵衛の娘婿の内藤彦一を筆頭に、「古屋一族の外に、神谷金之助氏、中山新右衛門氏、小松清剛氏、（中略）羽木友三郎氏」などが「中堅店員として徳兵衛氏の薫陶を受け店運の隆昌に貢献し」つつあった。それにより「三井呉服店」、白木屋、大丸、松坂屋上野店に劣らずの経営展開をみせたとある。[21]これらの店員の果たした役割については、『松屋』に子細が記されている。他章の百貨店の会社史と同様に、『松屋』が店員の活躍について大いに紙面を割いていることは注目される。[22]この店員＝「人」の活動こそが、近代大規模小売業の成立・発展過程の大きな基盤の１つとなったことと捉え、以下進めていこう。

　明治後期に至るまでに、さらに松屋は着実に発展していった。この今川橋松屋の発展については、1898年（明治31）には「店舗の増築改善」を行い、1907年（明治40）には「欧米百貨店の様式を採用し、総三階建の純陳列式に改築」したと記されている。しかも関は、「呉服ものの陳列に欧米風の洋館を使用したのは此れを以って嚆矢とすべきもので、不備乍らもデパートメン

ト・ストアー式の外観を具備するに至ったのは松屋が東京で第一番であっ
た」と明記している[23]。このデパートメント方式を最初に採用した表現につい
ては、三越や白木屋などの会社史においても各社の店舗が事始めであるとい
う叙述がみられる。1907年という時期であるため今後十分な検討が必要であ
るが、松屋が百貨店化を意識した店舗作りを試みていたことは間違いなかろ
う。

　続けて関は、「此新館落成と共に羽木友三郎氏を主任として雑貨の取引を
開始し、50銭均一品の売出しも始めて実施し、又バーゲンセールデーの新し
き名称の下に大好評を増したのも此の時代」と述べ、取扱商品の拡大や大衆
化戦略を意識した経営を展開していたことを論じている[24]。これにより関は、
松屋が三越、白木屋、松坂屋上野店と並んで、明治後期に百貨店化へ向かう
ための経営革新や百貨店の大衆化を試み始めていた点を評価していた。『松
屋』から浮かび上がる関の眼力は絶対に見逃せない。

　なぜならば、松屋が戦前までの呉服系百貨店へ転換するための必須条件で
ある株式会社化を、明治後期の三越および松坂屋、1919年2月の白木屋に続
いて同年3月に4番目に果たすことで、呉服系百貨店として世間から認識さ
れつつ成立したからである。東京では三越、白木屋、松坂屋上野店、松屋が
江戸期から続く呉服店から呉服系百貨店として成立し、現在では老舗百貨店
の本流として位置づけられる。言わば、江戸期からの呉服店の暖簾に、明治
期以降の創業経営者の先見性とその経営者が編み出した合理的な管理経営組
織が加わった形で、松屋は呉服店から呉服系百貨店へと近代化を遂げた。こ
の意味では『松屋』から呉服系百貨店の1つのルーツが判明し、近代的商業
経営の成立過程にとって重要なケースとなろう。

4．松屋銀座本店の開業までの経緯

　松屋の大正末期以降の急速な発展にとって看板店となったのが、銀座本店
であった。その開店については、第1編の「発展史」の「6、百貨店組織変

更準備」から書かれている。

　関は、三越による1904年（明治37）12月のデパートメントストア宣言の内容から始まり、それに白木屋と松坂屋上野店が続いたことを触れている。ここで彼は、この３社よりも松屋の方が先駆的であったことを提示している。関は、先の「此等の諸店は、まだ黒塗りの土蔵造りであったが、明治40年前項記載の松屋の新築店舗は総３階建で西洋造りであった。此れが東京に於ける最初の西洋館の百貨店の建物であった」とした。その後の「明治41年三越」と「大正３年上野松坂屋」が３階建てを作ったのであり、実のところ松屋が「其先頭を切ったので」あったと、彼は主張しているのである。さらに関は、「此建築落成と共に雑貨部が創設されて、故羽木友三郎氏が其衝に当って大活躍をしたのであって、実に我国百貨店発展史の前期とも云うべき時代に於ける松屋の活躍は素晴らしいものであった」と明言している。関は、近代的店舗と雑貨部および店員による近代的経営組織の存在があって、百貨店化が可能であったことを繰り返し述べていた。

　著者でさえ、もし『松屋』に目を通さないままに済ませていたならば、従来通り三越がすべてにおいて明治後期からの呉服系百貨店への転換システムの先駆けを作り出したとする評価のままで終わっていた。また、松坂屋が三越と並んで百貨店化によって先駆的役割を果たしたことを近年論じてきたが、『松屋』には松坂屋と同じ位置づけを与えなければならない事実が多く含まれている。しかしながら『松屋』において関は、「当時三越の日比専務をして『松屋の将来は恐るべきものあり』と一驚せしめた」と記しているように、1907年（明治40）の「今川橋新築落成」において、のちの２代徳兵衛である「現社長新に陣頭指揮に立っ」た折りには、三越からすればすでにライバル的存在になっていたと考えられる。

　この意味においても『松屋』の復刻の意義は断然大きい。日本百貨店業の成立過程には近代的商業経営の一大起点であり、現在のあらゆる商業経営を精察するうえにおいても欠かせない経営理念・経営組織・営業活動・営業方

針・店舗立地・取引関係などに関するヒントが多く隠されている。それだけに『松屋』を最大限に活用し、さらなる検討が望まれる。

　大正中後期における松屋の経営動向については、拙著（2010）『日本百貨店業成立史』のなかで、松屋の売上高推移について営業報告書を分析しながら考察した。『松屋』の1929年（昭和4）8月から1935年（昭和10）4月までの「松屋呉服店営業成績」と見合わせながら松屋の発展経緯をみておこう[27]。

　松屋では、大戦景気によって1917年（大正6）から1920年（大正9）までに売上高は急増していた。それとともに、松屋の店員数は漸増傾向であった。その後日本経済は戦後恐慌に陥ったが、三越や白木屋と同様に売上高・収益金は急激に下降しなかった。この背景には、松屋が1916年（大正5）10月1日から取扱商品を増加させながら、1919年（大正8）3月1日には、「取締役」に2代「古屋徳兵衛、古屋惣八、古屋大吉、内藤彦一、中山新右衛門、監査役に小池春次郎、神谷金之助」といった重役陣の名前がみえるように、彼らを中核に「株式会社に組織改め資本金100万円の松屋鶴屋呉服店」として「誕生」していたからであった。そして、「松屋は元来大衆を御得意として、如何にして多く、客を呼ぶかに苦心し、其秘術として当時の風習であった」などとあるように、1923年（大正12）7月3日には大衆必需品を廉売するための松屋マーケットを開設し、大衆化戦略に本格的に打ってでた[28]。

　関は、「7、株式会社組織と震災」として、松屋が株式会社化へ転換を果たした過程を論じている。そこで関東大震災後の松屋の売上総利益と純利益の推移をみてみると、松屋の動向は三越のそれと同様であった。松屋では、大震災によって今川橋店のほとんどを焼失したために一時業績が下降したものの、その後は徐々に上昇した。松屋の収益金回復の背後には、三越や白木屋と同様に松屋ではすぐさま「売店」「マーケット」として、大震災後の10月から11月にかけて、東京市・府内では「大森八景坂下」「四谷見付」「日比谷ビル」「建築中の銀座新店舗」の4ヶ所と「横浜も亦2ヶ所に」販売所を設けて営業展開していたことがあった。しかも、大震災後の物資不足時で

あったために各売店とも予想以上に繁盛し、「市民の物資の供給に努め、絶大の感謝を受け」ていた。この状況については、『松屋』に聞き取られたことがつぶさに書き記されている[29]。

　その後、松屋では1926年（昭和元）より収益金が急上昇したが、この背景には三越と同じく近代的大型店舗の再建があった。松屋では、まず1924年（大正13）9月16日の「臨時株主総会」を経て、「10月15日の総会に於いて」資本金を「500万円となすべく」ことを決定して資金調達を行った。次いで、銀座本店が1925年（大正14）5月1日に開店し、そして売場面積の急激な拡大に伴って経営組織を整備した[30]。松屋では、大型店舗における大衆必需品の大量販売によって、その後も金融恐慌までの売上業績は上昇傾向にあった。この点に関しては、松屋の営業報告書に「経済界ハ尚不振ノ状態ヲ持続シタルニ拘ハラズ、当社ノ営業ハ漸次進展シテ予定ノ如キ売上高ノ増進」とあり、三越同様に金融恐慌を凌いでいた[31]。すなわち、江戸期から三越と並ぶ大呉服店と言われた白木屋は、大震災を境に営業成績を下降させていったのに対して、松屋は2代徳兵衛の「令弟」古屋大吉と内藤彦一の同族を中核とした新経営陣で難局を乗り切った。

　この点に関しては、『松屋』では続く「8、銀座の開店と其発展」にかけて銀座本店開店までの経緯について記されている。とくに、『松屋』には先の経営者新陣容の整備、株式募集による資金調達、店舗建築上の問題、1,000人の新規店員増加と百貨店員教育などに関して詳細に記され、大正後期の呉服系百貨店の成立過程および経営の新展開にとって何が必要不可欠であったのかがみてとれる[32]。

　これらを記して、いよいよ関は、「斯くて大松屋の生れ出ずべき画期的な日、大正14年5月1日に多年熱望の的であった理想が実現されて、帝都の中心、銀座に進出し、名実共に理想的百貨店として茲に始めて真に多彩的にして光輝ある松屋の生涯に入り、其全能力を発揮し得るに至った」と書いている。しかしながら松屋の新店舗には、さらなる大きな問題が待ち受けていた。

その問題とは、売場における陳列商品の急増問題であった。この点について
は、売場の「1、2、3階を陳列して終うと4階以上に陳列する品物に困」
り、1階から3階までは「直営として4、5階を勧工場式に委託経営にでも
との相談も出た程の事であって勿論8階は使用」しなく、「6階を食堂とし
7階を催物として5階迄を売場に使用した」とある。今川橋の旧店舗から
「地上8階、地下1階延坪7,000坪を有する近代的大建築物」となった銀座本
店での営業活動は、すぐさま順風満帆とはいかなかった。[33]

　関は、さらに「茲に大衆を目標とする百貨店の使命を充分に果すと共に、
優良品を廉価に売ると云う店の方針は所期の効果を齎して、優良顧客の信用
を博し、上流顧客を獲得する事を得て、銀座進出後も幾何もなくして其積極
的営業方針は満都の人気を集めた」と記している。[34]松屋では、その後次第に
商品を増加させることで百貨店としての経営組織体制を完成させた。1926年
（大正15）3月26日に銀座店が正式に本店となり、以後松屋の中枢となった。

　最後に大震災後の三越との比較で言えば、松屋の新店舗は三越のそれより
も半年ほど完成が早く、下足預かり廃止についても銀座本店が開店と同時に
行っており、東京における百貨店業の大衆化の促進に松屋の果たした役割は
大きかった。[35]また『松屋』に、「1階主任　今井潔」による「銀座開店10周
年を迎へて」が載せられている。[36]この内容から松屋が、銀座を本拠地として
10年あまり百貨店として発展したことがわかる。今井は主任の立場でありな
がら、時代が進展するとともに松屋の新たな展望について述べられているこ
とは、百貨店マンとしての意識の高さを教えてくれる。

　これまで明治後期から大正後期にかけての三越、松坂屋、髙島屋、大丸に
ついて分析し、呉服系百貨店が成立発展した過程に関して、いくつかの成果
と観点を提示してきた。ところが『松屋』の銀座本店開業までの経緯には、
従来の百貨店史研究からは見いだせなかった老舗百貨店としての松屋の成
立・発展過程の知られざる真相が描き出されていた。

5．店外の問屋からうかがえる松屋の百貨店化過程

　関は、「5、今川橋松屋の発展」のあとに「均一売出し当時の思い出　金森商店主　金森克次氏談」を載せている。そこには、「金森氏は松屋が明治40年均一売出しを始めた時の功労者として銀盃を貰った方だと云う話を聞いて」とあり、松屋が百貨店化を果たすうえで店外から貢献した金森よりヒアリングした内容を挿入している[37]。これは、他章で紹介している百貨店の会社史にはみられない構成であった。この内容には、明治40年の松屋新館完成時における雑貨類販売の商品に関わった状況が克明に記されている。先に記した松屋店員の重要性、かつ雑貨類拡大により松屋のみならず呉服系百貨店の百貨店化過程を知る際の大事な記述であり、関が『松屋』を記した大きな意図が隠されている部分の1つである。

　金森は松屋新店舗の状況を、まず「3階建築が立派に出来上がりまして、1階2階は太物、服装用品で美しく陳列が終わりましたが、さて3階には陳列すべき商品が見当たらないと云う事で、紅白の幕を張って事務室用に使用せんとしたが、内藤さんも何とか3階を生きて使いたいと工夫されるし、アメリカより帰られた栄一さんも彼地の雑貨の均一売出しを真似て見てはとの事で、羽木さんから私に御相談があった」と、社員の活動と絡めて関に話している。松屋新店舗では売場は拡大しても、それに見合う商品を松屋店員だけでは揃えることが容易でなかったことがうかがえる。さらに続けて金森は、「確しか明治41年の4月1日の開業であったと思う、それでは3階充満策として日本最初の50銭均一売出しをと話が定まった」と述べている[38]。

　この内容は、髙島屋の支配人が1920年（大正9）4月からのアメリカ視察において、均一ストアのチェーンシステムに着目し、その後髙島屋長堀店にて「10銭ストア」を開設した事情に酷似している[39]。髙島屋のような成功したケースではのちに広がり知られるようになるが、松屋においても欧米の営業方式を活用した販売方法を独自に展開していたことは看過できない。今後検

討が必要であろうが、この事実にも知られざる松屋による百貨店への転換過程のなかで編み出された近代的商業の経営法が、『松屋』のなかに潜んでいた。

　金森は、その販売方法の新案に対して、「処が雑貨と云うものには経験は無し、最初の事でもあり薄利で市価よりも安く売らねばならずと言って、50銭に具合よく当てはまる商品は仲々見当たらない。色々其仕入れに苦心をした」と述懐している。そして彼の苦心は、どのようなものであったのかを次のように話している。この内容こそが商品を揃える「人」の大切さの根源であり、『松屋』からまざまざとみせつけられる。彼は、「其れで私の方は商売柄1つボール箱を作って、其内に2品なり3品なり詰め合わせて（45銭―48銭位の原価にして）50銭均一品として売出して見たら如何と思いついて献策をして」みたが、よい返事がもらえず、それで金森が「委託でやって」みようと言い出したとある。[40]

　ここには、戦後以降現在まで続く返品制をもとにした委託販売・消化仕入れの萌芽がみられる。金森は、それらの商品を「人力車」を使用して「洋品雑貨、袋物、化粧品等何でもかまわず仕入れては納」め、さらには彼は「郷里の岐阜へ飛んで帰って提灯や傘等迄仕入れ」て、「全都の人気を煽った」とある。[41]松屋の店員が、雑貨類を問屋サイドの協力と彼らの苦心があって、売場に徐々に揃えて充実を図っていたことが判明する。

　最後に金森は、「此景気で呉服物も良く売れましたが、然し一方に松屋は安物売りだと云う反対店側の宣伝も起こ」り、「雑貨の取扱商品も増加して3階の商品が充実すると共に均一品売場を縮小」し、明治「44年頃には全廃」することになったと、この時期の松屋において新販売法が定着しなかったと締め括っている。[42]

　このようにして呉服店において雑貨類が集積していった様子が、当時の景況とともに読み取れる貴重な文献である。松屋では、呉服店から呉服系百貨店へ転換するために近代的店舗を自ら完成させても、それに見合う呉服類以

外の新たな商品群である雑貨類の拡大が当面の課題となっていた。売場に満遍なく商品を備え付けるためには、金森を始めとした問屋の手助けが極めて肝要であった。『大阪急』に書かれていたターミナルデパートとしての阪急百貨店の品揃えの不足についても、開業した当初において同様のことが言えた。[43] ところが、阪急百貨店の開店当初は問屋と全く繋がりがなく、新聞広告で大々的に問屋募集を行って大量の商品を早急に揃えていった。それに対して松屋では、金森の記憶に鮮明に残されていたように、過去から取引関係のあった問屋との繋がりを活用して、百貨店化の要の1つである店舗拡張による取扱商品拡大という難境を乗り越えていった。

　現下の百貨店売場での豊富な商品群の陰には、金森と同様な問屋営業マンと百貨店マンとが、現地で相談しながら顧客に見合う商品を揃えていることは意外に知られていない。100年以上の時を経ても百貨店と問屋との仕入取引関係が大枠において同じ過程であったことは、現在の視点とかみ合わせると言えるのである。金森の他には、「先代古屋徳兵衛氏を憶う　塚本商店　服部氏談」と「明治時代の鶴屋の思い出　土屋留商店　野崎氏談」と題された貴重な記録がある。[44] そこにも当時の思い出が語られているが、金森と同様に松屋および徳兵衛による経営展開の様子がわかる。なおかつ、店外の問屋からみた松屋の百貨店としての成立発展の基盤が理解できる。

　第5編は「店外より見たる松屋」と題されており、ここには前述の金森からの聞き取り談がもう1つ「今川橋時代の思い出」として載せられている。それだけ、金森の話は松屋の百貨店化を如実に語っていた。その他には、まず「百貨店の発展過程と松屋の成功」があり、これは関によって書かれたものである。関は、その冒頭で「最近10ヶ年の間の松屋の発展は実に百貨店界の驚異とする処であるが、其発展は何によって生じ来ったか以下は一般に等しく認むる処の一考察であるが、百貨店発展の過程に於いて松屋が如何に幸運であったかに就いて述べてみたい」と記している。[45] 『松屋』のなかで関は、戦前の百貨店業界における松屋の発展状況について端的に書き記し、かつ彼

が当時身近でみていた百貨店化過程に関する非常に重要な見解であると判断できよう。必ず精読をお願いしたい箇所である。

　その後に、問屋による談話が先述の金森を含め、「呉服仕入部の長所」「銀座の10ヶ年間を思う」「松屋さんに対する感想」「雑貨取引店より見たる松屋」「常に一歩を先んずる努力」「羅馬は一日にして成らず」「銀座人としての松屋観」「銀座と松屋」「松屋の陶器部を語る」「親切な松屋さんの御取引に感謝して」などと立て続けにみられる。やはり銀座店に関わる記事が目立ち、これまでなかなか見通すことができなかった百貨店と問屋との関係が手に取るようにわかる。『三越』には同じように問屋からみた掲載コーナーがあり、『松屋』と比較されると、より呉服系百貨店の仕入取引の実状が判明しよう。

　『松屋』最後に賛助広告が、「松屋取引店　賛助広告者芳名　祝銀座開店10周年　松栄会　松愛会　横浜松隆会」と題されて、奥付の前頁までに35頁にわたって載せられている。また『大阪急』『大伊勢丹』と比べてみると、『松屋』では一括して最後に広告がまとめられている。問屋によって結成された団体は、他の呉服系百貨店にもみられた。例えば髙島屋では、明治期からの取引先団体の60年の記録が1冊の書籍として刊行されている。『松屋』では把握しやすい構成であるため、髙島屋の取引先団体と容易に比較可能な資料としても使用しやすい。

6．幹部の方針・展望と銀座・横浜・浅草三店舗の建築概要からわかる松屋

　『松屋』目次の第1編において、残りの部分である「9、横浜支店」「10、浅草支店の開店」「松屋呉服店沿革概要」について説明を加えておこう。

　横浜支店については古屋家創業の最初の店舗であり、「明治41年頃より呉服店の百貨店化と共に雑貨部の新設」となった本店であった。その店舗変遷と中山新右衛門などの古参店員の紹介が詳しくなされている。浅草支店についての記述は見落とせない内容が多い。浅草支店は現存しており、東京初の

呉服系ターミナルデパートであった。1933年（昭和8）7月20日に白木屋と京浜電気鉄道との共同で、京浜デパートは品川に私鉄ターミナルデパートとして開業したが、それ以前の1931年（昭和6）11月に東武鉄道との共同で、松屋は本格的なターミナルデパートを完成させていた。[51]

『松屋』には、東武鉄道の根津嘉一郎が松屋の重役であった関係から浅草支店が、ターミナルデパートとして「生れる原因」になったことなどを含む詳細な経緯が載せられている。その他には「浅草支店の特長とする設備其他商品に関して記載」され、銀座本店との「土地柄」による客層の違いなど、これまで知られなかった東京の百貨店業の一角を担ってきた松屋について多くの興味ある史実が秘められている。浅草支店の最後の頁における空いた隙間には、「歴代重役」と題された株式会社松屋の1919年（大正8）から1935年（昭和10）までの全重役陣の氏名・就任時期などが記されている。[52]「松屋呉服店沿革概要」には、1869年（明治2）の創業から1931年（昭和6）の浅草支店の開店までの松屋の歴史が年表形式で簡潔に記述され、『松屋』の第1編末に配されている。[53]

　第2編は「現幹部の方針と其陣容」である。そこには、まず取締役営業部長の小松清剛、販売課副課長の鈴鹿信太郎、仕入課長の青木三二の3名が、関の「質問に対して」に答えたインタビューを掲載している。見出しは、それぞれ順に「松屋の歩みつつある道」「販売課の奉仕精神」「共存共栄」と付けられている。[54]

　関が小松に「松屋の現況と将来の方針」について訪ねたとある。さらに、小タイトルとして「経営の方針」「今日の発展は天佑」「商品の選定方針」「新営業部長としての方針は」「銀座店と客層の合致」「商品にソツがない」「品物の流行と研究」「主力をどこに置くか」「商売の要諦はこれだ」が付されている。[55]一覧するだけで、松屋銀座本店の営業方針および昭和初期の呉服系百貨店の営業展開などが即座に読み取れる。

　鈴鹿は、銀座本店の営業方針について「商品の精選、店員販売術の上乗、

お客様の質、此三拍子を揃えて、松屋とお客様との意気が」合致することが販売課の精神であり、それが実現されて「松屋は永遠なる繁栄を得る」と述べている。銀座という土地柄と店員の接客姿勢と商品の選定の3つが、松屋の奉仕精神に大きく関わっていたことがわかる。しかも「松屋は決して雑踏を望む商策を採らずに、上品な買い良い店として」とあるように、今日の銀座松屋の高級かつ個性的な百貨店を目指すストアコンセプトを生み出した根底になったと思わせる内容である。[56]

　青木の「共存共栄」とは、「百貨店と問屋製造業者との関係は、車の両輪の如く互いに相助け合うて、本来の使命」を果たすために、すなわち「仕入部と問屋との関係は一身同体」というべき親＝問屋と子＝松屋の関係とまで主張していることである。[57]青木は、問屋が存在して百貨店が活かされていることを、関に繰り返し話した様子が文面からわかる。

　次に松屋の「職制」が、「重役」「本部」「営業部」「今川橋家庭部」「浅草支店」「横浜支店」の順で、職位とともに1919年（大正8）以降の全社員の氏名が羅列形式ですべて記載されている。松屋社員の全体像とともに、当時の呉服系百貨店の店舗・各課の人員配置状況がみてとれる貴重な内容である。なお、「銀座営業部」「浅草営業部」「横浜営業部」とされた3つの組織図も一緒に付けられている。昭和初期の百貨店にはどのような課があったかなど、呉服系百貨店および松屋の経営組織が非常にわかりやすく読み取れよう。最後に「松屋本部展望」とされた「山本取締役を部長とし、秘書長谷川君が縦横に活躍して居る」から始まる1頁の文面があり、社員の活躍ぶりや人となりが端的に書かれている。[58]

　第3編は、「松屋幹部の展望」として「重役」「営業部」「横浜支店」「浅草支店」の4項目である。まず「松屋の成功」について関は、「銀座進出」という「地の利の得たる事」が「一大原因」であるが、それ以上に「百貨店の財産は店員也」として、「松屋には実に多くの人材を有して居った其成功の最大の原因は此処に存する」と断言した。松屋社員の幹部の存在と活動に成

功要因を求めながらも、さらに関はその先を見据えていたのであった。すなわち関は、「松屋の人材」の「大半は先代徳兵衛氏によって教育され感化された人々である」として、「先代の言行が即ち現幹部の精神の根源なり思う」と述べて、初代徳兵衛の商売姿勢・経営方針および夫人の「2、3」の「逸話」を紹介している。それを踏まえて内容の目次は「現重役陣と元重役」と変わっており、古屋一族の紹介から記されている。なかでも2代徳兵衛について、関は「其比を求めて漸く伊勢丹の小菅社長と双壁なりと思う。此点は現松屋の最大の強味である」と述べている。[59]

　次の「営業部」では「販売課」から始まり、「仕入課」の「呉服部」と「雑貨部」に分けられ子細に書かれている。続いて「宣伝課」「業務課」「人事課」「計算課」「会計課」で、銀座本店の内容は終了する。「横浜支店」と「浅草支店」においても、関は決して手を抜かずに1人1人きっちりと書き記しているのは、巧みな記述としか表現しようがない。これらの内容の頁は2段組み形式にして、人物の経歴・事績とともに松屋の営業展開の特色をも記すという関の熱心な執筆姿勢が垣間見え、現在の会社史ではあり得ない松屋幹部全社員のプライバシーの公開を重視した百貨店経営の成立・発展史の構成となっている。[60]

　第4編は「建築概要及其他設備」であり、第6編は「文芸人及びスポーツ団体と人」である。前者の項目は目次にあるように「銀座本店概要」「横浜支店概要」「浅草支店概要」「其他設備」の4つである。銀座本店は「銀座街の中心に聳立する近代ルネッサンス式の建築は偉観である。昨年3月3日地下鉄が銀座まで延びて銀座地下街に直接連絡することになったので、一層交通の要衝に当り条件は益々良くなっている」と、当時本店の建物特徴と立地条件の優位性を述べる内容から始まり、「工事概要」が詳しく書かれている。横浜支店では、「商店街の中心と、歓楽境と、交通の要路との三位一体を兼ねた伊勢佐木町通りの入口に位」置し、「巨然と7階楼の聳えたる姿」は「横浜商業のシンボルとまで言われ」と説明が開始されている。[61]

　浅草支店の紹介は、「隅田川を背景とし、吾妻橋の畔に立つ偉大な建物は先ず衆目をひかずには」いなく、「東武電鉄の起点が2階にあって、1階2階のメイン・フロアが売場に使えないのは不便でなくもないが、浅草仲見世の延長と云った様な形になるのも交通の便、其他に於いて之を補うに余りあり、浅草の新名物となって」いると始まる。それに関は、銀座本店に比べて「大なる売場面積を持」っており、かつ「スポーツランド」と称する「遊楽場」がある「百貨店としては寧ち異端とも云うべく全国に類例を見ない一風変った特徴を備えて」いると、全国の百貨店のなかで位置づけを論じている。そして、それぞれの「工事概要」とともに、各店舗の特色が地域性に合わせてまとめあげられている文章からは、当時の様子が手に取るように理解できる。最後の「其他設備」では、「今川橋家庭部」および「青年訓練」として「松屋青年訓練所の沿革」などと、「店員教養」として「松屋店員教養所」の3つの紹介が所狭しとなされている。[62]

　後者は、松屋の店内同好会についてである。表題には「短歌を語る」「俳句趣味に就いて」「囲碁の趣味」「謡曲の趣味」「松屋庭球部」「乗馬倶楽部沿革」「弓道部」「山岳スキー倶楽部」「浅草松屋庭球部」「柔道部」「横浜野球部」などがある。[63]当時の松屋もしくは銀座・浅草・横浜の店舗ごとの社員サークル活動の実態がわかる。百貨店の会社史のなかでは、とくに『三越』と同様に多頁で載せられている。[64]当時の百貨店マンの勤務外での諸活動のみならず、企業としての社会人サークルが読み取れ、社会史・文化史的にみても役に立つ資料となろう。

7．おわりに

　最後に、横浜から出発して銀座を本店とし、浅草に支店を開設するまでに店舗拡大した松屋発展の礎と歴史的背景について整理しておこう。

　第1。松屋の成立・発展とは、初代・2代古屋徳兵衛とその一族ならびに店員・社員の営業に対する熱意と行動力そのものであった。その意味におい

て創業経営者初代徳兵衛と彼が育てた人材が、呉服商から百貨店への転換を可能とした最大要因であったことを明らかにした会社史であった。近代的商業経営を成立・発展させるためには、人と商品と組織における管理とその改革を積極的に展開していくことが重要であった。小売業である以上、商品が消費者の手に渡るためには多くの人を介さなければならない。『松屋』からは、明治後期より昭和戦前にかけた従業員から成り立っていた呉服系百貨店の成立・発展過程の礎石が汲み取れるのである。

　第2。松屋が銀座に本店を開設し、その後現在に至るまでに百貨店を中心とした東京都心の4大繁華街の1つと言われる銀座を作り出す役目を担っていたことである。銀座には、三越が1930年（昭和5）4月、松坂屋が1924年（大正13）12月にそれぞれ支店を開設した。[65] 松屋は松坂屋とほぼ同時期の1925年（大正14）5月であった。銀座本店の開業は、東京において百貨店業の先頭に立っていた三越に対抗した松屋の大きな経営成果であった。そして銀座と浅草における松屋2店舗の完成によって、山手線の東側に位置する現在の日本橋を中核とした上野・浅草・銀座における呉服系百貨店を中核とした商業集積地の原型誕生の一翼を担っていたのが松屋であった。この意味では、大正末期から昭和初期にあらわれた松屋の銀座・浅草2店舗の存在は非常に大きい。昭和初期には新宿・渋谷・品川・池袋にターミナルデパート、あるいはそれを意識したターミナル型の新興百貨店であった伊勢丹、東横百貨店（後の東急百貨店）、京浜デパート、武蔵野百貨店（後の西武百貨店）などが開業し現在に繋がっている。『松屋』の内容のみからでも、これらに対する銀座・浅草本支店の位置づけが十分可能である。別の視点からみれば、銀座と浅草の地域経済発展のために尽力した松屋の百貨店マンの地域貢献が知れるのである。したがって『松屋』は、都市形成史・地域経済史研究の観点からも存分に参考になる好著であろう。

　第3。他の百貨店の会社史と対比して、『松屋』の特色は銀座本店のみならず、横浜・浅草支店の店舗設備、経営組織、営業展開などの実態が網羅さ

れていたことである。この時期の阪急百貨店や伊勢丹は、ターミナルデパートおよび新興百貨店として本格的営業をスタートしたばかりであった。そのために、阪急百貨店と伊勢丹は各本店のみの整備で精一杯であったのであり、先行して成立していた呉服系百貨店の松屋は本店以外に支店の強化にも力を入れた。現在、店舗規模は縮小しているが、浅草支店の姿は東武鉄道との関わりでターミナルデパートとして、その姿を未だみることができる。浅草支店は、昭和初期における呉服系ターミナルデパートの起点として重要な位置づけに組み込まれ、銀座本店と並んで松屋発展の象徴の1つであった。それを関は、三越、白木屋、松坂屋上野店などと比較しながら論じた展開は絶妙であった。

　第4。明治後期から昭和初期にかけた呉服系百貨店の成立・発展過程の解明によって取引先、とくに雑貨類を取り扱う問屋との連携の拡大と重要性が判明した。百貨店は百貨販売を目的として開始された営業形態であり、まさしく商品が揃わないと完成しないのが百貨店であった。『松屋』には、それらの取引活動の実状と、また銀座や浅草の市場性を重視した仕入・販売活動が実証的に記録されていた。松屋が、横浜を起点として銀座と浅草の三店舗体制を確立した背景として、経営者による経営組織の整備のほかに、問屋との間で地域に適合した業務提携をスムーズに運営していた側面が大きかったことが理解できる。

　第5。商業および小売業の研究は、現在でも工業に比べて低位にみられがちのところもあるが、他方で現在の日本産業のなかで商業分野の割合の増加を考えてみると、国民経済上圧倒的な重要性が認められる地位にまで成長したと言えよう。とくに消費者と接する点では、百貨店が明治後期以降の商業発展に果たしてきた役割は大きい。外部委託の部類に該当するが、昭和初期にこれだけ貴重な会社史が発行されていた事実は肝要であり、百貨店の成立発展の過程を示した文献としては、これほどの資料はない。昭和初期までの百貨店史を調べるうえで重要な経営史資料とは言い切ってもよいほど、水準

の高い会社史と評価したい。とりわけ、松屋については従前研究や資料が少ないだけに、『松屋』の使用価値は高くなろう。また『松屋』は『三越』の構成と類似しており、比較することで両百貨店の特色と百貨店業の特性が浮かび上がろう。

　以上、『松屋』から解き明かされた松屋の成立・発展は、昭和初期までの日本百貨店業の成立と戦後以降の発展にとって主要な役目を果たした。本章とは異なった内容を、多くの読者によって読み取られることを期待したい。『松屋』は２段組みの頁も多い充実紙面であり、昭和初期までの商業関係の会社史が、これまでの会社史研究のなかで全く取り上げられてこなかったこともあり、眼を凝らして１頁たりとも見逃さず精読され、日本百貨店業の成立過程の真実を見つめる必要がある。ところが、歴史学研究者は資料しか読まないのが常であろう。どうして自ら経験していない商売のことがわかるであろうかと思われる百貨店史研究を試みている実務経験者も多いであろう。そこで、自らが経験していない以上、このような当時の営業活動が鮮やかに読み取れる『松屋』を何よりも資料として取り上げることが、実際に過去の事実と現代の現場にアプローチすることができる最適な手段であると最後に記しておきたい。優れた『松屋』を携えて銀座松屋を訪れ、百貨店の真の姿とともに歴史的背景を見抜くことが商業分野の経営史研究にとって大切な調査方法の１つなのである。

註

1) 本書の他章で論じている『三越』（第３章）、『大丸20年史』（第６章）、『髙島屋百年史』（第７章）であるため各章を参照。これら以外は、小松徹三編（1935）『日本百貨店総覧　第２巻　松坂屋300年史』百貨店商報社編、百貨店新聞社編（1936）『大阪急』同社、狩野弘一編（1936）『増築完成記念　大伊勢丹』百貨店新聞社を参照。

2) 三越、松坂屋、大丸、髙島屋、阪急百貨店、伊勢丹の成立過程については、末田智樹（2010）『日本百貨店業成立史―企業家の革新と経営組織の確立―』ミネルヴァ書房を参照。

3）社史編集委員会編（1969）『松屋100年史』株式会社松屋。

4）関宗次郎編（1935）『松屋発展史』デパスト社。注記においても以下、『松屋』とする。なお、『松屋』からの引用部分の旧字体や常用外の漢字については原則として常用漢字に改め、かな遣いは現代かな遣いとし、また読みやすくするために句読点や現行の表記に従って送りがなを適宜補った。横書きに合わせて引用資料を含め、原則算用数字とした。

5）なお、口絵と目次には頁数が付されていない。

6）関による「自序」にも頁数が付されていないが、2頁にわたっている。

7）同上。

8）同上。

9）前掲『松屋』165頁から35頁にわたって掲載され、最終頁の次が奥付となっている。

10）第5編は115頁から140頁まで。

11）前掲拙著『日本百貨店業成立史』299～300頁。

12）株式会社ストアーズ社（2018）『ストアーズレポート』6月号（No.620）110～117頁、同社（2019）『同レポート』6月号（No.633）116～121頁、同社（2020）『同レポート』10月号（No.648）58～64頁、同社（2021）『同レポート』8月号（No.657）71～75頁。

13）葦田正造（1980）『よみがえった名門百貨店　松屋』朝日ソノラマ、22～39頁。PAOS BOOKS編集委員会編（1989）『松屋　蘇った松屋銀座　都心型百貨店ビジネスの作興』三省堂、11～12頁。

14）葦田前掲『松屋』126頁。

15）松屋に関する歴史学研究としては、近藤智子（2006）「百貨店をめぐる流行とメディア―昭和戦前期の松屋呉服店を中心に―」『風俗史学』第32号が代表的である。

16）前掲拙著『日本百貨店業成立史』260～263頁。白木屋の株式会社化は1919年（大正8）3月1日である。

17）同上、263～266頁。

18）前掲『松屋』1～2頁。

19）同上、3～4頁。

20）同上、4～6頁。

21）同上、7頁。

22）例えば、第3章の小松徹三編（1933）『日本百貨店総覧 第1巻　三越』百貨店商報社、第4章の大橋富一郎編（1937）『開設30周年記念 輝く大阪三越』日本百貨店通信社、第6章の大橋富一郎編（1940）『記念出版　大丸20年史　（附）里見専務訓話集』日本百貨店通信社などを参照。

23）前掲『松屋』9頁。

24）前掲『松屋』9頁。

25）同上、18〜19頁。

26）同上、19頁。

27）前掲拙著『日本百貨店業成立史』259〜266頁。前掲『松屋』33頁。

28）前掲『松屋』19〜20頁、前掲『松屋100年史』142・388頁。前掲拙著『日本百貨店業成立史』263頁。

29）前掲『松屋』21〜22頁。

30）同上、22〜25頁。

31）「大正15年8月31日現在　第9回営業報告書」（松屋）。前掲拙著『日本百貨店業成立史』264・288頁。

32）前掲『松屋』25〜30頁。

33）同上、25〜26頁。

34）同上、29頁。

35）前掲『松屋100年史』185〜186頁。

36）前掲『松屋』44頁。

37）同上、10〜11頁。

38）同上、10頁。

39）末田智樹（2008）「明治・大正・昭和初期における百貨店の成立過程と企業家活動—髙島屋の経営発展と飯田家同族会の役割—（3）」『中部大学人文学部研究論集』第20号、70頁。また、本書第9章を参照。

40）前掲『松屋』10頁。

41）同上、11頁。

42）同上。

43）狩野弘一編（1936）『大阪急』百貨店新聞社、6〜7頁。前掲拙著『日本百貨店業成立史』218〜226頁。

44）前掲『松屋』14〜18頁。

45）同上、115〜119頁。

46）同上、120〜140頁

47）小松編前掲『三越』190〜221頁。

48）前掲註（9）と同じ。

49）高栄会60周年記念実行委員会編（1964）『髙島屋高栄会60年のあゆみ』同委員会。

50）前掲『松屋』34〜37頁。

51）前掲拙著『日本百貨店業成立史』240〜244頁、小松徹三編（1938）『開店満5周年記念　京浜デパート大観』百貨店日日新聞社を参照。

52）前掲『松屋』38〜41頁。

53）前掲『松屋』42〜43頁。

54）同上、45〜59頁。

55）同上、45〜51頁。

56）同上、52〜56頁。

57）同上、57〜59頁。

58）同上、59〜78頁。

59）同上、79〜84頁。

60）同上、84〜100頁。

61）同上、101〜108頁。

62）同上、109〜114頁。

63）同上、141〜164頁。

64）小松編前掲『三越』を参照。

65）株式会社三越総務本部資料編纂室編（1990）『株式会社三越85年の記録』株式会社三越、124頁、松坂屋100年史編集事務局編（2010）『松坂屋100年史』株式会社松坂屋、65〜66頁。

第 6 章　大丸の経営精神と専務取締役里見順吉
―『大丸20年史』から探る経営法―

1.　はじめに

　本章では、1940年（昭和15）9 月15日に日本百貨店通信社から発行された大橋富一郎編『記念出版　大丸20年史　（附）里見専務訓話集』（以下、『大丸』）を紹介しながら、戦前における百貨店としての大丸の成立過程にみえる、日本特有の百貨店経営法の根底に存在する呉服系百貨店の経営精神について、当時の11代下村正太郎社長および専務取締役里見順吉（以下、11代下村社長、専務里見）の活動を明らかにしつつ考察を加えていく。

　『大丸』は株式会社大丸としての設立から20年を記念して上梓されたものであり、大橋の編輯後記から判断して大丸の会社史として位置づけておきたい[1]。大丸は、江戸期における呉服商の大店を出自とし、そこで培われた商家経営の手法を継承し、今日まで存続した代表的な都市百貨店である[2]。そこで本章では、『大丸』の特色を示すことで経済史・経営史・商業史研究における資料としての価値の高さを論じたい。

2.　編者の主張点からうかがえる大丸発展の意義

　『大丸』の巻首は、表紙に次いで江戸後期の大丸呉服店の歌川広重画、株式会社大丸の大阪・京都・神戸の三店の外観写真、11代下村社長と専務里見のほか大丸幹部社員の顔写真の掲載から始まっている[3]。続いて、大橋による「大丸とその経営精神」と題した内容から、『大丸』の口火が切られている[4]。彼の強調点とは次の 3 点である。

　第 1 は、「わが百貨店界の王座は、三越が多年に亘りこれを独占して」いたが、「近年異常なる躍進を示している百貨店に、大丸のある事を、われ等

は見逃す訳には行かない」と記した点である。明治後期に株式会社化を果た
し、日本初の百貨店化を果たした三越の独走状態がみられるなか、大丸の
「勢力範囲が、関西に限られて」いたが、その存在は注目に値したのである。
大橋は、『大丸』刊行前年の1939年（昭和14）に大丸が売上高で松坂屋を追い
越し、三越に続く「第2位」に躍進したことを評価した。これは現在、経営
統合して会社形態を変えたとは言え、日本の4大呉服系百貨店の原型が昭和
初期に完成し、現代の百貨店業界に未だ君臨していることに繋がる重要な指
摘であろう。

　第2は、大丸が三越に追随した「原動力」についてである。大橋は、これ
を11代下村社長と専務里見の「名コンビ」が「発した高度の経営精神に他な
らない」と述べた。大橋は、いくつかの理由から当時「商人の社会的地位は
転落」し、「封建時代に逆行した観がある」とした。ところが彼は、これは
「士魂商才によって基礎づけ」られた「大丸精神の如き公明正大なる態度を
基準として精神的更生を図」れば、覆すチャンスを掴めると論じている。三
越では日比翁助と藤村喜七、松坂屋では伊藤祐民と鬼頭幸七の名コンビが、
欧米式を導入して生み出した日本特有の百貨店経営法のように、大丸の名コ
ンビもその源流の1つとなる「大丸式」と言って過言ではない経営法を誕生
させたと捉えることができる。大丸の名コンビが編み出した大丸の経営精神
は、大丸社員全員の営業精神となった。この経営精神は、今日の数多くの百
貨店マンの心に継承されている。

　第3は、「寵児と云われた百貨店」事業は、様々な「平和産業中、最も数
奇な運命に弄ばれた」もので、日本の百貨店業の成立過程は容易なものでは
なかったと、大橋は『三越』と『松坂屋300年史』を編纂した小松徹三と同
様な見解を示したことである[5]。この小松と、1935年（昭和10）・1937年（昭和
13）に『百貨店年鑑』を編纂した大橋という百貨店業界に精通した両名は、
会社史的な意義を持つ文献を残す必要性を感じたのであろう[6]。小松・大橋そ
れぞれが各百貨店に積極的にアプローチし、会社史を完成させたことは偶然

の一致ではない。ここに、株式会社として百貨店が100年以上にわたり継続した重要な要因が隠されている。小松と大橋が記した昭和戦時期までの百貨店に関する文献は、多くの価値を包含している。

　現今の百貨店は部門別管理制度のうえに成り立っている。そのシステムを作り出し、実際に活かしてきた「百貨店人」こそが、百貨店の急速な発展に欠かせない要素であったと、大橋は冒頭で結論づけた。小松は、明治後期から昭和初期までの百貨店業界を牽引したのは三越と松坂屋であったと捉えていた。同様に大橋は、昭和戦時期という「急潮の時代」に三越と松坂屋と並んで駆け上がった「毅然」とした大丸、および専務里見の経営方針と彼の存在を発見した。そのことが、『大丸』をまとめた大きな理由であったと読み取れる。

3．大丸の江戸期の発展と明治後期の危局

　大橋の巻頭言のあとは、当時大丸社長であった11代下村社長による「大丸経営に身を挺して感慨無量なる受難時代」から始まる。これは、大橋が1940年（昭和15）6月18日に、大阪本社において11代下村社長にインタビューした内容である。次の7項目として、「1、再建に乗り出す」「2、人的蹉跌」「3、経済蹉跌」「4、体当たりの覚悟」「5、あの時を想う」「6、大隈伯と私」「7、里見専務のこと」について触れたものである。11代下村社長が経験した明治期以降の大丸経営の苦難の歴史が述べられている。

　大丸に未曾有の苦難の時代があったことはあまり知られていなく、これは当然、大丸自体の恥になることであった。それを社長自らが弁じたことは、呉服系百貨店の成立過程を知るうえで重要な資料となる。また、大丸の危機的状況を救った最大要因の1つが専務里見の存在であったことは周知の事実である。けれども11代下村社長が彼と出会うまでは、経営者としての努力は素晴らしいものであったと評価できる。そこで大丸が大正中期に株式会社化を果たし、本格的な百貨店経営に乗り出す以前について、『大丸』の目次に

ある「大丸の沿革」に主に引拠しつつみておこう。[8)]

　下村彦右衛門正啓による大丸（『大文字屋』）創業は、現在の京都市伏見区京町北8丁目に呉服店を開設した1717年（享保2）であった。1726年（享保11）には大阪心斎橋筋に共同経営の「松屋（相合呉服店）」を開始した。1728年（享保13）には「大丸屋」として名古屋へ進出した。翌1729年（享保14）には京都柳馬場姉小路角に仕入店、1734年（享保19）には京都今出川大宮に西陣物の仕入れのために上之店を設けた。1736年（元文元）には京都の東洞院船屋町に総本店を新築し、柳馬場の仕入店を吸収した。1741年（寛保元）には烏丸上長者町の染物店であった小紅屋を買収し、京都において仕入れ・仕上げの加工機構を整えた。さらに、1743年（寛保3）には江戸大伝馬町3丁目に江戸店を設けて関東へ進出した。

　大丸では京都本店中心の仕入機構を内部化し、京都の高級技術仕立てという付加価値を追加することに成功した。この実現により大丸は、店自体に競争力をつけて江戸市場において新規参入の不利な条件をはねのけつつ経営を展開し、その後も分店設置を続けた。1751年（宝暦元）には大阪堂島に北店、1759年（宝暦9）には京都東店および金物店、1765年（明和2）には京都松原店を開店した。1815年（文化12）の大阪と1826年（文政9）の京都の両方では両替店を設けるまでに至った。1854年（安政元）には江戸に糸扇店を設置した。1717年の創業時から明和期（1764～1772）の初頭までの40年間においては、下村家傘下の店のうち10店舗を開設することで急速な経営発展をみせた。しかしながら、大丸の純利益は1855年（安政2）頃から下降し始めた。

　明治新政府成立の際に下村家は、三井・小野・島田家の三商人とともに財源融通の大役を果たすまでになった。ところが、幕末・明治初期には大丸の経営は悪化した。その後、大丸の経営は新政府主導による為替会社での活動のほか、呉服商社の設立、茶製会社や油会所の頭取就任、京都博覧会での御用達の拝命などと重なって一時持ち直したかにみえた。ところが、大丸は1886年（明治19）上期に創業以来の赤字を出した。1897年（明治30）前半まで

は、かろうじて経営を維持する程度の収益であった。

　このため大丸では1880年（明治13）の京都東店の閉鎖を皮切りに、翌年には大阪両替店を閉鎖した。翌々年の1882年（明治15）には京都松原店を一時閉店した。1900年（明治33）に京都絹店を閉鎖したが、1904年（明治37）上期に2度目の赤字を出した。1907年（明治40）前半まで損失が続き、同年に京都北店を松原店に併合する店舗縮小策に打って出た。大丸は、明治期以降も旧来の呉服店の経営形態から抜け出すことができずにいた。そのことが経営上の大きなマイナス要因となって、明治末期において創業以来発展してきた大店商家の経営は逼迫的状況に陥っていたのであった。

4．11代下村正太郎社長の経営改革による呉服系百貨店の誕生

　大丸は、危機的な経営状況のなか1907年（明治40）に大改革を行った。この改革で多大な責務を一身に背負った人物こそが、11代下村正太郎正剛であった。若き当主自らが駆け巡った精力的な活動と果断な処置は、大丸を呉服系百貨店への転換に導くこととなった。この正剛は、1883年（明治16）に10代下村正太郎正堂の長男として生まれた。正剛は7歳の幼少であったが、伏見家の下村源造を補佐役とし、11代下村正太郎社長として家督を相続した。その後、彼は京都府立第一中学を経て1906年（明治39）に早稲田大学へ進学した。[9]

　しかしながら大丸経営が窮地に陥ったため、11代下村社長は1907年夏頃に京都に帰京した。そこで彼は本店に重役を招集し、早稲田大学を退学し自ら陣頭に立って経営再建に専念する決意を表明した。彼は、大丸経営の近代化を図るために組織・業務革新に着手した。すかさず11代下村社長は大丸の経営改革をスムーズに推進するため、外部から当時新潟銀行東京支店支配人であった杉山義雄を有識者の顧問として迎えた。

　1907年12月17日には東京店において創立総会が開催された。株主58名全員が出席した。下村一族と杉山が資本金50万円のうち30万円を無限責任社員と

して出資し、20万円を株式出資とする株式合資会社大丸呉服店を発足した。社長には11代下村、専務には杉山を選任した。東京店を本店とした大丸は、京都・大阪・名古屋店の3つの支店と神戸店を出張所として発進した。

　11代下村社長は、陳列販売方式への転換と取扱商品の拡大といった百貨店へ転換による経営組織の近代化を果たしつつ、経営再建を試みる戦略に打って出た。大丸の百貨店化は会社化のスタートとした点で捉えれば、1904年（明治37）12月6日の三越に次ぐものであったと評価できる。ところが11代下村社長が、1908年（明治41）6月に欧米百貨店の視察のために出発した後、専務杉山を中心とした新勢力と、別家や他の重役など旧来の幹部との間で対立問題が起こった。杉山の急進的な改革は、別家や古参の店員には容易に受け入れられるものではなかった。この問題は反杉山運動にまで発展し、1909年（明治42）2月に杉山が退社する形で幕を閉じた。

　この後、11代下村社長は大隈重信に後任を依頼したが、上手く事が運ばなかった。そこで彼は、杉山就任以前から顧問であった早稲田大学図書館長市島春城の斡旋で、1910年（明治43）春に東京信託会社の岩崎一に改革案と融資を依頼した。ところが、岩崎の案を実行するためには金銭面で問題が生じた。このような時に大隈の斡旋から、日本生命保険株式会社社長の片岡直温が新たに改革案を引き受けることになった。

　片岡に一任した結果、東京本店と名古屋支店を閉鎖し、京都支店を本店、大阪・神戸を支店とする3店舗体制となった。片岡には、まず関西において大丸の経営的な基礎固めを優先させる思惑があった。これは一見、経営縮小策にみえたが、東京本店の閉鎖により京都へ本店を移して関西の3店に絞った営業活動が、後の大正後期から昭和戦時期までに大丸の急速な成長を促した重要な転換点となった。『大丸』の冒頭で大橋の記述した関西を基盤として発展した要因が、この時点にあったとみてよかろう。

　11代下村社長は、1914年（大正3）5月に再び大隈に力を借りた。大隈は、京都府知事であった大森鐘一に依頼した。大森は、京都商工会議所会頭の浜

岡光哲と協力し、当時村井合名会社と関西貿易会社の重役で、村井銀行監査役として活躍していた上野栄三郎を大丸の顧問として推挙した。顧問となった上野は大阪支店を従来の株式合資会社のままとし、神戸支店をこれに属させ、京都本店を分離することにした（以下、大阪店、神戸店、京都店）。京都店は、同年10月15日に合資会社として下村一族の経営で新開店させた。上野には大阪店と京都店の両店舗で、それぞれに債権者問題を処理させ、大阪・神戸両店と京都店の分離体制によって経営を安定させる大きな狙いがあった。さらに上野は、分離後ただちに東京の松屋の支配人であった美川多三郎を大阪店に、関西貿易会社の元ニューヨーク支店長だった辻幸次郎を京都店に支配人として迎え、伝統的な呉服店気質からの脱却を目論んだ。

　上野による斬新な人事と大戦景気が重なり、大阪・神戸両店ともに業績が上昇し、経営が軌道に乗ろうとした。ところが、その矢先の1920年（大正9）2月26日に大阪店が全焼する事件が起こった。この事態は大丸にとって致命的な損害となり、下村一族ではもはや経営維持が困難と判断された。大丸では全面的な株式会社への改組を決定し、資本金1,200万円による株式会社大丸呉服店を設立した。

5．『大丸』の目次構成にあらわれた大丸の営業精神と特色

　大橋は11代下村社長の巻頭文に続いて、当時大丸幹部であった12名による大丸20年の回顧談を中心に掲載した[10]。その内容とは、常務取締役（以下の役職名も『大丸』による）の石本音彦「お手玉と自転車」、取締役京都店支配人の津村甚之助「驚くべき認識不足」、取締役神戸店支配人の小野雄作「大丸発見」、大阪店支配人の上田新次郎「用意は完了した」、大阪店副支配人の糸井邦治「回顧と希望への一言」、大阪店副支配人の川島鉎造「無題」、京都店副支配人の北川弥一「大丸とその誠実な人格」、京都店副支配人の長島俊一「20年を回顧して」、本部商品課長の中村章治「株式組織成立弐拾週年を顧みて」、本部秘書課長の露口四郎「労働力の問題」、本部調査課長の田中盛和

「婦人店員の生活記録」、前川竹之助「忘れられぬ恩恵」であった。

　これらの内容から大丸は設立より20年を経て、11代下村社長と専務里見の
もと多くの優秀な百貨店マンを輩出していた。その彼らが、大丸本部や3店
舗における重要なポストに就くまでに成長し、当時の大丸の牽引力になって
いたことがわかる。彼らが専務里見以外で大丸の3店舗の主要幹部であった
ことは、『大丸』の冒頭の顔写真において前川以外の11名が載せられている
ことからも理解できる。これらの文面は、20周年を迎え飛躍した百貨店経営
に対する各幹部の評価と、呉服系百貨店経営の現状や大丸の特色を正確に把
握できる貴重な記述と言えよう。最後の前川は、1935年（昭和10）に『大丸
と私　感謝之生活40年』を上梓した人物である。[11]

　このあとに「大丸の沿革」と「大丸の現状」が掲載されている。大丸の沿
革については先述の通りである。大丸の現状については、まず名称、資本金、
重役名、各店、工場、出張所、配給所が載せられている。ここで興味深いの
は多くの配給所がみられたことと、京都店に4つの外売員駐在所が存在した
ことである。前者は出張所が配給所に変化し、後者は現在に連なる百貨店独
特の外商販売の中継基地のことであった。また、姉妹会社として大丸興業株
式会社について記載されている。[12]大丸および大丸興業の店舗・工場・出張所
を重ね合わせてみると、『大丸』からも昭和戦時期までに中国への進出が顕
著であったことが判明する。

　さらに使用人の種別や休日についても記され、昭和戦時期の百貨店の実状
が具体的に浮きあがる。次に4大福利規定が書かれ、従業員養老生命保険規
定、従業員団体生命保険規定、従業員医療規定、慰安休暇支給規定が事細か
に載せられている。これらは、専務里見が大丸入社後に定めたもので代表的
な福利規定である。ここから大丸の経営方針の一端を知ることができる。そ
れに、従業員の発明考案奨励規定が記載されている。[13]これらの規定から専務
里見が内部組織の人的要素の充実を図ったことや、昭和戦時期までの大丸の
店員に関わる福利厚生の豊富さが理解できる。

　最後に、本部の課長級の職制係名および大阪・京都・神戸店の順で、それ
ぞれに建物および店内設備、教育訓練、福利施設、従業員の組織する会、職
制係名、売場配置、催物一覧などが掲載されている。[14]なかでも百貨店の経営
展開を知るうえで、3店舗すべての1940年（昭和15）5・6月までの催事一
覧が記載されている。百貨店経営の柱的な存在である催事が、大丸において
も戦前から重要であったことがわかる。これらの内容を通して、『大丸』か
ら三越と松坂屋、髙島屋とはひと味違った呉服系百貨店に関する経営法の源
流がうかがえるのである。

　巻首の写真などのあとに載せられていた問屋関連の広告に引き続き、第2
弾の広告群がみられる。[15]『大丸』においても、取引先である多くの問屋の存
在を鮮明に捉えることができる。このあとにも2ヶ所ほど問屋広告が織り込
まれている。また、欄が開いている箇所に上手く入れるなどして、最後に広
告目次が付けられている。問屋との密接な関係を大切にする大丸の経営精神
がわかる。かつ、この時期の大丸で販売されていた商品群も読み取れる。こ
の問屋から供給される数多くの商品の存在が、今日まで百貨店経営の支柱で
あった。このように『大丸』から呉服系百貨店の経営法がうかがい知れる。
『大丸』には、広告の欄に至るすみずみまで見渡すことによる百貨店史資料
の価値の高さがみえる。

　広告の後は、「下村社長と里見専務」「大丸首脳部人の横顔」「大丸の第一
線に立つ各部長の縦横談」「大丸3店の部長群像」「里見専務訓話集」が続い
ている。「下村社長と里見専務」は大橋の筆によるもので、「大丸の性格」「下
村正太郎論」「里見純吉論」「結びの言葉」の4節構成となっている。[16]

　「大丸首脳部人の横顔」として、『大丸』の巻頭の写真と回顧談でみられた
メンバーのうち11名が紹介されている。[17]「大丸の第一線に立つ各部長の縦横
談」には、49名の部長クラスの談話が書かれている。「奢侈品経営に就いて」
「百貨店人として」「銘仙と消費大衆」などのように、目次を一読するだけで
当時の大丸の営業精神とその特色が浮き彫りになるのである。[18]「大丸3店の

部長群像」では、大阪・京都・神戸店の3店舗を合わせた88名の部長クラスの人物紹介がなされている。[19]

6. 里見純吉の入社経緯

　『大丸』のなかで大丸の幹部社員を育てた最重要人物である専務里見については、11代下村社長以下、多くの幹部が触れている。専務里見なしでは百貨店としての大丸経営の確立はあり得なかったと言っても過言ではない。[20]

　大丸は11代下村社長の百貨店化への推進活動によって、1920年（大正9）4月16日に株式会社化を果たし、百貨店としての新たな経営組織のもと営業展開を目指した。しかしながら株式会社へ転換したとは言え、すぐさま業績が伸びたわけではなかった。主な原因の1つとして、1920年の前半は戦後恐慌に突入した時期と重なっていたからである。百貨店として歩み出した大丸であったが、11代下村社長は経営的難局を打開するために諸改革を施した。そのなかで大丸が呉服店から脱皮し、百貨店として近代的経営の道へ踏み出した大きな契機となったのが専務里見の入社であった。彼は専務取締役に就任した後、大丸経営の近代化を一大目標として押し進めた。大丸のなかに百貨店としての礎が、彼の努力によって昭和戦時期までに形作られた。

　専務里見は1878年（明治11）年に千葉県で生まれた。1903年（明治36）に慶應義塾大学理財科を卒業し、同大学において助手を務めた。1908年（明治41）には三越本店庶務係長として入社した。三越において以後、営業部次長、雑貨部長、本部秘書課長兼参事などを歴任した。1919年（大正8）4月に欧米百貨店視察のために出張するなど活躍していた。ところが彼は、同年9月に帰朝した後の翌1920年9月に三越を辞職した。

　専務里見が三越を辞職した大きな理由として、同社に対して秘書課長の時に店員の待遇改善や週休制を提案したが認められなかったことがあげられる。このことは後の大丸経営に大いに活用された。彼は、三越で実行できなかった百貨店経営に対する信念とアイデアを、大丸で実現したいという願いから

1923年（大正12）2月13日に同社へ入社した。三越で数多くの実績を残した専務里見が大丸へ入社できた背景には、この時期に百貨店化を推進すべく活動していた11代下村社長の経営戦略が隠されていた。

　専務里見が入社する以前の大丸には当時の専務取締役として、松屋出身の美川多三郎と三越出身の大石喜一という百貨店経験者が「大丸行政」を担当していた。しかしながら11代下村社長自身は、「大丸の首脳部陣容強化の要を痛感しておりましたので、充分全店に圧力の利く大物を物色する心構えを致し機会を待ったのでした」と話しているように、大丸経営の近代化の最終段階を担う決定的な人材獲得を望んでいた。11代下村社長の思惑の背景には、大丸の最高顧問であった上野の助言が大きかった。上野は「大丸は、この際外部から適材を迎え入れなくてはいけない」と説いた。それを受けて、11代下村社長も「上野氏存命中はそれでよいとして、若し同氏100年の後を考えると、上に圧えの利く人物が必要であった」と考えたようである。

　この時に11代下村社長が、「此の圧えを利かす人物として好適無比の」専務里見と出会ったのであった。出会った時の状況について11代下村社長は、「或る人の紹介」で「上野氏も共に面語の機を得」て、専務里見と直接の「お話の節々に実にいい考えの持主であることを看取した」と述べている。しかも11代下村社長は彼の第一印象について、「これは惜しみても余りある人物との好印象を」上野に伝えている。11代下村社長の考えに対して、上野は大いに賛同した。

　その後、専務里見が三越退社直後の1921年（大正10）9月にジュネーブで開かれた国際労働会議より帰朝後に、11代下村社長は「再度会見の機会を持」つことができた。11代下村社長は、専務里見が抱く「営業時間や週休制問題、店員待遇問題等」の百貨店経営に対する理念に、「全くの同意見」を示した。11代下村社長が彼を大丸へ勧誘した時の会話については、11代下村社長が「1つその理想を大丸で実現して見る気はないか」と専務里見へ伝え、彼の気持ちもまた「大いに動いて呉れた」と記されている。専務里見は古巣

の三越への思いもあり、「同業の店へ入るのは、どうも躊躇を感じて」いたようであった。ところが彼は、三越の「退店は何も大丸入店に対する計画的作為でないことは、天地に俯仰して恥ずる事なき実情であったので、ここに決断」としたという。

　11代下村社長は、専務里見について「大丸が、この名専務によって倖いを得る時代を画することになったのです。これは当時の有りのままのお話であります」と述懐していた。専務里見が大丸で活躍した背景には、11代下村社長が百貨店として大丸を存続させるために、内外で多くの批判があるなか、競争相手の三越の元幹部社員を入社させた経営者としての不可欠な意思決定が存在していた。11代下村社長の意思決定は、大丸経営が近代化を果たすために重要な決意であったと評価できよう。

　11代下村社長と上野が率いていた大丸は、専務里見の入社前の1922年（大正11）4月10日に第1期の鉄筋コンクリート6階建ての近代的大型店舗を完成させていたが、内部組織の実情は呉服店時代の慣習が横行していた。入社した専務里見は、大丸の経営組織を整備して部門別管理制の確立のもとに、完全に呉服店から脱皮させることに照準を定めた。そのためには、彼による人材の育成こそが肝要な戦略となった。その成長した優秀な社員からみえる成果が、『大丸』の目次構成と内容に現れているのである。これこそが、専務里見が編み出した大丸経営を現在まで導いた大きな礎石となった「大丸式」の経営精神であった。

7．専務里見の経営訓話からわかる百貨店経営法の源流

　「里見専務訓話集」には、専務里見が培った「大丸式」の経営精神のすべてが記されている。訓話集は、1933年（昭和8）12月から1940年（昭和15）5月までで93項目に分かれた100頁を超えるもので、『大丸』の3分の1以上を占めている。[21] 専務里見が大丸に入社後10年経過し、彼が三越と大丸の2社において学んで修得した百貨店経営法および営業展開の実態と真髄が書かれて

いる。ここから呉服系百貨店の経営法の源流を掴むことができる。それは、今日に続く当時の呉服系百貨店による経営が生み出した日本における百貨店経営法の原点の1つと言えよう。

　この経営の訓話に関しては、当時大丸京都店副支配人であった北川弥一が、「里見専務が部長会議で述べられる訓話を傾聴することは、単に事業運営上の指針を得るばかりでなく、精神的にも啓発せられる所が多い」と述べている。専務里見が、部長会議において力説した内容豊かな「大丸式」の経営方針であった。

　訓話集にみえる項目を整理すると、専務里見が案じた大丸経営の近代化に関わる施策や経営戦略が一目瞭然である。注目すべき点は、彼が百貨店として成立するための経営組織を基礎として考えた「部門制度分業主義」と「手持商品の調節」が、訓話のなかで浮かび上がることである。とくに、両方が密接に関連した部門は仕入部門であり、「仕入」や「棚卸」の文言でいくつもみられる。専務里見自らが、「完全なる仕入」「仕入事務の検討」「仕入方法の研究」「商品の整理」「商品に対する周到なる注意」などで表現するように、彼が部門別管理制の中枢として仕入部門の整備による商品の充実を重要視していたことがはっきりとわかる。

　大丸が、1933年前後に『大丸』冒頭の写真にみられるような近代的大型店舗を完成した以上、専務里見が思案する残る問題は売場に商品を完備することであった。十分に備え付けられた商品の販売こそが、大阪において「大丸式」の百貨店を定着させる須要な要素であった。また項目には「メーシー百貨店」がみえ、「仕入」に関してはアメリカの百貨店視察による影響を多大に受けていた。明治後期から大正期にかけて百貨店化を進めた呉服店の模範となったのが、欧米百貨店の経営管理システムであった。三越と同様に大丸の百貨店経営にとっても経営方針の手本となった。専務里見が「メーシー店の今日の隆昌を来した所以」は、「ヨーロッパ各国の良い商品がアメリカへ渡って市民に提供」されるといった「時勢の趨向を洞察し之に魁けた」と述

べていることから、彼が「良い商品」の仕入れに着目していたことが汲み取れる。

　一方、専務里見は海外の百貨店だけでなく、当時大阪と二分した大都市東京の百貨店の営業展開にあらゆる面で注意を払っていた。彼は、とりわけ「顧客の入りに於いても、又商品の充実ぶりに於いても断然他を圧して」いた東京の三越本店と松坂屋上野店に刮目していたことが訓話からわかる。商品構成については、「三越・松坂屋に於いては、その趣は異って居るが、商品が実によく精練せられバラエティーもあり、又量も非常に豊富である。売場の商品が、その向き向きに於いて生き生きとして光彩を放っているのである。こう言う商品を努力して仕入れ、販売して居るからこそ、顧客をその店に引きつける事が出来るのである。これが今日の繁栄の基礎である」と詳述している。

　専務里見は、大丸が「商品の充実振りに於いて、未だ未だこれに及ばない所があるの」で、「部長諸君も時々東京の百貨店を視察して参考」にする必要性を説いたのであった。彼は他店の仕入商品に注目し、東京の百貨店に引けをとらない品揃えに重点を置いた。彼は、「文化的にも向上している東京風のもの、換言すれば、日本の文化的水準の高いものを取り扱う」百貨店経営法の確立を目指した。そのために彼は、欧米百貨店のみならず三越や松坂屋からも営業ノウハウを吸収することに専念する経営体制をとった。

　専務里見が作り出した呉服系百貨店の経営法の根底には、三越創始者の日比翁助の勇姿があった。しかしながら専務里見は、決して三越の経営法をそのまま肯定的に受け入れようとしたのではなかった。彼は、店員待遇など新たに欧米百貨店の良い要素を取り入れつつ、大丸経営の近代化に邁進することで三越の独走体制に揺さぶりをかけた。大丸は、当時の百貨店業界に君臨していた東京を本店とする三越と名古屋を本店とする松坂屋と同様に、江戸期から続く関西の呉服店を土台として成立した呉服系百貨店として強く意識して対抗していたのであろう。

　専務里見は独自の呉服系百貨店の経営法を考え出すなかで、同時に大丸再建に努めた。1939年（昭和14）には彼の企業家としての手腕が買われ、白木屋の取締役に就任して大丸との合併を進めた。ここに大橋が、翌1940年に『大丸』を完成させた大きな理由の１つがあり、なおかつ『大丸』が刊行するのに最適な時期となった。

8．おわりに

　『大丸』は、戦前までの日本における百貨店業の成立過程の研究を進めるうえで不可欠な会社史となろう。最後に、『大丸』の重要な資料としての位置づけと意義について、以下の４点にまとめておこう。

　第１は、経済史資料としての位置づけと意義についてである。『大丸』は、株式会社大丸創立20周年の会社史として位置づけできる。この点は、執筆者と目次構成から理解できよう。では、なぜこの時期に『大丸』が刊行されたのか。その問いが経済史的な意義に繋がり、その答えは大橋の巻頭言に「日支事変」と載っていたことから判明する。『大丸』からは戦前に成立した百貨店の経営状況がわかるが、とくに昭和初期から昭和戦時期という経済史的にみて大きな変革のなかで、大丸という日本の代表的な呉服系百貨店の実状が見事に把握できる。『大丸』の所々でみられた中国「大陸」における大丸の諸事業の展開については、昭和戦時期の経済史を知る際の重要な記述となろう。この内容は、『三越』と『松坂屋300年史』と比べた場合に、両著にみられなかった『大丸』の特色である。

　第２は、経営史資料としての位置づけと意義についてである。百貨店マンのなかにある経営精神を育てることが、昭和戦時期までに百貨店経営が飛躍するうえで重要であった。『大丸』には、その巻頭の挿画に混ざって載せられ「大丸の沿革」に記されている大丸の「家憲信條」である「先義而後利者栄」が見受けられる。[23] 1736年（元文元）に、下村彦右衛門正啓が定めた「義を先にして利を後にする者は栄える」という経営理念は、お客様と社会への

義を貫き、そこから信頼を得ることでもたらされる精神を育てることである。[24]
この精神が、大丸の幹部社員の談話から読み取ることができる。この経営理
念は、現下における大丸グループ共通の精神や営業方針の根本となっている。
『大丸』は百貨店経営の本質を探るうえで、百貨店マンの経営活動からみえ
る百貨店経営法を描いた一級の文献となろう。

　第3は、商業史資料としての位置づけと意義についてである。どのような
商品が昭和戦時期に販売されていたのかなど、『大丸』から当時の百貨店の
商品群がわかる。百貨店とは人以外に売場と商品とその管理システムの変遷
過程であると考えられるが、『大丸』から呉服系百貨店のその様相が判明す
るのである。専務里見を高く評価できる点としては、彼の改革が人と商品を
見事に融合させた管理システムを完成させていたことを指摘しておきたい。
彼は、昭和戦時期以降の大丸の発展過程を生み出した。呉服系百貨店の社員
の商業的活動と商品の流通をみることができ、そこから大丸の成立過程が捉
えられることを物語っているのが、まぎれもなく『大丸』である。

　第4は、昭和戦時期までの百貨店業界の実相、および大丸の経営実態や位
置づけについてである。呉服系百貨店の成立過程にとって三越、松坂屋、髙
島屋と並んで大丸も大きな貢献を果たした。東京へ進出した髙島屋に対して、
大丸は関西に経営展開の基盤を置くことで、その後の関西におけるターミナ
ルデパートの出現を含む百貨店業の形成に髙島屋とともに重要な役割を担っ
た。それは、大丸が戦後以降に西日本において支店や系列店による店舗網を
拡大し、日本百貨店業の発展に大いに寄与していたことであった。ここに日
本における百貨店業の地域的分布が判明し、かつ地理学的な資料としての意
義を見いだせよう。

　以上のように、様々な観点から現在に結びつく「百貨店とは何か」という
問いの答えが浮かびあがってくるのが、『大丸』の特色であろう。大橋の編
輯後記からも、彼の『大丸』作成の意図がわかる。[25] すなわち『三越』『松坂
屋300年史』『髙島屋100年史』とは異なる呉服系百貨店の経営精神と経営法

が読み取れる構成となっている。[26]『大丸』を３書と読み比べれば、三越、松坂屋、髙島屋とは違った呉服系百貨店の源流の１つであったと位置づけできよう。

　大橋は『大丸』刊行の以前に、百貨店新聞社から出版された『日本百貨店総覧』とは相違なる視点から、前述の『配給報国　百貨店年鑑　昭和10年版』と『百貨店年鑑　昭和13年版』の２著を発刊している。[27]彼は編修した時点で全国の百貨店のなかで、大丸経営の大いなる飛躍に着目していたのであろう。

　大丸には、戦後以降近年までの会社史として『大丸250年史』と『大丸300年史』がある。[28]これらには掲載されていない戦前における大丸の経営展開とその裏面が、会社史としての『大丸』から知ることができるのである。『大丸』は、明治後期から昭和初期までに日本において呉服系百貨店を中心とした百貨店業が成立した状況、および百貨店独特の経営組織を知る際の必読文献となろう。『大丸』からは江戸期の呉服店経営と明治後期以降の百貨店経営の違いが判明し、そのうえ『三越』『松坂屋300年史』『髙島屋100年史』と併読すれば、三越、松坂屋、髙島屋、大丸といった代表的な呉服系百貨店の成立過程の位置づけが可能となる。

註

1) 大橋富一郎編（1940）『記念出版　大丸20年史　（附）里見専務訓話集』日本百貨店通信社。註においても以下、『大丸』とする。前掲『大丸』278頁。
2) 末田智樹（2010）『日本百貨店業成立史—企業家の革新と経営組織の確立—』ミネルヴァ書房、161〜200頁を参照。
3) 頁数が付されていないが、９頁にわたって掲載されている。
4) 前掲『大丸』1 〜 2 頁。『大丸』からの引用部分の旧字体や常用外の漢字については原則として常用漢字に改め、かな遣いは現代かな遣いとし、また読みやすくするために句読点や現行の表記に従って送りがなを適宜補った。横書きに合わせて引用資料を含め、原則算用数字とした。
5) 小松徹三編（1933）『日本百貨店総覧　第 1 巻　三越』百貨店商報社、同編（1935）『日本百貨店総覧　第 2 巻　松坂屋300年史』同社。

6 ）大橋富一郎編（1935）『配給報告　百貨店年鑑　昭和10年版』百貨店新報社、同編（1938）『百貨店年鑑　昭和13年版』日本百貨店通信社。

7 ）前掲『大丸』3 ～ 9 頁。

8 ）前掲『大丸』45～51頁および前掲拙著『日本百貨店業成立史』163～167頁。

9 ）前掲『大丸』3 ～ 9 頁および前掲拙著『日本百貨店業成立史』167～171頁。

10）前掲『大丸』10～28頁。

11）前川竹之助（1935）『大丸と私　感謝之生活40年』（私家本）。

12）前掲『大丸』52～53頁。

13）同上、53～58頁。

14）同上、58～79頁。

15）前者の問屋関連の広告は、同上、29～38頁、後者は同上、79～90頁。その後、問屋関連の広告が挿入されている。なお、同上、276～278頁に「広告目次」があり、挿入された広告の頁がわかる。問屋関係者にも配慮した『大丸』の優れた工夫の 1 つである。

16）前掲『大丸』91～97頁。

17）同上、97～102頁。

18）同上、109～145頁。

19）同上、155～166頁。

20）本節は、とくに前掲『大丸』8 ～ 9 ・94～97頁および前掲拙著『日本百貨店業成立史』172～175頁を参照。

21）本節は、とくに前掲『大丸』173～275頁および前掲拙著『日本百貨店業成立史』175～179頁参照。ほかには、『里見純吉講演録　続』（株式会社大丸松坂屋百貨店所蔵）、末田智樹（2018）『専務里見純吉によるサービス技術の向上と経営の近代化―昭和初期『大丸店員読本』の紹介をかねて―』『中部大学人文学部研究論集』第39号、同（2019）『老舗百貨店の接客法―松坂屋の史料が語る店員の"心得"―』風媒社、378～389頁を参照。

22）前掲『大丸』22頁。

23）同上、47頁。

24）同上、19頁。ほかに大丸250年史編集委員会編（1967）『大丸250年史』株式会社大丸、11頁、大丸300年史編纂事務局編『大丸300年史』J.フロント リテイリング史料館・株式会社大丸松坂屋百貨店、27・518頁を参照。

25）前掲『大丸』278頁。

26）前掲『三越』、前掲『松坂屋300年史』、大江善三編（1941）『髙島屋100年史』株式会社髙島屋本店。

27）前掲註（6 ）と同じ。

28）前掲『大丸250年史』、前掲『大丸300年史』。

第 7 章　髙島屋の経営発展と飯田家
―『髙島屋100年史』から探る経営基盤―

1．はじめに

　大江善三編『髙島屋100年史』は、1941年（昭和16）3 月 1 日に株式会社髙島屋本店から発刊されたものである。「髙島屋100年史発刊に際して」には「株式会社髙島屋創立20周年記念を迎うるに当り、髙島屋全史の編纂成る」と記載されているが、正確には髙島屋による株式会社の設立は1919年（大正8）8 月20日であった。[1]「序説」には「時恰も昭和14年は髙島屋が株式会社に改組以来20周年に相当せるを以って、此の機会に其の編纂に着手し」とあるように、1939年（昭和14）から1941年にかけて約 2 年がかりで完成された総数711頁の会社史である。[2]さらに、本文に入る前に「編纂に就いて」とあり、そのなかでいかなる資料を使用してどのような経緯で編纂がなされたのかについて詳しく書かれており、資料の拠り所に基づく史実性にも触れている当時としては見事な巻頭である。[3]

　管見の限り、昭和戦時期までに日本での百貨店に関する会社史の発刊は少ないにも関わらず、これだけの大著としてまとめられたのは髙島屋だけである。以下、ここでは『髙島屋100年史』（以下、『髙島屋』）の第 1 篇から第 5 篇までの内容からうかがえる髙島屋発展の歴史を述べながら、髙島屋経営の特色や意義、そして経済史・経営史・商業史資料としての価値について浮き彫りにしていくことにする。

2．飯田家の系譜と明治期における髙島屋の経営

　まず飯田家の系譜からみていこう。『髙島屋』の本文には、「我が髙島屋の祖先は江州高島郡より出で（中略）其の出身地名を屋号として髙島屋飯田儀

兵衛と称せり」とあり、元来髙島屋飯田家は現在の滋賀県高島市、旧称では江州高島郡を出生地とする江戸後期の近江商人群の一角であった[4]。江戸後期に飯田儀兵衛が米穀商を京都烏丸松原上る西側にて開始したが、これが現在の髙島屋の直接的な開祖となったわけではない。この儀兵衛の娘婿の中野鉄次郎こと後の飯田鉄次郎が、29歳時の1831年（天保2）1月10日に初代飯田新七として、義父儀兵衛が経営していた米穀商近くに借家をして古着・木綿商を開業したのが百貨店としての髙島屋の創業となるのであり、本来なら1941年（昭和16）は110年目に当たるのである[5]。では、なぜ1931年（昭和6）の創業100年目に『髙島屋』が発行されなかったのかについては最後に触れることにする。

　初代新七は1831年の開業と同時に店規として四綱領を制定し、この4ヵ条は髙島屋経営にとって明治・大正・昭和期に至っても重要な基本店則として位置付けられた。第1には「確実なる品を廉価にて販売し、自他の利益を図るべし」、第2には「正札掛値なし」、第3には「商品の良否は、明らかに之を顧客に告げ、一点の虚偽あるべからず」、第4には「顧客の待遇を平等にし、苟も貧富貴賤に依りて差等を附すべからず」と載せられている[6]。これは現在でも多くの商業やサービス業に携わる企業において欠かせない経営方針として掲げられ、かつ十二分に通用する性格のものであり、この部分は『髙島屋』のなかで経営史資料として重要な意義を持つ箇所と言える。

　初代新七は1851年（嘉永4）年に娘である歌に婚養子を迎え、翌年には娘婿である2代新七へ家督を譲った。26歳にて家督を相続した2代新七は髙島屋の経営一切を任されたが、彼は決して身勝手な経営をすることなく、重要な事柄は前もって必ず初代新七に相談し、先述の初代の店則を守りつつ堅実な経営を行った。1855年（安政2）には古着商を廃業して木綿ならびに呉服業へと完全に鞍替えすることで、明治期以降の髙島屋における呉服業の発展の道を開いた[7]。

　2代新七は1876年（明治9）3月に来店した神戸居留地の米国人との取引

を開始し、これが後年の髙島屋貿易業の萌芽となった。1877年（明治10）2月2日には段通商との取引・販売を手がけ、これが後の髙島屋装飾部の起源となった。また、同年3月と翌1878年（明治11）3月に開催された京都博覧会へ呉服類を出品した2代新七は、褒状を受けて博覧会の審査員としても活躍した。彼の時代には、昭和初期に百貨店としての髙島屋を確立していくうえでの経営基盤となる呉服類は言うに及ばず、装飾品や美術品の販売活動の礎を作って貿易業も始動させた。[8]

　2代新七の後を継ぎ、1878年9月24日に彼の長男であった飯田直次郎が26歳で家督を相続して3代飯田新七となった。彼の家督相続にあたり、店員の取締や組頭制度、店員への等級を制定することによって呉服店としての経営組織を整えていった。1879年（明治12）以後、1886年（明治19）年に至るまでの京都博覧会や、1881年（明治14）3月1日から東京上野で開催の第2回内国勧業博覧会へ帛紗や友禅縮緬などの作品を出品して受賞した。それに彼は海外での博覧会への出品を試みるために、1887年（明治20）3月29日からは実弟である飯田藤二郎を貿易係主任とし、同年11月22日には京都店北隣に増築したばかりの北店2階に髙島屋貿易部を設置した。[9]

　3代新七は、このような新規事業へ乗り出すとともに、岩崎家、大倉家、住友家、藤田家といった富豪の得意先を獲得することで販路を拡大していった。そればかりか、3代新七は1887年4月に宮城御造営にあたり、内装である窓掛や壁張、織物類などの製作を拝命され、後の宮内省御用達としての基礎作りを図った。[10] これが、『髙島屋』の最初の頁にある「無上の光栄」と題された本文ならびに、その後の頁を飾っている口絵が物語っている皇室との関係であり、三越や松坂屋、大丸などの百貨店の成立過程とは異なる髙島屋成立史における第1の特色である。[11]

　2代新七が興した事業を足掛かりとすることで、3代新七はその後大正中期以降も髙島屋経営の看板となった装飾・美術部門の拡大に力を尽くし、ますます貿易業などの多角経営へと髙島屋の事業を一段と発展させた。ここま

でで『髙島屋』の「第1篇　創業時代（自文政12年2月至明治21年3月）」を述べてきたが、次に、「第2篇　個人時代（自明治21年3月至明治42年11月）」に入る。[12] 3代新七は1888年（明治21）3月9日に家督をすぐ下の実弟である鉄三郎に譲って名前を新兵衛と改め、それを受けて同年4月27日に鉄三郎は4代飯田新七を襲名した。同年11月5日には家督相続の披露を行い、その後すぐさま翌1889年（明治22）3月12日に神戸からフランスへと渡航し、ヨーロッパ各地を経てアメリカへ渡って同年10月9日に帰朝した。当主の渡航以降は彼の弟達を始め、明治後期までに髙島屋の数多くの店員が海外へ視察や営業出張をし、髙島屋の呉服業と貿易業の両部門のさらなる発展が可能となった。後述するように、この両部門の発展があって初めて髙島屋経営が昭和戦時期までに著しい伸長をみせたのである。[13]

　この時期における髙島屋経営で着眼しておくべき動向として、髙島屋による第3回内国勧業博覧会への出品と同時期の1890年（明治23）3月に東京に出張所を開設したことがあげられる。4代新七は兄の新兵衛の力も借りて、当時日本橋区本石町伏見旅館内に出張所を置き、この東京への進出を出発点として以後の東京出張所の支店昇格が、東京における百貨店としてのコーポレートブランドを髙島屋が実現し、昭和戦時期までに経営を発展させるうえで重要なターニングポイントとなった。[14]

　東京進出の背景には2つの事業との連関が存在した。1つは3代新七が導いた既述の宮内省を中心とした諸官省からの御用拝命であり、もう1つは髙島屋の貿易事業展開との関係であった。4代新七もまた、この2つの業務内容を髙島屋の本業である呉服業と上手に関連させて経営拡張を目指した。加えて、東京支店では呉服業と貿易業の両事業が明確に分かれることで、各々の事業が発展するうえで適合的な顧客や取引先の獲得に成功して、それらの営業販売に特化することができるようになった。なおさら、貿易面における弟の飯田藤二郎・太三郎両名による活躍が昭和戦時期までに百貨店として著しく経営発展を成し遂げる髙島屋において、高級品販売を可能にするための

品揃えを拡充する決定的なバックアップとなる土台を確立していった。[15] この貿易事業への参入が他の百貨店の成立史ではみられない髙島屋の第 2 の特色であった。

　以上の東京進出から少し遅れて、1896年（明治29）9 月23日に大阪市北区堂島中町 2 丁目に京都飯田たかしまや呉服店大阪出張所を開設した。京都本店にあった呉服業に関しては、それまで 4 代新七と弟の飯田政之助、妹婿の飯田忠三郎が担当し、呉服業の事業拡大を目標に日々精を出していた。大阪出張所は当初わずか数名の体制で営業販売を開始したが、翌1897年（明治30）7 月 2 日には南区順慶町 4 丁目の心斎橋東入北側へ移転し、京都本店はそのまま政之助に取り仕切らせ、大阪出張所の運営は忠三郎に任せた。

　そのうえ、南区心斎橋筋 2 丁目14番地の田村太兵衛を店主として20数名の店員をもって経営がなされていた老舗丸亀屋呉服店の譲渡話が舞い込んできた。それを機に 4 代新七は大阪支店の開設を決断し、これが髙島屋呉服業発展の大きな転機となった。彼は、これを引き継いで新たに大阪心斎橋店の開店へ向けて手際よく進め、大阪における商業空間の中心地の 1 つであった心斎橋に営業拠点を設置することに成功した。大阪支店の店長となった忠三郎の活躍により、この後大阪支店は髙島屋呉服業における中核的な営業拠点となった。それに1907年（明治40）5 月30日に西洋風 2 階建て陳列式店舗を完成したことがあり、大阪支店は呉服店から百貨店化に力強く踏み出した。[16] ここには、大阪の商業空間を発展させた髙島屋からみえる商業史を語るうえで欠かせない一端が隠されている。

3 ．飯田家同族会の成立と大正期の株式会社化

　このような経営動向のなか 4 代新七は、1903年（明治36）3 月 1 日に飯田家同族を中心とした最高幹部会議を開き、『髙島屋』に記載されているように次のような営業方針 5 ヵ条を取り決めた。第 1 に「上下一致協力して商売は絶対に他店に負けを採らざること」、第 2 に「内外博覧会には必ず最高名

誉賞を得ること」、第3に「職人は名を後世に遺す様染織技巧に努力せしむること」、第4に「貴紳豪家の入洛来阪等には常に送迎を怠らず、且つ御用を承る様努力すること」、第5に「宮内省御用を初め、各宮家、陸海軍御用、及び華族、大官、紳士紳商等一般家庭の御用を受くることに努力すること」の以上である。[17]

　殊に宮内省を頂点とする上層の顧客獲得を通じて髙島屋に対する信用が強まり、結果的に「紳士紳商等一般家庭の御用」までも吸収し、あらゆる顧客層への髙島屋商品を流通させたい様子が知れ、そういう店舗作りを望んでいたことが飯田家同族による将来ビジョンとして重要視され、以後の髙島屋の経営方針として引き継がれた。この点からも『髙島屋』が経営史・商業史資料としての十分な価値を持ち合わせていることが汲み取れる。

　また、4代新七は京都本店を任していた店長政之助（3男）、東京支店の店長藤二郎（4男）、大阪支店の店長忠三郎（妹婿）、横浜支店の店長太三郎（5男）、兄の3代新七こと新兵衛を合わせた兄弟6人を中心として髙島屋の経営組織を整備していった。明治20年代中頃から1907年（明治40）頃までに東京支店（呉服業・貿易業）や大阪支店など着実に支店や店員を増加させながら、拡大した店舗の経営展開をスムーズにするように同族組織を形成することに成功した。[18]

　個人経営から会社組織へと転換することで同族による経営強化を押し進めるため、1909年（明治42）12月1日には飯田家同族6名による「髙島屋飯田合名会社」を設立した。合名会社設立の背景には兄の新兵衛が同年2月25日に58歳にて死去したことがあり、一段と経営を強化させるために、『髙島屋』に記されているように「兄弟協力一致、大に力を尽すべき」時期が到来したとして、3代新七の長男で当時25歳の飯田直次郎も同会社社員として抜擢された。[19]

　すでに第3篇の「合名会社時代（自明治42年12月1日至大正8年8月19日）」の内容に触れているが、その後をみていこう。合名会社設立後の急務として

飯田政之助が、髙島屋の本部であった京都本店の店長として同社の近代化を
迅速に推進した。京都における本店の新築計画を進めて1912年（明治45）5
月30日には落成式を済ませ、3階建て鉄筋コンクリート造りで一部地下室設
備を擁する近代的な建築物の店舗が完成した。明治後期の段階で合名会社を設
立した飯田家同族会は、京都本店の新築を行うことにより髙島屋の経営基盤
を確立した。そして大正期から3代と4代の飯田新七を中心に、これまで髙
島屋が考案してきた新意匠や美術工芸品に関する取り組みの集大成的な催事
を本格的に始動させた。[20]

　すなわち、髙島屋は1906年（明治39）9月22・23日の京都での開催を皮切
りに、東京や大阪、神戸でも展開した第1回「ア・ラ・モード」陳列会を踏
襲し、1913年（大正2）2月7日より「第1回新柄流行品百選会」を開催し
た。[21]髙島屋における「百選会」と呼称された催事の創設とその集客による営
業展開は単なる個別の戦略でなく、むしろ髙島屋の百貨店としての成立過程
におけるコーポレートブランドを定着させるための頗る重要な経営戦略と
なった。三越や松坂屋と肩を並べることを目的に、その後の髙島屋オリジナ
ルのブランド戦略を拡充するための催事の大きな支柱とするために「百選
会」を実施した。これ以後1994年（平成6）の第183回まで続けられ、髙島屋
のブランド確立と経営発展を導く重心となった。[22]大正期以降も飯田家同族会
は髙島屋の経営管理組織を強化し、京都本店以外の店舗についても随時拡張
を行いながら、東京・大阪の両支店を中心とする営業戦略の策定にも積極的
に意欲を示した。

　東京支店の新店舗建設は京橋区南伝馬町1丁目8番地において、工事を竹
中工務店に請け負わせて1916年（大正5）4月1日に起工し、同年11月30日
に竣工、同年12月1日に開店の運びとなった。新築の東京支店は店外訪問販
売を重視していた旧店舗とは違って、店売を主力とした陳列販売を目指した
もので、集客性の高い好立地の洋風的雰囲気を持った3階建て和風造りの新
店舗に様変わりした。[23]さらに、大正期以降に髙島屋東京店が百貨店としての

コーポレートブランドの増進を通じて、従業員が呉服部門の営業活動を担う都市型小売業経営を展開した。東京支店の誕生が、現在の髙島屋グループへ繋がる揺るぎない地位を築き上げる大きな原動力の1つとなったと考えられる。

　東京支店の開店と同日の12月1日には、貿易部を発展改組して「髙島屋飯田株式会社」が誕生した。[24] 経営史的視点からみれば、大戦景気によって貿易業は伸びを示していた時期であった。髙島屋飯田株式会社とは大戦景気の起業ブームの波に乗って、貿易部門がより資本を集めて株式会社化した会社であり、それにより会社としての経営組織を整えた。貿易事業が進展するにつれ、呉服部においても飯田家同族会および京都本店において販売方式の転換にともなう営業体制を充実させるべく、大阪支店改築の必要性の提案がなされた。すでに、大阪支店の店員数は京都本店を凌いでいた。大阪支店の改築は決定したが、従来の場所で改築するか、それとも今後の百貨店化を見定めて、立地条件を考慮してもっと適切な場所へと店舗移転を行うかなどの問題が出された。

　続けて第4篇の「株式会社時代［前篇］（自大正8年8月20日至昭和5年11月30日）」をみていくが、1919年（大正8）8月20日は飯田家同族会が「株式会社髙島屋呉服店」を設立した日であった。この設立は、貿易業の株式会社化に続いた飯田家同族会による髙島屋経営発展の基盤強化であった。株式会社髙島屋呉服店の初代取締役社長には飯田政之助、取締役副社長には飯田忠三郎、常務取締役には飯田新太郎が就任することで、上位3席はこれまでの京都、大阪、東京の各店店長に任せ、飯田直次郎も取締役となった。4代飯田新七は相談役となり、髙島屋飯田株式会社社長の飯田藤二郎は監査役を兼任した。飯田家同族会のコントロール下で髙島屋は、事業経営安定化の一環として呉服部門を株式会社化し、同族経営の強化を図りながら呉服部門における経営組織の拡大を目指した。[25] このことによって大正期以降髙島屋は飯田家同族会を中心に株式会社化を進め、貿易部門の発展を通じて百貨店化に成功

した。

　心斎橋の大阪支店が焼失し、それを契機に大戦景気の時期に株式会社化を行いつつ、この後本格的な百貨店経営へ転換を果たしながら新店舗建設を目標に掲げた髙島屋でも、1920年（大正 9 ） 3 月以降戦後恐慌に見舞われた。生糸類の暴落のため諸織物が値下がりするといった非常時を受け、髙島屋においても売場商品の取引において少なからず損害を被った。しかしながら株式会社髙島屋呉服店は戦後恐慌を経て、翌1921年（大正10）にかけて経営管理の強化を進行させながら新たな催事を展開し、商品のレパートリーを広げることで都市型百貨店としての組織を確立していった。

　新店舗に関して言えば、すでに三越が堺筋高麗橋に本館 7 階建てと東館 8 階建ての店舗を開設し、白木屋が堺筋備後町に鉄筋 8 階建ての店舗を、また松坂屋が堺筋日本橋に百貨店を構えていた。髙島屋大阪支店では、他店との顧客獲得競争を意識しながら新店舗に相応しい土地を買収し、市内交通の便などの立地条件を考えて南区長堀橋筋 1 丁目 3 、 4 番地に新店舗を建設することを決定した。再び竹中工務店に建築を依頼し、1921年 5 月30日には地鎮祭を、同年10月23日に定礎式を挙行した。翌1922年（大正11） 9 月25日には落成式を行い、同年10月 1 日に地下 1 階地上 7 階建て鉄筋コンクリート式の新店舗を開業した。²⁶⁾

　飯田家同族会および髙島屋は、株式会社化後に襲った難局を乗り切りながら、近代的百貨店として開店した大阪長堀店を中心に百貨店経営を完成させた。三越や松坂屋と並んで東京においても百貨店として知名度をあげつつあったが、1923年（大正12）年 9 月 1 日の関東大震災によって東京支店が類焼したため、今度は大きな損失を受けた。²⁷⁾ところが、飯田家同族会と髙島屋ではこの危機をものの見事に克服して、より一層経営強化に成功しつつ髙島屋独自の百貨店経営を展開した。

4．大阪と東京における近代的大型店舗体制の確立

　このように飯田家同族会を中心に髙島屋は経済的不況を乗り越えながら百貨店化に成功し、近代的設備を有した新店舗である大阪長堀店の開店に漕ぎ着けることができた。しかしながら別に店舗を開店することで、その新店舗である南海店が髙島屋の中心的存在となった。長堀店から南海店へ大阪店舗の本部を移したことは非常に重要な経営戦略であった。南海店は、上述の立地条件を重視して建設された長堀店よりも、さらに数段恵まれた良好な場所に新たな百貨店店舗として立地選定されたのであった。飯田家同族会は百貨店の将来の運命を左右すると認識し、当時2代目の専務取締役となっていた飯田直次郎が大阪の新店舗の立地選定およびその権利獲得にあたって活躍した。1928年（昭和3）7月2日には南海鉄道株式会社との間で、南区難波新地6番町12番地の難波ターミナルの南海ビルディングについて賃貸借契約を締結した。[28]

　1929年（昭和4）4月10日から建設に着手し、翌1930年（昭和5）12月18日に南海店が一部開店したのと同時に、同年12月1日に株主総会の承認を経て「株式会社髙島屋」に変更した。これによってより本式に百貨店経営へと進み出すことになり、ここからが『髙島屋』における最後の第5篇の「株式会社時代［後篇］（自昭和5年12月1日至昭和14年7月31日）」に相当する。[29] 新店舗の南海店がターミナルデパートであっただけに、これまでの髙島屋の商品開発力が問われ、それは南海店にとっても明暗を分ける挑戦として、開店当時大きな話題を呼んだ。その点から考えてみても、1929年4月15日に大阪北部の梅田に世界で最初の阪急百貨店によるターミナルデパートが登場して、1年半ほど経過して南の難波にも髙島屋によるターミナルデパートが姿を現したことは、昭和初期の大阪において北と南のターミナルデパートを中心とする大都市商業空間の原型の完成を意味していた。また、それだけに大阪市民による髙島屋のターミナルデパート出現への期待は大きかった。[30]

　しかも、南海店の開店に合わせて「10銭ストア」が設けられた。もともと、これは飯田新三郎と細原和一が長堀店の開店準備の一環として、1922年（大正11）にアメリカへ視察に出かけた折に、均一ストアのチェーン・システムに目をつけ、日本で初めて髙島屋によって考案されたものであった[31]。従来、阪急百貨店の開店によるターミナルデパート大衆化戦略が、昭和初期における百貨店業の新たな営業戦略の路線として言われてきたが、実は同じ時期に髙島屋もターミナルデパートによる大衆化戦略の一翼を担っていた。髙島屋では店舗の立地条件を経営上の重要な戦略とし、大衆化戦略と融合させて経営発展の基盤を打ち立てた。なおかつ、昭和初期におけるターミナルデパートの開設は日本の呉服系百貨店としては初めての試みであり、髙島屋南海店の今日に続く一大カラーとなった[32]。

　その後、地下 2 階地上 7 階建てで延べ坪面積約 1 万3,000坪の南海店全館が1932年（昭和 7 ）7 月15日に開店した。また当時、長堀店と南海店の 2 店舗で合計2,159人の従業員を雇用していたことは、髙島屋における経営発展の度合いがわかる。南海店が全館開店して10銭ストアも店舗数を急激に拡大し、同年 2 月以降は20銭商品も併置されて「10銭20銭ストア」へと変容拡充していった。これにより、髙島屋は本格的に大衆化戦略へ向かい始めた[33]。南海店は、三越、白木屋、松坂屋など長堀店周辺の堺筋に点在していた百貨店とは大きく異なった新百貨店の構想と経営方針が掲げられ完成した髙島屋の百貨店新店舗であった。

　ところが、この時期に経営発展のために髙島屋が新店舗にて経営を開始したのは大阪だけではなかった。東京においても新店舗建設の立案が開始され、これは京都本店の新店舗建設よりも東京支店の新店舗建設が優先された結果であった。また髙島屋が経営発展を目指す以外の背景には、他店との競争意識が大きな引き金となっていた。東京では三越が近代的な大規模店舗で経営を展開しており、三越に続いて百貨店化を進める呉服店も数多く存在していたためである。髙島屋では周到な計画と政財界の人脈を巻き込みながら土地

獲得のための長い交渉を経て、1930年12月26日に日本橋区通 2 丁目 5 番地における日本生命館の賃借契約を結び、東京日本橋店の開店準備を始めた。東京支店の新店舗建設に関しても主張したのは飯田直次郎であり、彼を始め飯田家同族会では誰もが予想不足なデシジョン―メーキングを行った。この決定は、 2 つの大都市において巨大新店舗を一時に開設するというビッグプロジェクトであった。翌1931年（昭和 6 ） 4 月20日には立柱式を挙行し、約 2 年の歳月を経て1933年（昭和 8 ） 3 月13日に地下 2 階地上 8 階建ての建物が竣工し、髙島屋の東京日本橋店が 3 月20日に開店した。[34]

　開店前の店舗公開セレモニーとして同月17日の午後から旧宮家の殿下ならびに妃殿下が多く来店し、専務取締役であった飯田直次郎の他、各重役や支配人が店内を案内した。この旧宮家の来店については、明治期から 3 ・ 4 代新七および飯田家同族会が宮内省との取引関係を作り上げた功績のおかげであった。旧宮家が髙島屋の東京支店の開店を祝福するために来店されたのであり、当時各宮家が一堂に会して来店したケースは他の百貨店ではみられなかった。大阪支店と異なって、前述の通り宮内省や旧宮家との密接な関係が東京支店における経営展開の大きな特色となり、以後東京における髙島屋のブランド力が高まって新たな顧客も増加していった。同月18・19日には日本生命と髙島屋両社の一般招待客を中心に約 3 万人が来店し、この間趣向に富んだ余興を開催して絵はがきなどを配付して東京支店の開設を祝った。[35]

　この時点で東京支店において百貨店として経営発展が十分可能な体制が完成していた。この後から昭和戦時期にかけて、髙島屋の大阪支店（ 2 店舗）と東京支店の売上高拡大によって三越や松坂屋を猛追したが、昭和初期には百貨店として成立し経営を軌道に乗せるべく巨大な店舗建設が重要であった。髙島屋でも大阪・東京の両支店の開設によって三越や松坂屋と同様にその過程を通っていたことは勿論のことであり、飯田家同族会が中心となって百貨店化を推進した。そのうえ、髙島屋にみられるようにただ単に近代的大店舗を建設するだけでなく、当時の都市百貨店が経営を展開するなかで店舗の立

地条件を最重要視していた点は注目すべきである。飯田家同族会を含む髙島
屋における取締役会でも新店舗立地に関して幾度も論議を繰り返し、土地獲
得交渉を展開して東京支店では日本橋にその立地を求めた。[36]

　三越や白木屋に代表される江戸中期からの老舗大呉服店が立地していた場
所であった日本橋は、当時の日本における商業空間の中心地であった。三越、
白木屋、松坂屋、大丸に比較すると呉服店としての歴史は浅いが、ここに髙
島屋が巨大な新店舗を開設することで、髙島屋が先述の百貨店と比肩する呉
服系百貨店として認められるに至った。髙島屋が昭和初期に日本橋店を東京
における百貨店経営の拠点としたことが、他の都市百貨店と経営統合が行わ
れていない大手の老舗百貨店として現在も発展した大きな要因になったと考
えられる。髙島屋の東京支店が、三越や松坂屋などの老舗百貨店を超えるだ
けのブランドを確立して今日の地位を築いたのである。大阪支店と同時期の
東京支店の開店を目論んだ飯田直次郎の意思決定によって、戦後以降におけ
る髙島屋のブランドは不動のものとなり、全国区の百貨店として大きく成長
した。冒頭で記したように、1931年前後は髙島屋経営の発展にとって、大阪
と東京に新店舗を構えるという命運をかけた経営体制作りが急がれた時期で
あり、『髙島屋』が遅れた理由も読み取れよう。

5．おわりに

　東京支店開店の直前に、以降の髙島屋経営の発展を図るための動きが生じ
た。それが1933年（昭和8）1月16日に臨時株主総会を開催して決議した
1,400万円への倍額増資であった。これによって髙島屋では、百貨店として
の経営発展を可能にするための経営基盤が成立した。[37]大正期の株式会社化と
さらなる増資化においても飯田家同族会による髙島屋の経営発展への意欲と
先鞭、かつまた組織改革が頗る重要な意味を持っていた。

　従来の企業経営史研究において、同族経営をマイナスイメージとして捉え
られる傾向がたびたびみられた。しかしながら、今日の髙島屋の小売業精神

を生み出した源泉として飯田家一族、なかでも初代の理念を受け継いだ4代新七ならびにその兄弟と、彼らの下で活躍した飯田家の新しい世代による革新的経営が重要な役割を担い続けた事実が大切である。彼らによって現在日本を代表する老舗百貨店として認識されている髙島屋の経営基盤が1939年（昭和14）までに形成され、その集大成として会社史が計画されたのであった。ここに髙島屋経営発展の意義が見いだされると言えよう。同年までには飯田家同族会を中心とした髙島屋の経営組織体制が確立され、東京・大阪・京都の多店舗体制を成し遂げ発展した過程が『髙島屋』に語られているのである。

註

1）註においても以下、『髙島屋』とする。表記については、地域名以外は「高」でなく「髙」とした。また、『髙島屋』を含む引用部分の旧字体や常用外の漢字については原則として常用漢字に改め、かな遣いは現代かな遣いとし、読みやすくするために句読点や現行の表記に従って送りがなを適宜補った。横書きに合わせて引用資料を含め、原則算用数字とした。『髙島屋』の「髙島屋百年史発刊に際して」1頁および『同』245頁。第1〜5篇の501頁、第6〜7篇の126頁、「附録 流行百年史」の84頁を併せて711頁とした。

2）前掲『髙島屋』の「序説」1頁。

3）同上の「編纂に就いて」1〜4頁。

4）同上、1頁。本章の内容については『髙島屋』以外に、末田智樹（2010）『日本百貨店業成立史―企業家の革新と経営組織の確立―』ミネルヴァ書房、同（2007・2008）「明治・大正・昭和初期における百貨店の成立過程と企業家活動―髙島屋の経営発展と飯田家同族会の役割―（1）（2）（3）」『中部大学人文学部研究論集』第18・19・20号を参照。拙著・拙稿については、以下とくに使用した部分のみ記載。

5）前掲『髙島屋』1頁。

6）同上、1〜3頁。

7）同上、8〜10頁。

8）同上、13〜20頁。

9）同上、21〜27頁。

10）同上、28〜32頁。

11）同上。但し、頁数は掲載されていない。

12）前掲『髙島屋』49〜180頁。
13）同上、49〜50・95・258・289頁。
14）同上、54〜56頁。
15）同上、60〜63頁。
16）同上、77〜83・140〜142頁。
17）同上、111頁。
18）前掲拙稿「明治・大正・昭和初期における百貨店の成立過程と企業家活動（1）」76〜96頁。
19）前掲『髙島屋』181〜183頁。
20）同上、183〜207頁。
21）同上、129〜131・207〜212頁。
22）前掲拙稿「明治・大正・昭和初期における百貨店の成立過程と企業家活動（2）」142・144頁。
23）前掲『髙島屋』231〜236頁。
24）同上、236〜237頁。
25）同上、245〜249頁。
26）同上、250〜252・254〜255・256〜257・266〜271頁。前掲拙著『日本百貨店業成立史』91頁の表2−4を参照。
27）前掲『髙島屋』272〜282・291〜293頁。
28）同上、308頁。
29）同上、317〜501頁。
30）同上、317〜320頁。前掲拙著『日本百貨店業成立史』212頁の図5−3を参照。
31）前掲『髙島屋』321〜327頁。前掲拙稿「明治・大正・昭和初期における百貨店の成立過程と企業家活動（3）」70頁。
32）前掲拙稿「明治・大正・昭和初期における百貨店の成立過程と企業家活動（3）」70〜75頁。
33）前掲『髙島屋』329〜341頁。
34）同上、313〜315・348頁。
35）同上、349〜351頁。
36）前掲拙稿「明治・大正・昭和初期における百貨店の成立過程と企業家活動（3）」78〜79頁。
37）前掲『髙島屋』346頁。

第 8 章　十合の創業と百貨店化
―関西拠点の形成と発展経緯―

1．はじめに

　本章で取り扱う村上静人編『百貨店叢書　第 1 巻　そごう』（以下、『そごう』）は、1942年（昭和17）9 月15日に百貨店新聞社出版部から発行された会社史資料（以下、会社史）である。

　株式会社そごうは、1965年（昭和40）以降全国の地方都市に地域会社を設立しつつ多店舗展開を進め、その名が次第に知られるようになった。ところが、そごうとそのグループ会社は、2000年（平成12）7 月に日本の小売業態としては、最大の負債総額を抱えて民事再生法が適用され経営破綻に追い込まれた。その後紆余曲折を経て現在のそごうは、セブン＆アイ・ホールディングス傘下の株式会社そごう・西武として運営がなされ、そごう千葉店のほか同大宮店、同横浜店、同広島店の 4 店舗が、各都市において生き残りをかけて営業を展開している[1]。

　これまで発行されたそごうに関する会社史は次の通りである。本社からは、『株式会社そごう社史』（1969年）と『創業150年 株式会社そごう小史』（1979年）の 2 冊が刊行されている。支店では、広島そごうから『感謝のこころを輝くあしたへ 広島そごう開店10周年記念誌』（1984年）と『20周年の感謝をこめて、心新たに限りなき未来へ 広島そごう開店20周年記念誌』（1995年）、横浜そごうから『感謝して10年新たなる大海への出発 横浜そごう開店10周年記念誌』（1995年）、徳島そごうから『かずかずの出会いに感謝をこめて 徳島そごう15年のあゆみ』（1998年）が発行されている[2]。戦後以降では、そごうとそのグループ会社の会社史は1969年（昭和44）以降に発行されていたのに対して、戦前までに発行されたのは『そごう』のみで、その存在価値が極めて大

きいことは言うまでもない。

　管見の及ぶ限りでは、従来戦前までの日本百貨店業の成立過程のなかで、そごうが呉服商から百貨店へ転換した状況およびそごうの位置づけを行った百貨店史研究は皆無に近い。そこで、まずは日本百貨店業成立史について整理してみよう。三越、白木屋、松坂屋、大丸、高島屋の5つの百貨店は、江戸期から続く呉服商としての歴史を明治期以降も継承して、明治後期から大正期にかけて百貨店化に成功した。また、横浜から銀座へ進出して百貨店を開業した松屋（本書第5章）は、上述の大丸（本書第6章）以外の4つの百貨店とともに、1919年（大正8）8月15日に日本で初めての百貨店組合である五服会を形成するまでに成長し、東京における百貨店業の一角を担うことになった。これらの百貨店は東京、大阪、京都、名古屋において代表的な呉服系百貨店に発展していった[3]。

　大正期までに百貨店化した呉服系百貨店を受けて、日本最初のターミナルデパートである阪急百貨店は、1929年（昭和4）4月に呉服系百貨店に対抗するかのように大阪の新興地であった梅田に開業した。明治期創業の呉服商を出発点とする伊勢丹は、東京においていち早く呉服系百貨店として展開していた三越、白木屋、松坂屋上野店を追い抜くことを目標に、1933年（昭和8）9月に新宿駅近くに開業して瞬く間に経営発展を遂げた。また、白木屋が梃子入れした京浜デパートは、同年6月に品川駅にターミナルデパートとして開店した。さらに、阪急百貨店および伊勢丹の強い影響を受けて、1934年（昭和9）11月に渋谷駅において東横百貨店がターミナルデパートとして開店した。西日本を中心とした地方都市では、鹿児島の山形屋、岡山の天満屋、福岡の岩田屋などが、戦前までに呉服商からの百貨店への転換を果たして現下に至るまで営業を存続している[4]。

　江戸期の呉服商を出自とする三越と松坂屋が明治後期から会社形態を株式会社に伴う経営体制へシフトしながら、また昭和期以降に電鉄会社が百貨店業へ参入しつつ、日本の百貨店は各地域において営業内容のカラーを作り上

げることに成功した。その後、各百貨店は昭和初期の恐慌期ならびに戦時経済を乗り越えて、戦後以降再び息を吹き返し、幾度となく経済危機を経験して今日まで継続してきた。以上を、現段階での日本百貨店業の成立過程における代表的な百貨店の位置づけとしておきたい。これらの百貨店の成立過程を踏まえつつ、以下『そごう』を紹介しながら、そごうの創業と百貨店化について関西での拠点形成と発展経緯から考察を加えていく。

2.『そごう』の口絵写真

　まず、劈頭の口絵写真について触れておこう。大別して、人物とそごうの外観・内観の写真から構成されている。人物では、最初の頁に「初代十合伊兵衛氏の像」の肖像画と「京都十合家祖十合重助氏」の写真がみられる。2頁目には「十合徳太郎氏」と「元社長現監査役十合芳三郎氏」、および「明治39年東上の際の」7名で撮影された記念写真を載せている。3頁目には「取締役会長板谷宮吉氏」、4頁目には「取締役社長土屋啓造氏」「専務取締役木水栄太郎氏」「常務取締役小川吉久氏」の重役トップの4名がみえる。5頁目には取締役と監査役とを合わせた4名、6頁目には取締役仕入部長、取締役営業部長、取締役企画調査部長、常任監査役の4名を掲載している。

　建造物関係の写真については、まず「明治30年頃の十合心斎橋筋店舗」「明治41年4月新築開店当時の大阪心斎橋筋店舗」「大正時代の心斎橋筋店舗全景」の3枚から掲げられている。その次には「そごう本店」の外観写真を載せて、翌頁からは大阪心斎橋本店および神戸支店の売場を中心とした内観を所狭しに数多く掲載している。売場については、2頁にわたり本店における「本店4階特選呉服の売場」「同6階特売場全景」「同7階東京有名専門店商品の陳列場」「同1階売場」「本店2階貴賓室」「同2階フルーツ・パーラー」「同5階貸室（洋室）」「同5階貸室（和室）」「本店7階大食堂」「同8階特別食堂」「同地下食堂」などがみられる。神戸支店についても、本店同様に2頁にわたり売場7枚の写真が載せられ、かつ支店長の写真までもみら

れる。これらの写真からは当時の営業状況を身近に感じることができる[5]。

　目次の前には、既述の写真がみられる以外に巻頭言が見当たらない。実は、この点が『そごう』と本書のほかの会社史とが大きく異なる箇所である。すなわち『そごう』には、編者や百貨店幹部による序にあたる内容が全く記されていないのである。そこで、『そごう』の目次構成の柱である大項目は、「沿革」「大阪本店」「神戸支店」「店員施設」「回顧（座談会）」の5つであり、順を追ってみていく。以下、そごうの表記については、『そごう』の本文に即して「十合」を中心に使用することにする。

3．十合の創業と同族経営による百貨店化

　『そごう』の「沿革」については、中項目として「創業時代」「百貨店時代」「十合年譜」の3つがある。『そごう』の「創業時代」と「百貨店時代」のなかに記されているポイントを拾い出すことで、従来明らかにされてこなかった戦前におけるそごうの百貨店成立史について、経済史・経営史の観点を踏まえながら描き出してみたい。

3−1．2代目十合伊兵衛と京都の十合重助

　「創業時代」の小項目をあげておくと、順に「第1次店舗」「第2次店舗」「呉服店時代」「京都店舗」「第3次店舗」「合名会社設立」「神戸支店」「第4次店舗」「本店仕入部設置」「4階建新館建築」[6]である。本節では、十合の発祥から始まる「呉服店時代」と「合名会社設立」を中心に、そごうの百貨店前史について整理する。

　十合の発祥に関しては、冒頭に「遠く文政年間に奈良県磯城郡耳成村十市、絹屋徳兵衛氏の次男、初代十合伊兵衛氏」が、「郷里より大阪に出で、他店に奉公ののち独立して、天保初年」に、「大和屋」の屋号のもとで「古着商を始めたのに由来」とある。続いて1873年（明治6）には、「2代目伊兵衛氏の時代に到って、営業形態は一飛躍を遂げ、古着からさらものを扱う呉服商

へと発展した」と記されている[7]。そして 2 代目伊兵衛氏を店主として、 2 代目の「長女の婿養子たる 3 代目伊兵衛氏、次女の婿養子重助氏、三女の婿養子孝蔵氏等の協力合作に依り、心斎橋進出後、短年月の間に確固たる業礎が築かれ」て、十合は明治期の大阪において呉服商の大店に肩を並べるほどに成長していった[8]。

　十合が江戸後期に古着商から開始し、 2 代目に代替わりして大呉服商へと発展した経緯は髙島屋に非常に酷似している。十合の発展経緯は、同時に江戸初中期からの三越、松坂屋、大丸とは起源が異なった呉服系百貨店であったことを意味することになろう。すなわち十合は、むしろ江戸後期から明治期にかけて頭角を現してきた髙島屋や伊勢丹の範疇に入れるべきであろう。しかも十合は髙島屋と伊勢丹と同様に、同族によって明治期から大正初期にかけて呉服商として著しく飛躍し、大正中期から昭和初期にかけた百貨店化とともに、さらなる経営発展を遂げた呉服系百貨店であった。引き続き、十合の同族経営についてみていこう。

　十合の同族経営は、どのような営業展開によって成功への道を歩んでいったのであろうか。「京都店舗」の冒頭には、「特筆すべきは、呉服十合の声名が、商都に周ねく鳴り響くに到ったことは、素より同族の戮力協心に俟ったものではあるが、 1 つに同店が京呉服に主力を注ぎ、特に友禅、お召等に於いて、他の比肩を許さぬ独自の境地を拓いていたことが注目されねばならぬ」とある。さらに十合は、「殊に明治中期から末期頃にかけての全盛時代には、古豪大丸呉服店の繁栄を圧倒したもので、顧客層に於いても船場、島の内の大家御寮人に喰い入り、一方には全大阪の花柳界に根強い勢力を張」った。そして、十合の「その流行を左右するほどの状態を齎らした蔭には、十合重助氏の才腕が際立って光っていたことを看過し得ないのである」と続けられている[9]。この内容は、著者が伊勢丹の経営史研究で指摘した三越の呉服類販売に対して、格別伊勢丹が対抗意識を燃やして『帯と模様の伊勢丹』と名を馳せるほどに営業展開した史実と類似していると考えられる[10]。十

合は、店舗立地が近接していた江戸期からの大店であった大丸にライバル意識を持っており、同族の結束を強固にして営業を手広く展開していったことが充分伝わってくる。

　重助は「専ら仕入方面を担当し、次、京呉服類仕入のため京都に赴きつつあったが、その後、業績良好」となった。彼は仕入を始め経営のあらゆる面で、京都に支店を開店することが「有利なることを痛感し、遂に明治18年7月」に、「意を決して、京都に進出」して「小店舗を構え」た。1886年（明治19）7月には、「土地を買収して、店舗を新築移転し、茲に京呉服、友禅、染物類、一般の仕入に当った」とある。また十合の取引先については、「当時の大福帳を繰ってみると、当時、既に京都に於いては、千宗、矢代仁、丸紅等一流店との取引が行はれていたことが知られ、これが京呉服において十合が断然名を成した基となった」とある。京都に目をつけたのが「重助氏」であり、彼「の非凡なる人物が窺われる」と称えられている。[11]

　重助が率いる「京都支店は、その後、営業の拡大と共に明治30年11月には、その西隣の（略）土地を買収して店舗の拡張をなし」た。さらに、京都支店は「明治38年頃より従来の店舗を両分し、東半分は東店と称して、京呉服、染物類の販売をなした（京都店販売部）」と、「西半分は西店と称して、京呉服類、染物の仕入に当った（京都店仕入部）」の組織体制となった。京都支店については「その後も京都」において重助が、「仕入部、及び京都販売部を総攬したが、その没後、京都店は昭和2年10月、販売部の店舗内部を改修し百貨店形態に遷つたが、昭和10年7月これを閉鎖し、営業は、これを大阪本店に併合」し、仕入部は「昭和15年4月」に「閉鎖」したとある。[12]

　明治中後期における重助の活動によって京都支店が拡大して、呉服店として十合が発展したことがわかる。昭和期以降のそごうと言えば、大阪本店および神戸支店の活躍が目立っていたようにみえるが、実際には呉服店時代の礎を築いたのは京都支店であり、その京都支店の営業体制を見事に整えた人物が十合重助であった。明治後期以降における十合の百貨店化の大きな契機

として、重助が京都支店を販売部と仕入部に分けて営業組織を整備したこと
をあげておきたい[13]。

　2代目伊兵衛が亡くなったあとも、京都支店を中心に「兄弟の提携鞏固と
なり、明治24年には現在の店舗敷地の一部である心斎橋筋1丁目の土地を買
収増築して、現在店舗の基礎を作」り上げていった。次いで「明治30年5月
には3代目伊兵衛、重助、孝蔵三氏に依り、資本金15万円の合名会社を設
立」して、「営業は益々伸脹し、伊兵衛、孝蔵両氏は大阪に在って、重助氏
は京都に在り、克く合作の実を挙げ」ることに成功した。大阪本店および京
都支店の開店に続いて1899年（明治32）4月には、「神戸市元町6丁目に出張
所を開設し、待望の扇港進出を遂げるとともに、専ら呉服類の販売に当たっ
たが、少時にして同年6月」に、「神戸支店を設けた。これが神戸支店の嚆
矢であ」った[14]。

　第2次企業勃興期のブームのなか合名会社化を果たした十合は、明治30年
代初頭までに大阪を中心として京都と神戸の東西に拡大し、関西に3店舗を
開設するまでに発展した。1908年（明治41）4月には大阪本店の新店舗を完
成させ、資本金が「当時20万円に増額され、愈々陣容を鞏くするとともに、
この時より販売商品は全部陳列式とし、また取扱商品も従来の呉服専門の羈
絆を脱して、雑貨、及び美術品の一部を加え、早くも百貨店様式への第一歩
を踏出し」ていった。そして、大阪本店の「新築完成とともに、『落成記念
春衣売出し』を催し、一般に大評判を博したのも、この時であ」った。1911
年（明治44）4月には「大阪本店仕入部を設置し、初代仕入部長に、3代目
伊兵衛氏の長女の婿養子である十合芳三郎氏が就任した。また同時に販売部
長には、十合重助氏の世嗣徳太郎氏が就任した」とあるように、次世代へ移
行しても、なお同族による経営が保たれていった[15]。

　「合名会社十合呉服店」は、大戦景気のさなかの1917年（大正6）3月に
「出資金額50万円に増資」した。この増資を受けて、「従来の土蔵造り店舗は
販売商品の累増とともに」手狭となったために「新店舗を改増築」して、翌

1918年（大正7）11月には「鉄筋コンクリート造、4階建の新館」を竣成した。[16] 十合は同族の結束によって関西の3つの店舗を拠点として、明治後期から大正中期にかけて呉服商から百貨店への転換を果たしていった。

3－2．株式会社設立と板谷宮吉との提携による経営発展

「百貨店時代」の小項目をあげておくと、順に「株式会社設立」「現存第1期工事」「第2期工事」「第3期工事（全館完成）」「板谷財閥との提携」である。[17]「株式会社設立」と「板谷財閥との提携」を中心に、十合が如何に百貨店経営への転換を果たしたのか、つまり十合の百貨店としての成立過程をみていこう。

　株式会社への移行については「株式会社設立」の冒頭に、「大正8年12月、十合芳三郎、十合徳太郎両氏を代表取締役として、資本金10万円、全額払込の株式会社、十合呉服店を設立するとともに、従来の合名会社十合呉服店を、これに吸収し、翌9年3月資本金300万円、全額払込とし、愈々百貨店経営への第一歩を踏出すこととなった」と詳しく述べられている。先述の1908年（明治41）4月に大阪本店の新店舗を完成させて「百貨店様式」への転換を果たしたと表現されていたのに対して、株式会社設立時の表現は「百貨店経営」となっている。[18] すなわち、十合における百貨店への経営体制移行の契機は、株式会社化であったとみてよかろう。

　株式会社化による百貨店経営への移行に関しては、その後の営業展開も含めて「合名会社より株式会社への組織変更を契機として、百貨店経営へ邁進することとなった十合呉服店は、大正10年本店店頭を改修するとともに、土蔵造り建物1階を土間として子供百貨店部を新設した」とある。当時の「大阪における百貨店は三越も大丸も、子供用品部と称するものが設けられておらず、随って、その嚆矢と称せられる」と記されていることは興味深い。[19] 確かに文化催事と絡めた子供用品の展開については、三越東京本店の催物は殊に有名であったが、この時期では三越大阪支店において本格化し始めた頃で

あった[20]。また、この内容から十合にも、著者がこれまでの研究で主張してきた株式会社化＝百貨店の組織体制の本格化が見事にうかがえることは指摘しておきたい。

1923年（大正12）に入ると十合では、「3代伊兵衛氏の長男で、当時心斎橋筋1丁目に、十合洋服店を経営していた十合秀太郎氏の営業を買収して、洋服部を新設する等、漸次、百貨店の形態を整え」ることに努めた。その「一方、髙島屋は長堀店を大正11年に、松坂屋は大正12年に日本橋店を夫れぞれ開店するに至り、斯くして十合また大正14年6月、その店舗を5階建に増築（工事請負者大林組）し、新姿容を整え」たとある[21]。後述の「十合年譜」に記されている通り、監査役であった十合秀太郎氏は同族であり、当時まだ主流でなかった洋服店を先行して経営し、成功を収めていたことは着眼すべき点であろう[22]。十合では同族の洋服店を吸収して、一層の百貨店化を進めたことは他の百貨店ではみられない経営拡大の方法であった。また、大丸と三越以外にも髙島屋や松坂屋などの他社の動向を捉えながら論じている点は、百貨店業界に詳しい百貨店新聞社ならではの執筆技法と評価できよう。

1931年（昭和6）になると、「現専務たる木水栄太郎氏（十合重助氏5男、父君の生家世嗣となる）は、長兄徳太郎氏が代表取締役の任を退くと共に、その後」を受け継いで、「画期的新経営への火蓋を切り、同年、現在店舗の第1期工事に着手した」とあり、益々十合は同族による百貨店経営に乗り出したのだろう。1935年（昭和10）10月1日には第2期工事が竣工して「全館開業」し、さらに1937年（昭和12）12月1日には第3期工事を完了させて、大阪本店は戦時期を目の前にして「全館開店」したのであった[23]。

ところが、大阪本店の「新館建築と併行して、貴族院議員たり、我国有数の財閥として知られる板谷宮吉氏一党が新生十合のため乗り出すこと」になった。1935年7月20日には、「臨時株主総会を開催した結果、前役員全員退任し、新たに板谷氏を取締役会長として、専務取締役に板谷系土屋啓造氏、常務取締役に木水栄太郎、岸田秀之助両氏以下、新役員選任され、茲に新陣

容成り、資本金も100万円を増額して400万円とした」とあり、『そごう』冒頭の写真の重役陣が選出されることとなった。そして、「従来の代表取締役木水栄太郎氏は常務取締役として、本店に在り、実際上の経営の衝」に当たった。これにより「創業100有余年、一介の古着商より起こった十合は、今や名実共に本邦に於ける大百貨店陣に、その班を連ね、日進月、発展の一路を辿りつつあるのである」と締め括られている。十合は、大阪本店の建築資金調達のために「板谷財閥との提携」に踏み切り、従来の同族経営と決別したのであった。[24]

　さて、十合の位置づけであるが、江戸期の呉服商を源流とする呉服系百貨店に属するのだろうか。十合が、1937年12月に大阪本店を他の百貨店に全く引けをとらない地上8階建ての近代的大型店舗へ変貌させたことから、同様な過程を辿った伊勢丹のような1935年前後に、近代的大型店舗の完成をみて百貨店化した呉服系の新興百貨店として捉えることも可能であろう。また、「株式会社十合呉服店」から「株式会社十合」へ変更して、十合が「呉服店」を商号からはずしたのは1940年（昭和15）4月18日であった。[25]この点を踏まえてみると、十合を従来からの呉服系百貨店の範疇に入れるには、やや疑問が残るために今後の課題としておきたい。『そごう』は、そごうの戦前史研究が一層進むうえで必読資料となることは間違いない。

3－3．十合年譜と会社組織の変遷

　13頁からなる「十合年譜」について触れておこう。[26]1830年（天保元）の「初代十合伊兵衛大阪座摩神社南隣ニ大和屋伊兵衛（略称大伊）ノ商号ニテ古着商ヲ開業ス」から始まり、おもに明治期以降が述べられ、最後の1940年（昭和15）10月23日の「神戸支店新館（地上1階、地下2階）竣工開店ス」まで細かく記されている。経営史資料として特筆すべき点は、1896年（明治29）から会社としての節目を迎える度に資本金と資本主（社員・役員）が明記されていることである。翌1897年（明治30）5月26日には十合合名会社を設立

し、出資金15万円と合名会社の社員名として「3代十合伊兵衛（大阪）、十合重助（京都）、十合孝蔵（大阪）」を列記していた。括弧内は担当していた店舗名であろう。[27] 十合一族による活動が精細に書かれており、同族による百貨店化過程を歴史的変遷において捉えることができるのが「十合年譜」である。

　例えば2つほど事例をあげておくと、1919年（大正8）12月30日には、「株式会社十合呉服店資本金10万円全額払込済ヲ以テ設立。役員左ノ如シ」とあり、続けて「代表取締役　十合芳三郎（大阪本店仕入部長）、代表取締役　十合徳太郎（大阪本店販売部長）、取締役　岸田秀之助（京都支店仕入部長）、取締役　前田新蔵（神戸支店長）、監査役　十合秀太郎（大阪十合洋服店主）、監査役　十合菊次郎（京都）」とある。[28] 括弧内の役職名は頗る役に立つ内容である。そして何よりも十合が百貨店化して時点では、同族会社であったことがみてとれる。

　「板谷財閥との提携」後の1935年（昭和10）9月27日には、「株式会社十合ビルヂング役員全員退任。新タニ左記役員選任サル」とあり、そのあとに「社長（代表取締役）　板谷宮吉、取締役　木水栄太郎、取締役　板谷順助、同　松本富蔵、同　柴野仁吉郎、監査役　土屋啓造、同　岸田秀之助、支配人　小川吉久」と続き、新組織体制へ移行を果たした。[29] この重役陣には十合の苗字が付く者が不在となり、同年9月時点で新たな百貨店経営体制として歩み出したことが判明する。

　「十合年譜」の後には中項目の「会社要項」があり、そのなかには3つの小項目を載せている。[30] 最初の2つは、「株式会社十合」と「株式会社十合ビルヂング」の2社についての説明である。[31] 3つ目の「株式会社十合呉服店業績一覧（年一回決算）」には、1920年（大正9）度から1939年（昭和14）度までの「払込資本金」「利益金」「配当金」「配当率」が記されており、経営史資料としても十分な内容を有していると考えられる。[32]

　「株式会社十合」については設立年月日から始まり、所在地、神戸支店の

所在地、資本金、株数、役員（職）名、大株主の順で記載されている。大株主では、1,000株以上の所有者が書き記されている。最初から掲げていくと、「20,000株　板谷生命保険株式会社、17,780株　板谷宮吉、6,062株　十合正一、3,400株　前田新蔵、1,644株　十合チヨ、1,583株　株式会社十合ビルヂング、1,402株　十合重三郎、1,399株　十合留蔵、1,237株　木水栄太郎（昭和15年2月29日現在)」となっていた。[33]株数では板谷がほぼ占めていた状態であるが、十合の同族がすべて消えたわけではなかったことも理解できる。この記述を始め、経営史資料として非常に貴重な内容が所々隠されていることに気をつけながら、『そごう』を読み進めなければならない。

4．経営方針と接客上の指導方針

　『そごう』の「沿革」の最後には、「経営方針並に接客上の指導精神」と題された中項目がある。[34]この項目は『そごう』の大きな特色であり、本書で紹介している会社史では一度もみかけなかった項目であるため取り上げておこう。この項目には、百貨店経営の特色とも言うべき対面販売ならではの営業法の真髄が触れられているからである。

　十合は株式会社化を果たし、「百貨店形態に移るや、その経営法は大丸百貨店がその対象となったことは否定出来」なく、十合は「大衆層を目標とし、中流どころを中心として高級向き、実用向きを両翼に、当時としては経営法の常道を進んだ」とある。まずは十合の経営方針が把捉できるとともに、戦前の呉服系百貨店の営業戦略が知れる。そして、「その経営方針を語らんが為には、先ずその接客方針を語らねばならない」と続く。[35]

　統制経済下の百貨店は、「組織も今は戦時国民生活をして、遺憾なからしむる為」かつ「高度国防国家建設に、協力せしむる為に、その生活の糧を送る配給機関として、運用せらるべき重大責務を負荷された」とある。したがって、「販売商品の総てが、戦時生活を満たすに足るべき効用を有するものであり、接客態度自体が、また、この国民生活に役に立つ」ことが大切で

あると書かれている。この点については「古くから当店に於いて店員の三信条として、その第 1 条に掲げて来た、『お客様に対しては―親切丁寧、朗らかに』と云う信條の精神と」全く同じことである。また接客に際しては、「誠意を中心とした内容と、商人としての柔みを負びた物腰を形式として備え、併せて健康の象徴たる明朗さを持った、接客態度であらねばならぬと思うのである」とある。[36]

　ここに、営業の基本である接客対応術が明記されている。『そごう』では、戦時中の配給機関としての役割と交わりながら、百貨店の経営方針および接客上の指導方針を論じている。十合では、戦時体制下にあっても「お客本位」を基本に据えて、「配給業者としての百貨店に果せられた責務」を果たすべく、「店員としての一切の行動が、すべて職域奉公を実践すること」になると言い表されていた。[37]

5.　大阪本店と神戸支店の営業地盤づくり

5－1.　大阪本店の顧客開拓と催事展開

　大阪本店に関しては、「業態と経営」「工事概要」「店内施設」の 3 つの小項目と、「大阪本店人事職制」の中項目から構成されている。[38]「業態と経営」のなかでは、「そごう本店」は「大阪市に於ける大丸に次いでの古い歴史を持つ呉服店で、（略）明治中期から末期頃にかけての全盛時代には、隣接の大丸呉服店の繁栄を圧倒したもので、外商部（当時外廻り）の活躍は絶対的のものであつたと謂はれてい」たと、ここからも大丸を強く意識していたことがわかる。したがって、十合「の顧客層の如きも、所謂、船場島の内の大家御寮人を把握」しつつ、「全大阪の花柳界に根強い勢力を張り、その流行を左右する実力を持って」おり、当時から「『呉服は十合』の盛名を馳せて」いたことが再び強調されている。[39]

　また、「経営上に関しては全店の商品を努めて上層的とし、4 階に常設特

売場を設け」、そして「6階には業界の注目を集めた東京・京都専門店の出
張街」をこしらえ、同じ「6階には三都の代表的食料品店を出張」させて展
開していた。さらには、「屋上そごうパーク、7階演芸場、6階催し会場等、
店の信条たる『お遊びに、お買物に』を縦横に徹底」していた。この十合に
よる催事を中核とした営業展開こそが、「大阪人士の趣味に合致した」とあ
る[40]。

　「工事概要」では「昭和6年10月起工、同10年9月30日竣工したが、引続
き増築工事に着手、12年12月1日に竣工」とあるように、「板谷財閥との提
携」により売場面積が拡大でき、「堂々たる勇姿を誇示する」本店が完成し
ていた。また、構造と外装についても詳しく書かれている[41]。「店内施設」で
は「演芸場」「貴賓室」「貸室」「美粧室」「食堂」に加え、「其他」のなかで
エレベーター前や玄関天井などに使用されている大理石などを説明して、建
築上の特色から店内の特徴を紹介している[42]。「人事職制」では、「重役」「部長」
「課長」「部署主任」の氏名を具体的な役職とともに載せている[43]。

5−2．神戸支店の成立と発展

　神戸支店に関しては、「神戸支店の沿革」「神戸支店の建物及び店内施設」
「神戸と百貨店」の3つの小項目と、「神戸支店人事職制」の中項目から構成
されている[44]。「神戸支店の沿革」には、神戸へは1899年（明治32）4月に「出
張所」を設置し、十合重助による「待望の京都進出」後に「予定のプログラ
ムであった神戸進出が実現」した。そして、「十合が今日の盛態を築くに
到った第一歩は、本質的には、この京阪神に跨る巴の布陣を敷いたことに創
まる」とある。そののちの明治後期から大正期、さらには神戸支店が「昭和
8年10月1日を期し、阪神三宮ビルの竣成とともに、百貨店経営の第一歩を
踏みだ」すこととなり、次第に発展した様子がわかる。この発展経緯につい
ては、神戸支店の販売方法・内容、顧客層、交通・立地条件、経営陣などと
合わせて書かれている[45]。

　なかでも、「大阪本店から角田藤治郎氏（現取締役仕入部長）が支店長として赴任し、11年10月まで縦横の才腕を振い、茲に百貨店としての業礎を確立」され、十合の「出現に依って、附近一帯は」次第に「名実共に、神戸の門戸を扼する繁華街を形成する」ことになったと記されている。さらに十合の「位置」は、「所謂、ターミナル百貨店とともに、都心百貨店としての2つの性格」を持つ百貨店になったとある。[46] これは十合の発展要因として、支店長の役割の重要性と最終的には神戸初のターミナルデパートとして成立していたことを意味する重要な記述である。また、店内施設についても大阪本店と同様に詳しく書かれている。とくに、地下2階から地下1階、そして1階を経て7階までの売場内容や、「新館の意義は主として実用品特売場の創設、及び食料品部の拡充にある」などの説明が特徴的であろう。[47]

　「神戸と百貨店」には、髙島屋による1901年（明治34）神戸への進出から始まり、次いで「十合が神戸支店を開設」、さらに大丸が以後進出し、しのぎを削っていたところ、1926年（大正15）に三越が進出したなどの神戸における百貨店の成立状況が述べられている。そして、「西に三越、東に十合、その中央に大丸」があり、各々が地域的に営業展開し、なおさら「百貨店法」の制定にまで触れて、昭和戦時期までの神戸における百貨店の展開状況が手に取るように把握できるのが『そごう』である。[48] 明治後期から昭和戦時期までの神戸における百貨店の営業動向がふんだんに盛り込まれ、十合のみならず神戸における百貨店の経営展開を捉えることができるのが『そごう』であろう。最後の「神戸支店人事職制」では、「支店長」「課長」「部署主任」の氏名が具体的な役職とともに載せられている。[49]

5-3.　店員育成施設の充実

　「店員施設」とは「店員の福利施設」のことであり、順に「保健施設」「寄宿舎設備」「運動娯楽施設」「教養・共済施設」および社歌の「吾等のつとめ」の小項目から構成されている。[50]

　「保健施設」では「1、医務室、2、店外医院特約、3、職員健康保険法実施、4、保険給付の概要、5、保健施設、6、国民体力法に依る体力検査の実施、7、体力章検定の実施」を説明している[51]。「寄宿舎設備」では、男子店員のための寄宿舎である「十合日新寮」を紹介している[52]。「運動娯楽施設」では「1、スポーツ倶楽部、2、女子店員趣味の会、3、大運動会開催、4、夏季臨海休養所開設」を説明している[53]。「教養・共済施設」では「1、十合実務女学校、2、共済部」を紹介している[54]。当時の社歌として「吾等のつとめ」は3番まであるが、キーワードを拾ってみると、「店」がかなりみられるほか、「祖国」「奉公」「信頼」「規律」「統制」などが書かれている[55]。戦時中を意識したものであろうが、そのなかには百貨店経営を理解するうえで鍵となる用語やフレーズが含まれていることは、ぜひとも注意しながら眺めてほしい。

6．回顧座談会からみえる創業期の営業

　常任監査役の池田徳治郎を始めとして、取締役仕入部長の角田藤治郎、営業部長の石田嘉男、販売課長の後藤常吉、高松忍ら売場長3名、福田敏夫ら課長職7名の計14名の構成メンバーで、『そごうの今昔を語る』と題して座談会が開催された。その回顧座談会が、『そごう』最後の大項目である「回顧（座談会）」のなかで「想い出を語る」（中項目）として掲載されている[56]。本書の他章で紹介している会社史においても回顧談がみられた。また、例えば松坂屋でも回顧談に関する資料が、昭和初期の社内報に掲載されている[57]。明治後期から開始した百貨店化過程は、昭和戦前までにすでに30年以上が経過しており、30年が企業寿命の1つの区切りと言われるように、各百貨店経営において経営者の世代交代が訪れていたのであろう。

　座談会の意図については、「呉服店から百貨店への転換期である明治30年代の従業員」であった上述した池田、角田、高松、福田らが、「いずれも健在で、そごう現幹部として活躍中であり、この転換期のそごうを聴くのも、

温故知新、決して徒爾ではないので、当時のそごうを熟知して居る前記長老幹部を囲」んで開催したと記されている。[58]

　内容は、この明治30年代の「売出しの話」「店の広告」「絵葉書」「巡業の博覧会」「店員の寄宿舎」「メッセンジャー」「女店員」「月給」「他家（＝他店）の状況視察」「売上」「夜間営業」「実務試験」「店員の休日」「ウインドー」「陳列販売」「季節的な催し」「百貨店の形式」「食堂」「催物」「新聞社とタイアップ」「通信販売」「流行の機関誌」「地方巡業」「鉄筋コンクリート建の店」などである。それらの話題を取り上げて、それに誰かが答えるような形で座談会が進行している。[59]

　とりわけ、販売を中心とした営業について語られている点は、店員の営業活動のありのままが読み取れ、非常に役に立つ内容であろう。そして、先述の2ヶ所からは大丸が強く意識されているかのようにうかがえたが、他店を偵察し始めた「明治32年頃」「明治36年頃」では、高松が「当時、大丸は殆んど標的にして居なかった。白木屋もありましたが高島屋が主な目標」であったとあるように、大丸ではなく高島屋にライバル意識を燃やしていた店員の本音がわかる会社史としても評価しておきたい。[60]

　また百貨店化については、高松が「明治37年に三越が百貨店」になったのをみて、十合の「主人側では幾度も上京し、三越を見学する外、三越の幹部とも会い、そごうを百貨店とする準備にかかる一方、改築前後から店の形式を百貨店に改め」ていったと、三越を模範としていたことを話している。次いで、角田は「そごうが百貨店の様式に改まったのは明治39年からで、40年には表側土蔵造り、本館に中庭を置き、その周囲に3階建の建築を完成しましたが、これからが丁度、百貨店の出発点とでも云いますか」と述べている。[61]なお、座談会による回顧録のあとに、他章の百貨店の会社史でもみられた広告欄が、『そごう』においても多頁にわたり掲載されている。[62]

7．おわりに

　まとめとして『そごう』から感じ入った点について、以下の4つに整理できよう。

　第1。戦前までの十合の百貨店成立史については、大丸や髙島屋に比べて研究が全く進められていなかった。その意味では、戦前に編纂された『そごう』の資料的価値は非常に高く、復刻された意義は大きい。十合が大丸や髙島屋に一歩遅れて百貨店化していたことは否めないが、高度成長期以降バブル期までに全国展開に打って出て名を広めた十合の礎が、1937年（昭和12）までに完成していたのであった。『そごう』には、呉服店から百貨店へと転換していった百貨店化過程が強く意識されてまとめられていた。十合の百貨店化の背景には、同族の結束と京都支店における百貨店化の初期活動が存在していたことは特筆すべきことであろう。

　第2。『そごう』が発行された時期は戦時中であったにもかかわらず、その時期と上手く噛み合わせて店員の接客態度の重要性が書かれていたことは、戦後以降現下まで続く百貨店独特の営業法である対面販売が、十合においても当然重視されていたからであろう。戦後以降をみても総合スーパーに関する会社史が非常に少ないなか、今後セルフサービスを大前提とする総合スーパーの検討を俟たねばならないが、すべての小売業態における全従業員の基本姿勢とは対面販売にあると考えられる。そのため、『そごう』から経営上の営業方針に基づく店員の接客に対する姿勢が読み取れたことは、絶対に見逃せない貴重な資料と明言しておきたい。

　第3。『そごう』では、とくに関西を代表する2大呉服系百貨店である大丸と髙島屋と対比しつつ論じられ、十合が両百貨店を追い抜く勢いで百貨店化していったことが強調されていた。そのうえ、戦前関西の2大呉服系百貨店のみならず、全国における2大百貨店といわれていた三越と松坂屋についても記されていた点も、『そごう』の大きな特色であろう。その十合を、伊勢丹と同じ位置にあった呉服系の新興百貨店と位置づけしておきたい。なぜ

ならば十合が、東洋最大の港湾都市として発展を続けた神戸に目をつけて戦後以降も大阪と並んで地盤として、明治期以降に著しい成功を収めて発展した呉服系百貨店であったからである。すなわち、明治後期から昭和戦前までに大阪を本店として、京都支店と神戸支店の3店舗を関西に集中して完成させるまでに、そごうが発展していたことが判明した。

　第4。経営者の活動および店員の活動が書かれており、『そごう』は戦前の百貨店マンから語られた会社史に分類できよう。それは、企業家史資料としても非常に役に立つことを示しており、百貨店史研究が企業家史研究の一領域になるためには、『そごう』の細部まで使用してもらいたい。その理由の1つとして、幹部社員の回顧録ではあるが、彼らが幹部に昇進する前の店員時代の苦労話＝十合の百貨店化時代を大いに掴み取ることができるからである。本書で取り扱っているゆまに書房から復刻された百貨店の会社史の大きな特色は、各百貨店マンの活動・言動からうかがえる独自の営業展開であり、それが『そごう』からも浮き彫りになろう。

　従前、十合に関する歴史学研究が皆無に等しいうえに、ましてや『そごう』を参考として、十合について論じた研究は見受けられない。言わば、本書における他の会社史に比べて、なお一層埋もれていたのが『そごう』である。したがって戦後以降、経営体制が崩壊するバルブ期までに成長を遂げたそごうのバックグラウンドの解明については、『そごう』から研究が進められることを期待したい。『そごう』は、戦前において直に聞き取りしながら記された一級の会社史であり、戦後刊行された会社史とは異なる意味で欠かせない一次資料に匹敵する情報を持っていよう。『そごう』は、ゆまに書房から刊行された百貨店の会社史シリーズのなかでは若干頁数に見劣りはするが、明治後期から昭和戦時期までの関西における百貨店の営業動向のなかで、関西の3都市に拠点を形成することによって飛躍的発展を遂げたそごうの実像が理解できるのである。

註

1）『ストアーズレポート　2020年全国大型小売業現況レポート』株式会社ストアーズ社、2020年9月号、『同レポート　2020年全国大型小売業現況レポート』同社、2020年10月号、『同レポート　2021年全国大型小売業現況レポート』同社、2021年8月号、『同レポート　2021年全国大型小売業現況レポート』同社、2021年9月号。

2）株式会社そごう社長室広報室編（1969）『株式会社そごう社史』株式会社そごう、株式会社そごう小史編集委員会編（1979）『創業150年　株式会社そごう小史』株式会社そごう。ほかに、株式会社広島そごう（1984）『感謝のこころを輝くあしたへ　広島そごう開店10周年記念誌』、株式会社広島そごう（1995）『20周年の感謝をこめて、心新たに限りなき未来へ　広島そごう開店20周年記念誌』、株式会社横浜そごう（1995）『感謝して10年新たなる大海への出発　横浜そごう開店10周年記念誌』、株式会社徳島そごう（1998）『かずかずの出会いに感謝をこめて　徳島そごう15年のあゆみ』などがある。

3）山本武利・西沢保編『百貨店の文化史―日本の消費革命―』世界思想社、末田智樹（2010）『日本百貨店業成立史―企業家の革新と経営組織の確立―』ミネルヴァ書房、谷内正往・加藤諭（2018）『日本の百貨店史―地方、女子店員、高齢化―』日本経済評論社などを参照。

4）同上。

5）頁数が付されていないが、15頁にわたり掲載されている。

6）村上静人編（1942）『百貨店叢書　第1巻　そごう』百貨店新聞社出版部、1～9頁。註においても以下、『そごう』とする。『そごう』からの引用部分の旧字体や常用外の漢字については原則として常用漢字に改め、かな遣いは現代かな遣いとし、また読みやすくするために句読点や現行の表記に従って送りがなを適宜補った。横書きに合わせて引用資料を含め、原則算用数字とした。

7）前掲『そごう』1頁。

8）同上、3頁。

9）同上、4頁。

10）前掲拙著『日本百貨店業成立史』268頁。

11）前掲『そごう』4～5頁。

12）同上、5頁。

13）同上、4～5頁。

14）同上、6～7頁。

15）同上、7～8頁。

16）同上、8～9頁。

17)　前掲『そごう』10〜14頁。

18)　同上、10頁。

19)　同上。

20)　株式会社三越本社編（2005）『株式会社三越100年の記録』株式会社三越、90〜97
　　　頁。

21)　前掲『そごう』11頁。

22)　同上、19頁。

23)　同上、11〜13・26頁。

24)　同上、14頁。

25)　同上、23・26〜27頁。

26)　同上、15〜27頁。

27)　同上、16頁。

28)　同上、19頁。

29)　同上、25頁。

30)　同上、28〜33頁。

31)　同上、28〜31頁。

32)　同上、32〜33頁。

33)　同上、29〜30頁。

34)　同上、35〜39頁。

35)　同上、35頁。

36)　同上、38〜39頁。

37)　同上、39頁。

38)　同上、41〜52頁。

39)　同上、41頁。

40)　同上、42頁。

41)　同上、42〜43頁。

42)　同上、43〜47頁。

43)　同上、48〜52頁。

44)　同上、53〜69頁。

45)　同上、53〜55頁。

46)　同上、56〜57頁。

47)　同上、59〜62頁。

48)　同上、63〜66頁。

49)　同上、67〜69頁。

50)　同上、71〜81頁。

51) 前掲『そごう』71〜76頁。

52) 同上、76頁。

53) 同上、76〜78頁。

54) 同上、78〜79頁。

55) 同上、80〜81頁。

56) 同上、83〜100頁。

57) 第4章の大橋富一郎編（1937）『開設30周年記念 輝く大阪三越』日本百貨店通信社、56〜62頁に「開店当時を語る座談会」がある。また、松坂屋50年史編集委員会編（1960）『松坂屋50年史』株式会社松坂屋、1〜71頁に「あのころ・あのとき　座談・対談にきく生きた記録」が掲載されている。

58) 前掲『そごう』83頁。

59) 同上、85〜100頁。

60) 同上、90〜91頁。

61) 同上、96〜97頁。

62) 同上、101〜133頁。

63) 末田智樹（2019）『老舗百貨店の接客法─松坂屋の史料が語る店員の"心得"─』風媒社。

終章　百貨店業史研究の課題と方向性

1. 戦前・戦後の百貨店業史研究の課題

　終章では、序章と第1～8章を受けて戦前・戦後の百貨店業史研究の課題
と可能性を論じておきたい。

　まず、序章で整理した戦前の百貨店業史研究（以下、百貨店史研究）から導
き出した課題と新たな方向性に関して、概念図で改めて図1のように示した。[1]
すなわち補足しながら書き記していくと、(1) 三越の再検討とそれ以外の百
貨店からの検討。(2) 地方百貨店の成立過程の検討。(3) 欧米の百貨店から
の導入過程（経営者の意思決定過程）や部門別管理制度・商品の比較検討。(4)
他業種（貿易・鉄道）との関係。(5) 中小小売商・商店街との関係。(6) 商品
を含めた仕入先（問屋・商社）との関係。(7) 顧客・法人（販売先）への外商
活動・営業活動。(8) 会社史と百貨店所蔵の一次資料からの分析。(9) 文化
史・経営史的視点からの再考。(10) 商業・マーケティング論的視点からの
商品流通に関する再考として、10点にまとめた。

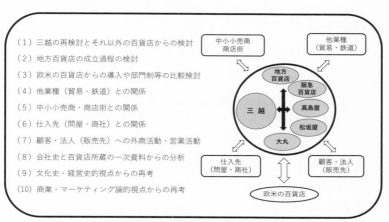

図1　戦前百貨店史研究の課題と新たな方向性（著者作成）

　次に、戦後・高度成長期の百貨店史研究の課題と新たな方向性を図2のように示すことができる。やはり基本的には会社史の活用が重要であり、(1)戦後復興期における都市・地方百貨店の検討。(2) 高度成長期以降の百貨店発展要因の検討。(3) 都市百貨店による海外進出の検討。(4) 店舗売場の変化や返品制問題の検討。(5) 外商組織・外商販売の検討。(6) 百貨店経営の多角化の検討。(7) 本支店等の多店舗における立地展開の変化や周辺地域への影響の検討。(8) 会社史と百貨店所蔵の一次資料からの分析。(9) 文化史・経営史的視点からの検討。(10) 商業・マーケティング論的視点からの商品流通に関する検討として、10点にまとめた。以下では、これらのなかでも著者が設定した図1の (7) や、図2の (5)(7) に関連する今後の百貨店史研究の課題と研究の方向性を2つほど論じたい。

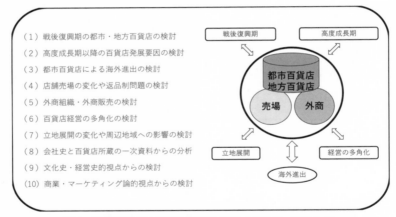

図2　戦後百貨店史研究の課題と新たな方向性（著者作成）

2．戦前・戦後の百貨店業史研究の方向性
2-1．高度成長期における都市・地方百貨店の店舗空間の拡大と小売業態構造の変化

　例えば、高度成長期における百貨店史に関する地理学研究であれば以下の

ようなことが想定でき、百貨店の会社史と一次資料を使用した今後の百貨店史研究の方向性を示すことができる。

　1940年代後半から1970年代にかけた百貨店の歴史については、百貨店業態の復興状況と取引先・売場・商品の変容過程から明らかにされてきた。さらに、高度成長期以降はスーパーマーケット（以下、SM）の出現により、商業・流通論の視点から現代に繋がる総合スーパーに焦点を置いた事例研究を中心に進められてきた。それに対し百貨店に関する研究は少なく、かつ地理学の視点からの検討は皆無であった。

　SMが全国に立地されていった高度成長期における全国の百貨店では、大都市の都市百貨店を中心に店舗の大型化や多店舗化、SMなどの小売業態への進出による大規模化戦略が取られていた。しかしながら、百貨店業態における空間構造の具体的な分析についてはほぼ未着手の状態と言える。したがって、今後は高度成長期の都市・地方百貨店における店舗の大型化や支店設置による店舗空間の拡大過程について、当時の小売業店舗の立地分布から明らかにすることが重要である。さらに、店舗空間の拡大がもたらした百貨店・小売業態構造の変化、および都市経済圏形成との関係性を解明することが大きな課題となると考えられる。

　これらの背景には次のようなことが展開していたことがあった。明治後期に呉服店から転換した呉服系百貨店が出現し、昭和戦中・戦後期は一時後退したものの、1950年代から徐々に復興を果たしていった。私鉄直営の電鉄系百貨店は昭和初期からみられ、1950年代から東京・大阪・名古屋の大都市で次々と開業していった。1960年代からSMが本格的に登場し、その代表格のダイエーが1960年代後半から全国に展開することによって、呉服系百貨店の地位が揺らぎはじめた。高度成長期はSMの成長期であり、ダイエーは1972年（昭和47）に三越を追い抜いて小売業態の売上高トップになった。そのことで、商業・流通論の視点からSMに関する研究が多数蓄積されていった。それに対し百貨店に着目されることや、ましてや地理学分野からの研究は皆

無に近いと考えられる。

　SMの出現と全国展開の背景には、高度成長期において生産力の拡大に伴って労働力の需要が高まり、若年労働力の不足もあって農村人口が都市に流入し、大都市圏への人口の集中化とモータリゼーションによる郊外化がみられたことがあった。これを受けて各百貨店でも都道府県内に支店のみならず、出張所やギフトセンターの出店を進め、それが外商の拠点ともなり、一県全体を商圏として営業展開ができるように進めていった。これにより実際には、各百貨店が水面下で県内での販売網を整備・拡大し、近隣のみの最寄り品販売を主とするSM の展開とは異なった様相をみせていたと考えられる。

　林周二（1962）『流通革命』が刊行され、大衆消費時代の幕開けの大きな役割としてSMの存在を指摘し、クローズアップされる要因となった。²⁾それに対し百貨店は伝統的な商法に固執し、その役割を果たさなくなったとし、商業・流通論において百貨店研究が等閑に付される要因ともなったと考えられる。高度成長期に急成長したSMに対抗するために各百貨店は、店舗の大型化や多店舗化による店舗空間の拡大戦略を進めた。この結果、大都市での

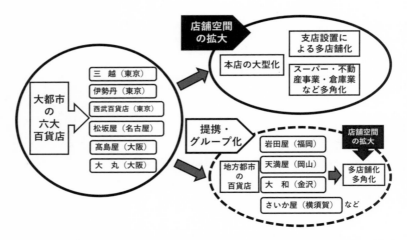

図3　高度成長期における都市百貨店と地方百貨店の店舗空間の拡大（著者作成）

小売業態の多様化と地方都市での中心市街地と駅周辺・郊外の小売業態の展開を一層加速させ、大都市・地方都市経済圏の形成を図ることになった。しかしながら、実は高度成長期の百貨店店舗の拡大が今日におよぶ効果と課題を生み出していた。

　今後の研究では、図3のように高度成長期における大都市の都市百貨店と地方百貨店の店舗の大型化や支店の設置と、大都市の六大百貨店と地方百貨店との提携・グループ化について、経営史的方法を交えて地理学的に検討することが重要であると考えられる。まず、高度成長期の百貨店の店舗拡大による立地分布を示すことで、大都市・地方都市における店舗の多寡を明らかにすることが可能となろう。次に、その偏りがもたらした高度成長期の百貨店・小売業態の構造変化を解明することが必要である。最後に、各都市の商圏構造と経済圏形成との関係性を明示する。このような高度成長期の小売業態の時間的・空間的分析から、現在の百貨店業態と地方経済圏の再活性化の方法を導き出すことも十分可能となろう。

　また図4で示したように、店舗の空間拡大が生じたことで、従来指摘されていた百貨店店舗内の売場にて変化が起こった。店舗内にて売場の商品と店

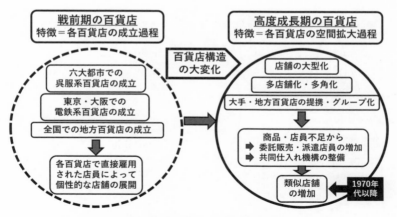

図4　戦前期と高度成長期における百貨店構造の変化 (著者作成)

252

員の不足が起こり、委託販売と派遣店員が必要となり、店舗内部に大きな変化をもたらした。この結果、個性的な店舗が多かった戦前に対し、1970年代以降は同じような売場が多数占める類似店舗が増加した。この空間拡大による構造変化が、1990年（平成2）前後のバブル景気時の経営展開の最盛期を導いた。その一方で、その後に大手百貨店主導による委託販売・共同仕入れ・グループ化に依存しすぎたために、現在では大都市への店舗集中化と地方都市での深刻な不振店閉店の原因となっていると考えられる。

　したがって、高度成長期の百貨店店舗の大型化や多店舗化、提携・グループ化など店舗空間の拡大を明瞭にし、内部構造の変化と結びつけて、百貨店構造の変容過程を解明することが重要である。この高度成長期の各百貨店の空間構造の拡大が百貨店の量的・質的変化を引き起こし、さらに小売業態の全体構造に変化を生じさせ、それが各都市の経済圏形成に密接に影響していた。従来、高度成長期のSMの発展が、百貨店業態に一方的に影響を与えたと考えられていた。しかしながら、それだけでなく百貨店の大規模化戦略も、各都市の商圏構造や中心商店街との関係を含む小売業態構造を変化させた要因、言い換えれば百貨店の都心・ターミナル・郊外型立地と深く関係した各

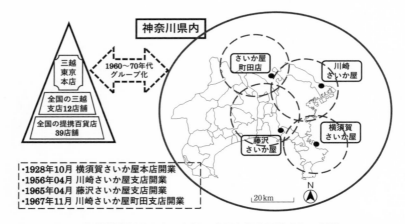

図5　1960〜70年代神奈川県のさいか屋の商圏と都市百貨店との提携（著者作成）

都市における経済圏の形成を生み出していた。これを解明する手段として地理学研究が有効であると考えられる。

　著者は、戦前から高度成長期までの地方百貨店の動向に着目し、北海道の丸井今井、神奈川県のさいか屋、福岡県の岩田屋、長崎県の浜屋百貨店の研究を進めてきた。[3] そのなかで図5のように、神奈川県横須賀市に本店を置くさいか屋について、著者自らの派遣店員経験も踏まえ解明した。高度成長期において、さいか屋は川崎・藤沢・町田市に支店を出店して、東京の三越グループの提携店に入ることで、ブランド・高級品の安定的な供給を図ることが可能となり、近隣の横浜市の顧客を中心に、神奈川県内の商圏（電車・自家用車・外商の営業範囲等で1時間以内の20〜30 km圏内）を形成し、次第に拡大していったことを解き明かした。

　以上においても、立地・空間と経済・社会との関係を探ることに特色を持つ地理学研究の重要性がわかる。今後の研究では、図5を都道府県ごとにSMを加えて組み合わせて、全国的な立地分布と商圏構造を分析することが重要となろう。なぜならば、高度成長期の百貨店店舗の立地分析が、今日の大都市への百貨店集中化や地方百貨店の不振店閉店問題の解明に繋がると仮定できるからである。百貨店と地方経済圏の再活性化方法を探る意味でも、本研究の結果は必ず効果的に作用すると考えられる。

2−2．百貨店外商組織の変革過程と外商ビジネス戦略の強化

　例えば、百貨店の外商に関する研究であれば以下のようなことが想定でき、百貨店の会社史と一次資料を使用した今後の百貨店史研究の方向性を示すことができる。

　2020年（令和2）以降、COVID-19の影響が全国の百貨店に直撃し、臨時休業や営業時間短縮、入場制限などの要請、かつ訪日外国人客の消失と外出自粛を受けて店舗集客は苦戦をしいられ、同業界は売上げ減に見舞われている。このような状況下で各百貨店がオンライン販売とともに期待し堅調なの

が、富裕層を顧客とする外商販売である。また、人口・世帯数が減少に向か
うなか新たな有望マーケットとして、日本の経済活動を担う富裕層世帯が増
加傾向で、同層と強い繋がりを持ち、新しい生活様式が提案可能な外商のビ
ジネス戦略は非常に重要であると考えられる[4]。

　そこで今後の研究では、この外商の実態に迫るために、現在でもベールに
包まれている外商組織とそのビジネス戦略・機能の成立・変革過程と、百貨
店の拡大成長・多角化・顧客重視戦略等による経営組織全体の変化との関係
性を、経営史や経営組織論の視点から明らかにすることが肝要であると考え
られる。これによって、ポストコロナでの百貨店存続の鍵を握る外商組織に
よる新戦略の提案を目指すことができよう。

　これらの背景には次のようなことが推定される。日本の小売業態の経営戦
略については、図6の専門店のブランド戦略や苦戦ながらも総合スーパー・
コンビニの新展開、近年ではドラッグストアの急成長が着目され、学術書、
学会・専門雑誌等で指摘されてきた[5]。それに対し百貨店業態では周知の通り、
戦前の呉服系・電鉄系百貨店による売場の大衆化戦略について一定の評価が
みられ、戦後以降は店舗内委託のアパレル派遣社員による催事・特売企画販

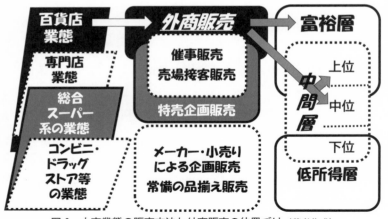

図6　小売業態の販売方法と外商販売の位置づけ（著者作成）

売のイメージが強かった。すなわち外商販売は、一部の富裕層向けの限定されたビジネスと理解され、スーパーの出現や店舗型販売を重視する商業論研究からは必要とされてこなかった。しかしながら日本の百貨店の外商組織は、起源を15世紀の有力寺社の呉服行商に遡ることができ、海外の百貨店の経営組織にも組み込まれていない日本独自の営業組織として、現在、信用度が最も高い訪問販売組織である。[6]

バブル崩壊後の1990年代以降、百貨店経営に危機が訪れ、売上高・店舗数は年々減少するが、衣食住に関わる大規模小売業態として完全な消滅は考えられない。なぜならば、外商が小売業態のなかで富裕層と中間の上中位層に適応したサービス価値を提供できるからである。正社員担当の外商組織については、他の業態が対応できない無店舗型のビジネスモデル、また通販や移動販売等とは競合しない多くの高額商品・サービスを提供可能な訪問販売として解明することが肝要である。今後も収益源として店舗と連携し、生産者から消費者まで関わる貴重な経営資源として分析すべき課題である。

本研究からは、今後も百貨店存続の鍵を握る外商組織による新戦略の提案が可能である。殊に、仮説としてあげた①中間層上・中位への販売促進に適

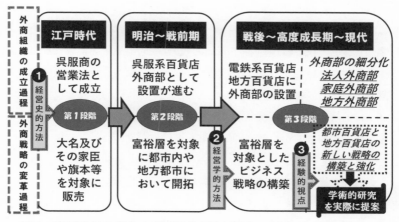

図7　外商の歴史と現代までの過程に関する研究の方法と視点 (著者作成)

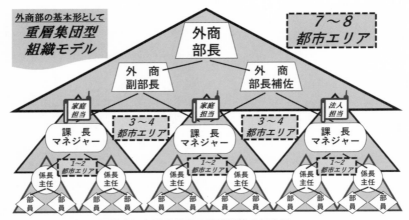

図8　百貨店における外商の組織形態の想定図（著者作成）

した外商組織（図6）、②百貨店存続に不可欠な歴史的発展過程を持つ外商組織（図7・8）、③本店・サテライト店の周辺地域を活性化できる外商組織（図10・11）を具体的に解き明かし、将来の提案に結びつけることが重要であろう。

　世界でも類をみない日本の外商組織とその販売戦略の成立・変革過程に関しては、とくに商業論等からの店舗での消費者を対象にした研究が進んだために、分析対象外とされてきた。そこで第1には、著者であれば図7のように❶経営史的方法と❷経営学的方法に、❸経験的視点を加えることで複眼的かつ実証的に進展させることが可能となろう。したがって第2には、第1〜3段階において詳細に検討し、外商組織・戦略の歴史的形成と現代の状況を結びつけて解明することができると考えられる。

　すなわち、解き明かした歴史的成果を現代の百貨店の経営組織・戦略のなかで位置づけしつつ、そのうえで他の小売業態や非店舗型との比較検証に応用し、外商組織が小売業態の組織・戦略のなかで発展してきた特性を導くことが肝要である。そして、後述するように戦前・戦後の百貨店史研究者が踏み込めなかった研究領域に踏み込み、有益な知見を見いだすことが期待でき

る。

　従来、外商研究については、商業論に加え経営史・経営学分野においても大きく取り上げてこなかった。この背景には、情報保護による資料的制約や聞き取り調査の難しさから、外商組織の全体像が捉えづらかったため、店舗内で容易に観察できる売場やその販売展開の変化が着目されたことがあった。そこで著者は多数の百貨店での勤務経験によって、図8のように外商組織の基本形として「重層集団型組織モデル（R.リッカート理論）」を想定した。そして、この組織形態を解明することは経営史・経営学的に意義がある。[7]

　著者は1995年（平成7）から2003年（平成15）まで派遣店員として、全国の各百貨店の外商とともに実際に営業に携わってきた。その後、戦前百貨店の研究について、社会人大学院生の2001年（平成13）より、図9の「三の丸」のテーマから入り、2010年代以降は「二の丸」に進行している。このように「本丸」に位置づけできる外商組織の研究は、図9の誰もが即座に取りかかれるテーマではなかったが、各百貨店の調査研究を進めた結果、現在、「★」の地点にまで到達できたと考えられる。

　著者は、上記と後述の研究活動のように百貨店に関する経営史研究を十分

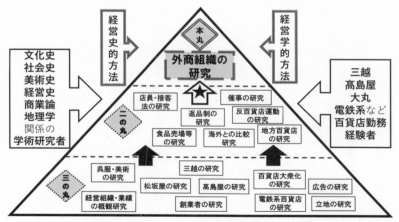

図9　百貨店史研究における外商研究の位置づけ（著者作成）

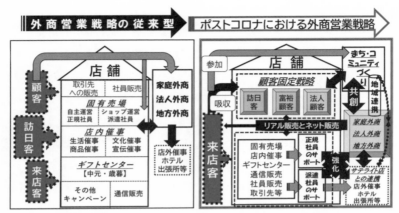

図10　外商営業戦略の過去と今後における地域社会との関係構築（著者作成）

進めてきた。現在のコロナ禍において、各百貨店が店舗の集客以外に外商販売に依存した展開をみせている。これについては、図10の仮説を立てることができる。外商のビジネス戦略の強化には、【1】周辺地域・企業・消費者との連携・共創、【2】サテライト店や店外催事の協力が重要である。また、店舗内の正社員・派遣社員との連携が欠かせない。図10の従来型から今後はリアルとネットの両販売を重視し、富裕層のほか中間層の顧客化や、増加を

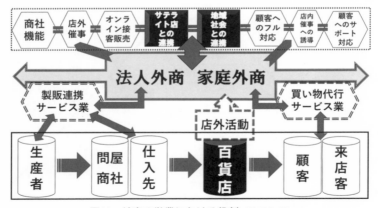

図11　外商の営業における役割（著者作成）

期待したい訪日客の一部への外商戦略の導入が都市・地方百貨店において必要である。

　先述のように著者は、1995年から2003年まで美術品販売の専門商社に勤め、派遣社員として全国の百貨店を巡って、各地区の家庭・法人外商の営業のもとで、富裕層や中小企業などに対する販売の実務経験を積んだ。そのなかで外商組織が、図11の生産者から顧客までを対応することで、「製販連携サービス業と買い物代行サービス業」の機能を有した、戦略的に中間層全体の営業にまで幅を拡大でき、長期的にみても持続可能な組織である点を確認している。

3．小　結

　戦前と戦後における百貨店の課題を整理しつつ、今後の百貨店史研究の方向性を探ってきた。

　大規模小売業として初めて日本に百貨店が明治後期に登場してから100年以上経過しているが、現在、都市百貨店の地方支店や地方百貨店の閉店が相次ぎ、百貨店業は衰退業態として捉えられている側面が大きい。外商による富裕層への販売による業績は好調とされるものの、ほかの小売業態に比べ、歴史学的視点以外は研究価値のないものとされているように考えられる。しかも、百貨店の歴史的な一次資料がなかなか開示・提供されない難しさからも近年、百貨店史研究が敬遠されているように感じられる。

　しかしながら、百貨店業にはほかの産業と比較しても戦前から多数の会社史が残されており、著者はここから研究の可能性が十分拡大していくことができると強調しておきたい。そして、会社史の分析から都市・地方百貨店の成立・発展・現状の仮説を立てて、それらを究明するために、全国の百貨店に眠る一次資料へのアプローチと子細な検証といったチャレンジ研究が緒に就いたばかりである。

　百貨店史の研究は、江戸期から続く呉服店研究に繋がる商業史研究の柱の

260

　１つである。そのため、今後も明治後期から高度成長期あるいは現在までを
視野に入れて、多くの研究分野から切り込める豊富な分析視角を持つ歴史文
化的・現代的・国際的にみても価値のある研究テーマである。著者は以前、
百貨店勤務経験者に現在の動向を含む百貨店史研究を希望したことがあった
が、同時に2020年代はとりわけ若手研究者の浮上に期待したい。彼らが、戦
前のみならず戦後・高度成長期を中核に会社史と一次資料を使用した実証的
検証と、グローバル的かつ理論的に交えた分析に進取的に取り組んでもらえ
ることを、最後に願望として付しておきたい。

註
１）終章の図１〜11は、著者が仮説図として作成したものである。
２）林周二（1962）『流通革命─製品・経路および消費者─』中央公論社。
３）序章の註（１）の前掲拙稿「戦前戦後、長崎市地元実業家による浜屋百貨店の創
　　業と復興への挑戦」、同「丸井今井による札幌市発展への貢献と北海道主要都市
　　における本支店網の形成」、同「戦前戦後における福岡岩田屋の経営組織と販売
　　網の確立」、同「戦前横須賀さいか屋の店員制度と戦後神奈川県内の営業圏の拡
　　大」を参照。
４）例えば、『ストアーズレポート』株式会社ストアーズ社、2021年７月号・同年８
　　月号、同年９月号の「2021年全国大型小売業現況レポート」を参照。
５）例えば、近年では日野眞克（2021）『ドラッグストア拡大史』イースト・プレス。
６）新井田剛・水越康介（2013）「百貨店の外商制度と掛売りの歴史的変遷─小売業
　　における関係性─」『マーケティングジャーナル』第32巻第４号、粟島浩二
　　（2018）「百貨店の外商営業による顧客創造」『県立広島大学経営情報学部論集』
　　第11号、鈴木一正（2020）「百貨店を活用した地域経済活性化に関する提言」
　　『（略）新型コロナ対策懸賞論文』を参照。また、外商については、日本百貨店協
　　会創立50周年記念誌編纂員会編（1998）『百貨店のあゆみ』日本百貨店協会、西
　　谷文孝（2007）『百貨店の時代』産経新聞出版、伊藤元重・下井直毅監修（2018）
　　『百貨店の過去・現在・未来【データ編】─日本百貨店協会・創立70周年記念
　　誌─』日本百貨店協会、伊藤元重（2019）『百貨店の進化』日本経済新聞出版社
　　が参考になる。
７）北野利信編（1977）『経営学説入門』有斐閣、49〜57頁。

あとがき

　本書では、戦前の呉服系百貨店の会社史から分析することが百貨店史研究の出発点であり、かつ既往の研究を押さえる作業が歴史学研究の基本であることを少しでも示すことができたのではないか。無論、本書でも見落としがあろうが、可能な限りの会社史と先行研究の確認という2点を除いて手掛けることは、学術的な経営史研究から逸脱するように思われる。

　経済・経営的観点からみても戦前・戦後あるいは平成期以降の百貨店経営は決して順風満帆でなく、幾度となく困難を乗り越えてきた。これは、百貨店経営が現在におけるコロナ禍の苦戦のなか、営業展開の新規方法を生み出していることに類似していると考えられる。したがって、現下においても効果的な方向性が歴史学研究から見いだせるのではないか。

　戦前における百貨店の各会社史は、当時の百貨店関連の新聞社がまとめたものが主流であったが、編集者の意気込みを感じたことは記しておきたい。したがって、彼らが残してくれた大切な資料を積極的に使用することも1つの研究方法であろう。ゆまに書房の『社史で見る日本経済史』シリーズで解説した本書以外の電鉄系百貨店と地方百貨店については、次の機会に発表できればと考えている。これらを含め著者が取り扱った会社史以外に、まだ見逃されている百貨店史研究にとって必須の会社史があり、それらも含め分析に取り組むことが大切であり、後進の研究者にぜひとも期待したい。

　とくに呉服系百貨店では、戦前の貴重な会社史を他にも有している髙島屋が重要であると考えられる。これまで髙島屋の経営史研究は三越や松坂屋に比べて少なく、戦後以降今日までに範囲を広げてどう捉えるかが、日本百貨店業成立・発展史の実態解明にとって大きな鍵となる。以前、著者自身も戦前における髙島屋の研究に着手したことがあり、引き続き戦後以降高度成長期までの経営展開を次の興味の中心として進めていきたい。

　さて本書は、2021年（令和3）度中部大学出版助成を基本に出版したものであり、関係者の皆様に心から深く感謝申し上げる次第である。また、わたくしごとで大変恐縮であるが、本年度は大学における学務が非常に忙しく、何度も出版が危ぶまれた。その際に、ちょうど日本経営学会や日本流通学会、経営史学会の全国大会（オンライン開催）であったが、これらのなかで先生方に多くの刺激や励ましをいただいた。記して厚く御礼申し上げる。

　とりわけ、日本経営学会や経営史学会でご一緒させていただいている太田原凖先生（同志社大学）には、これまで全体的な百貨店史研究のほか、ターミナル型を活用して他の呉服系百貨店とは異なって「例外的企業」として発展してきたと考えられる「髙島屋」の研究方法もご教示をいただいている。¹⁾衷心より御礼申し上げたい。

　昨年12月の企業家研究フォーラム2021年度冬季部会大会（経営史学会関東部会・市場史研究会共催）では、呉服系百貨店のなかで著者が最も研究を深めてきた、松坂屋の初代社長である伊藤祐民（第15代伊藤次郎左衞門）による渋沢渡米実業団への参加に関して報告の機会を与えていただいた。その際に、廣田誠先生（大阪大学）、谷内正往先生（大阪商業大学）、加藤諭先生（東北大学）、木山実先生（関西学院大学）、佐々木聡先生（明治大学）、山田雄久先生（近畿大学）の皆様にはアドバイスやアイデア、研究への活力をいただいた。ここに心より深く感謝申し上げる次第である。

　社会経済史学会や政治経済学・経済史学会において、ご一緒させていただいている本内直樹先生（中部大学）からは、海外および日本の百貨店史研究に関する情報をご提供していただき、そのうえ本書出版にあたり度々勇気づけられた。改めて深甚の謝意を申し述べたい。

　2017年（平成29）頃より地理学・経営学の視点から「持続可能な観光」の調査研究を進めている。日本商業施設学会中部部会例会では、百貨店史の研究のほか歴史文化観光地城の現況等に関して発表させていただき、その際に商学部や経営学部、また実務経験を有する先生方にはいつも有益なご教示を

いただいている。なかでも加藤勇夫先生（愛知学院大学名誉教授）にはご指導ならびに格段のご厚情を賜っている。この場を借りて、これまでの度重なる過分なる心遣いに拝謝したい。

　最後に、ゆまに書房編集部の吉田えり子氏には心より感謝申し上げたい。同社の『社史で見る日本経済史』シリーズの百貨店史関係の解説担当に、2009年（平成21）にお誘いいただき、その後、本書の刊行も含め数多くのご教示とご助力、鼓舞激励を頂戴した。記して心底から厚礼を申し上げる。

　今後も百貨店史研究は継続していくつもりであるが、戦前については後進の研究者にバトンタッチしていくことも心掛けて研鑽を積んでいきたい。すなわち、本書では戦前が中心となっているが、今後は会社史と一次資料を使用して、現下において持続的な再成長戦略を掲げて「百貨店再生」を目標としている百貨店の動向を視野に入れて、戦後以降高度成長期を次の焦点にして精進していきたい。

　　2022年1月

末　田　智　樹

註
1 ）太田原準（2019）「産業発展において『例外的企業』が果たす役割─二輪車産業史におけるホンダの事例─」神戸大学『国民経済雑誌』第219巻第1号。今後は、本研究のような視点から三越・松坂屋・白木屋と比較しながら髙島屋の分析が必要であろう。

索　引

〈事項索引〉

〈人名索引〉

【著者紹介】
末田　智樹（すえた　ともき）
1967年福岡県生まれ。岡山大学大学院文化科学研究科博士課程修了。
（現在）　中部大学人文学部教授。博士（経済学・岡山大学）、博士（学術・
　　　　昭和女子大学）。
（主著）『藩際捕鯨業の展開—西海捕鯨と益冨組—』御茶の水書房、2004年
　　　　『日本百貨店業成立史—企業家の革新と経営組織の確立—』ミネル
　　　　ヴァ書房、2010年
　　　　『老舗百貨店の接客法—松坂屋の史料が語る店員の“心得”—』風媒
　　　　社、2019年

日本百貨店 業 発展史──会社史で見るデパート経営

2022年 2 月16日　　初版第 1 刷　印刷
2022年 2 月28日　　初版第 1 刷　発行

著　　　者　　末田智樹
発 行 者　　鈴木一行
発 行 所　　株式会社　ゆまに書房
　　　　　　　〒101-0047　東京都千代田区内神田2-7-6
　　　　　　　TEL 03-5296-0491　　FAX 03-5296-0493
組　　　版　　有限会社　ぷりんてぃあ第二
印刷・製本　　株式会社　平河工業社